Kurzfassung

Im Grunde wird das abwechslungsreiche und spaßige Leben eines Menschen beschrieben, der immer wieder auf die Beine kommt, bis zu dem Tag, als er von deutschen Behörden und Gerichten als Vater seiner Tochter entsorgt wird.

Ein Thema, welches anscheinend tabu ist, da sich niemand (Zeitungen, Fernsehen) für den behördlich angeordneten Schicksalsschlag zu interessieren scheint.

Diese Interessenlosigkeit hat mich veranlasst, das Erlebte niederzuschreiben und darauf zu hoffen, dass es irgendwie an die Öffentlichkeit kommt.

Vielleicht trägt es ja dazu bei, dass anderen Vätern mein Schicksal erspart bleibt, oder dass sie ein wenig dadurch getröstet werden, weil es anderen ebenso erging.

Geteiltes Leid ist halbes Leid, aber ist es das wirklich?

Die Geschichte 1

Kann man das?

Ich meine, kann man so einfach seine Eltern fragen,
was sie 1954 inspiriert hatte einen Buben zu zeugen?
Wahrscheinlich nicht, außerdem könnte die Antwort ja
sein, dass eigentlich ein Mädchen erwünscht gewesen
wäre. Vielleicht war aber auch nichts erwünscht, denn
immerhin war der Bub bereits einige Monate alt, bis
geheiratet wurde.

Vielleicht war es die romantische Musikmischung,
angefangen bei Paul Kuhns „Geben sie dem Mann am
Klavier noch ein Bier" über Lale Andersons
„Das rote Licht der kleinen Bar" bis hin zu Catarina
Valentes „Ganz Paris träumt von der Liebe", die, die
beiden in ihren Bann zog und die Dinge geschehen
ließ? Ich weiß es nicht …

Immerhin sang im darauffolgenden Jahr 1955 Bully
Buhlan „Ich möchte auf deiner Hochzeit tanzen". Und
so geschah es dann auch, dass mein Vater unter den
Klängen von Catarina Valentes „Casanova" meine
Mutter zur Frau nahm, die bereits erwähnte Tochter
zeugte und - nicht in das von Bruce Low besungene
„Haus von Rocky Docky" zog, sondern in das be-
scheidene Bergmannshäuschen seiner Schwiegerel-
tern, in den Krahwinkel 26 in Gelsenkirchen.
Die Häuser dieser Siedlung wurden nach dem 2. Welt-

krieg in Eigenleistung aufgebaut. Jeder Bergmann
half jedem und so entstand nach und nach aus einem
einzelnen Haus eine ganze Siedlung. Es gab nur einen
Bauplan und keinen Menschen damals, stört es, dass
sein Haus genau gleich aussah, wie das seines Nachbarn.

Mit derselben Angst - der Ungewissheit das Tageslicht
am Abend vielleicht nicht wieder sehen zu dürfen -
fuhren sie Tag für Tag im Förderkorb in die Grube ein,
um für den Unterhalt ihrer Familien zu sorgen.

Gleich aussehend, schwarz, von der Kohle unter Tage
bedeckt, fuhren sie Tag für Tag nach getaner und
gefährlicher Arbeit im Förderkorb den Schacht hinauf.
Nur um die Augen blitzte die weiße Haut auf, da wo
sie unter Tage die Schutzbrille trugen.

Aus den alten Transistorradios hörte man Catarina
Valente singen „Steig in das Traumboot der Liebe
und fahr mit mir nach Hawaii. Dort auf der Insel der
Schönheit wartet das Glück auf uns zwei …" oder
Margot Eskens „Mama ich möcht' heut' ausgehen und
dabei ausseh'n wie du. Mama dann hätt' beim Tanzen
ich so viel Chancen wie du …"

Impressum

Bibliografische Information der Deutschen Nationalbibliothek:
Die Deutsche Nationalbibliothek verzeichnet diese
Publikation in der Deutschen Nationalbibliografie,
detaillierte bibliografische Daten sind im Internet über
dnb.dnb.de abrufbar.

Verlagsgruppe BoD - Books on Demand.

Herstellung und Verlag:

BoD - Books on Demand, Norderstedt

ISBN: 978-3-8370-2078-6

Oft hörte ich meinen Vater sagen, Junge, wenn du
einmal in deinem Leben einen Menschen triffst, der
Bergmann war und der dein Freund wird, dann kannst
du dir ohne jeden Zweifel sicher sein, dass auf ihn
Verlass ist.
Denn verlassen mussten sie sich auf jeden ihrer
Kumpels, wenn es ins Ungewisse hinunter ins Dunkle
ging, um das schwarze Gold zu fördern.
Die Arbeitsbedingungen waren damals, wie heute sehr
gefährlich, im Bergbau.
Verlassen konnte man sich auch auf jeden ihrer Fami-
lienmitglieder.
In dieser Siedlung kannte man keinen Hass oder Neid.
Es gab viele Kinder im selben Alter in der Straße und
aus jedem Haus ruhte ein wachsames Auge auf uns,
wenn wir draußen auf der Straße spielten.
Die Straße bis zur Kreuzung, die Kreuzung war die
natürliche Grenze für uns Kinder - weiter durften wir
uns nicht vom Haus entfernen - die Straße bis zur
Kreuzung war etwa hundert Meter lang. Links und
rechts standen diese kleinen Zechenhäuser, wie sie
seit den Nachkriegsjahren in Ortsteilen von Gelsenkirchen bewohnt wurden.
Am Ende der Straße befand sich eine kleine Wende-
platte, woran sich das Haus meiner Großeltern an-
schloss.

Es stand als einziges quer zu all den anderen Häusern. So war es uns möglich, aus dem Wohnzimmerfenster die Straße komplett zu überschauen. Mit der Zeit erkannten wir sofort, welcher unserer Nachbarn nach Hause kam - jede einzelne Bewegung all dieser Leute, die hier wohnten, war uns so sehr vertraut.

Es gab keine sozialen Unterschiede.

Fußball 1

Und wenn sich eines der Kinder beim Fußballspielen auf dem harten Asphalt das Knie aufschlug, war sofort eine helfende Hand aus einem der Häuser mit einem Stück Heftpflaster da, um die Wunde zu versorgen.

Dabei fand ich und die anderen Mitspieler es nicht so toll, wenn meine Tante Waltraut immer zuerst auf die Wunde spuckte, um sie zu reinigen, bevor sie das übergroße Stück Pflaster fest darauf drückte, damit es auch ja den nächsten Fallrückzieher überstand - geschadet hatte es dennoch niemanden. Wir sind alle ohne Vergiftungen davongekommen und groß geworden!

Die Geschichte 2

Auch schadeten uns die Lieder der damaligen Stars im
Radio nicht.

Wenn ein Fred Bertelsmann vom „lustigen Vagabun-
den" sang oder Conny Froboess, Paul Ankas Diana
auf Deutsch zum Besten gab. Harry Belafonte vom
„Island in the Sun", Chris Howland „Fräulein" oder
Freddy Quinn von „der Gitarre und dem Meer" sangen.

Kein einziger Vorgarten war durch einen Zaun ab-
getrennt, kein Stück der Straße durch eine eigene
Parklücke versperrt. Autos gab es ohnehin noch sehr
wenige in den fünfziger Jahren, ebenso nur vereinzelt
Telefone.

Meist waren es drei bis vier Meter von der Haustüre
bis zur Straße. Entlang der Hauswand und zu beiden
Seiten des schmalen Weges zur Haustüre wuchsen Rosen in allen nur erdenklichen Farben. Hin und wieder
ärgerte sich unsere Oma, wenn ein Fallrückzieher im
Blumenbeet einschlug und einige der schönen Rosen
köpfte. Aber in der Siedlung gab es sehr viele davon,
sodass es eigentlich unmöglich war, alle abzuschie-
ßen.

Die verbleibende Fläche zwischen Haus und Straße
war mit Gras bewachsen.

Hinter dem Haus war ein kleiner Garten - der Stolz
einer jeder Familie. Hier wurde alles, was Platz
fand angepflanzt. Schöne Blumen und Gemüsebeete
wechselten sich um den kleinen Gartenteich mit Ap-

fel- oder Kirschbäumen ab. Parallel zum Haus stand
ein kleiner Stall, indem die verschiedensten Tiere
gehalten wurden. Der eine Nachbar hatte Hühner, ein
anderer Pferde - besser gesagt ein Pferd, mein Opa
hatte zwei oder drei Schweine, die, wenn sie köstlich
genug aussahen, von ihm selbst geschlachtet wurden.
Und fast alle hatten unter dem Dach des kleinen Stal-
les einen Taubenschlag.

Keinen der Bewohner unserer Straße störte es, dass
die Dächer ihrer Häuser und die der Ställe mit Tau-
benmist zugeschissen waren. Denn schließlich handelte es sich hier nicht um ganz normale Vögel, nein, es
ging hier um die Ehre der Straße, denn immer wieder
gab es diese Taubenflugwettbewerbe, denen die ganze
Straße entgegenfieberte.

Die besten Flugtauben wurden in Käfigen in Züge
verfrachtet und an einen anderen Ort gefahren. Jede
Taube war durch einen Ring gekennzeichnet. Am
Zielort angekommen, wurden die Zahlen der Ringe
notiert und die Tauben in die Freiheit entlassen.

Der Wettbewerb bestand darin, dass die Tauben,
welche als erste zu ihrem Heimattaubenschlag zurück-
fanden, mit Pokalen ausgezeichnet wurden. Und so
fieberte die ganze Straße mit, wenn es galt die Ankunft der Tauben zu erblicken und die Ankunftszeit zu
notieren.

Mit großem Hallo wurden die Tauben empfangen und
die Ankunft jeder einzelnen Taube mit einem Tauben-

züchterschnaps gefeiert. Manchmal kam es auch vor, dass die eine oder andere Taube vermisst blieb und so der Schnaps ob dieses groben Verlustes zum Seelentröster umfunktioniert wurde.

Nicht nur weil es sich hier um Sporttauben handelte, machte es nichts aus, wenn die Dächer verdreckt aussahen. Nein, man konnte sein Haus so gut pflegen wie man wollte, so blieb dessen Fassade immer grau in grau und an Stellen, an denen die Dachrinne ein Leck hatte oder einfach nur so überlief, weil sie verstopft war, waren schwarze Spuren an der Hauswand zu sehen. Das kam von dem Ruß der Zechen, die Tag und Nacht in Betrieb waren und den Dreck durch ihre riesigen Schlote in die Umwelt bliesen.

Es gab kaum ein Haus, in dem nicht drei Generationen unter einem Dach und auf engstem Raum zusammenlebten. Ich kann mir heute kaum vorstellen, wie das bei uns überhaupt funktioniert hatte, damals. Ich kann mich täuschen, aber mehr wie hundert Quadratmeter standen uns auf zwei Etagen nicht zur Verfügung. Ein Badezimmer, so wie man es heute kennt, gab es nicht.

Der Keller bestand meist aus einem Kohlekeller, einer Waschküche, einer kleinen Werkstatt und wenn man Glück hatte aus einem weiteren Raum, der meist zum Partyraum ausgebaut war.

Waschtag war immer samstags. Da wurden die Kleider der ganzen Hausbewohner in einer großen, durch Wasserkraft angetriebenen Waschmaschine gewaschen. Die Waschmaschine bestand aus einem großen

Holzbehälter von ca. eineinhalb Metern Durchmesser.
Auf dem Holzdeckel war der Motor. Vom Wasser-
hahn aus wurde er mit einem Schlauch verbunden
und angetrieben. Aus einem anderen Schlauch floss
das Wasser ins Freie. An der Unterseite des Holzde-
ckels befand sich ein Kreuz aus vier Paddeln, das die
Wäsche ständig hin und her rührte. Das abfließende
Wasser sammelte meine Mutter in einem großen
verzinnten Zuber. Auf einem kleinen Holzofen wurde
es in großen Kesseln warmgehalten. In der Waschküche roch es nach Waschpulver und eine Nebelwolke
verschleierte den Blick.
Während die Waschmaschine lief, wurden wir Kinder
zu viert in den verzinnten Zuber gesetzt und gebadet.
Die Lauge aus der Holzwaschmaschine diente als
Badezusatz.
Nach dem gemeinsamen Bad wurde uns der Schaum
durch einen Schlauch mit kaltem Wasser abgespült.
Danach standen wir in Reih' und Glied da und warteten darauf, bis uns die Mutter mit einem weiteren
Handtuch nach und nach die Haare trockenrieb. An
einen Fön kann ich mich nicht erinnern.
Und im Radio sang Dalida „Am Tag als der Regen
kam" und Peter Alexander „Mandolinen und Mond-
schein in der südlichen Nacht…", derweil wir mit
blau gefärbten Lippen zitternd in der Nebelbrühe
unseres Kellers standen.
Zur damaligen Zeit lebten wir mit bis zu neun Personen in dem Haus am Ende der Straße.
Da es kaum Rückzugsmöglichkeiten gab, krabbelte

ich immer durch eine kleine Tür, die sich unterhalb
der Dachschräge befand, in die Dachnische hinein, wo
ich so etwas wie mein Versteck oder Kinderzimmer
hatte.
Alle meine Spielsachen waren dort untergebracht und
ich konnte mich hier in aller Ruhe stundenlang selbst
beschäftigen.

Fußball 2

Mein Favorit unter den Spielsachen, war ein
Tisch-Fußballspiel. Die Spieler standen innerhalb
eines abgegrenzten Spielfeldes auf Federn und der
Ball wurde durch Biegen der Figuren und plötzliches
Loslassen weitergespielt.

Ich fertigte Spielpläne aus und ermittelte in selbst
erfundenen Weltmeisterschaften die besten Länder der
Welt. Dabei gefiel mir die tschechische Fahne irgendwie besonders gut, sodass die Tschechen sehr oft
Weltmeister wurden - zumindest in meiner Fantasie.
Ich weiß nicht, ob das die Vorankündigung eines
schlimmen Erlebnisses war, das ich fast 35 Jahre
später erleben und das mich total aus der Bahn werfen
sollte. Denn das hatte auch mit Tschechien zu tun …

Nachtigall 1

Mein Vater hatte sich ebenso wie ich eine Rück-
zugsmöglichkeit geschaffen. In dem kleinen Garten
hinterm Haus hatte er sich eine Vogelvoliere gebaut,
in der er Kanarienvögel züchtete. Etliche Pokale von
Gesangs- und Schönheitswettbewerben zierten die Regale in dem Häuschen.
Obwohl mein Vater ein bescheidener und vor allem
friedliebender Mensch war, konnte man ihn manchmal
dabei beobachten, wie er mit einer Zwille auf Katzen
schoss, die sich zu nahe an sein Vogelhäuschen heran-
wagten.
Ansonsten konnte er sich auch schon mal damit
beschäftigen, dass er unter einem Kopfhörer auf dem
Sofa lag und Vogelstimmen hörte. Es mochte sein,
dass er sich dadurch dem Trubel der Großstadt entzog
und ein wenig Heimweh zu den Wäldern im Allgäu
pflegte, die er einst als Kind durchstreift hatte.
Dass es sich bei den Vogelstimmen nicht nur um die
seiner Kanarienvögel handelte, sondern auch um andere heimischer Vogelarten, war mir relativ egal...

Aber, dass die Nachtigall besonders schön zu singen
schien, fiel mir damals auch schon auf.

„In William Shakespeares Drama „Romeo und Julia",
verhindert Julia ein frühes Aufbrechen von Romeo
dadurch, indem sie ihm einredet, dass es die Nacht-
schwärmerin Nachtigall sei, die da sänge und nicht die

Lerche, die den nahenden Morgen ankündigte. Deshalb blieb Romeo noch ein wenig länger...
Die Nachtigall, galt also damals, im alten Verona, schon als Vogel der Liebe",
klärte mich mein Vater auf.
Irgendwie trieb mir diese Erklärung das blanke Erstaunen ins Gesicht, denn ich konnte mir nicht vorstellen, dass er jemals Shakespeare gelesen hatte. Er wurde von mir niemals mit einem Buch gesehen - aber wahrscheinlich hatte auch er ein Leben, bevor er mich zeugte.
Es könnte aber auch sein, dass ich nicht erstaunt war, denn zu diesem Zeitpunkt in meinem Leben, wusste ich weder, dass es Shakespeare gab, noch zu welchem Zwecke Romeo wohl länger bei Julia verweilen sollte...

Aber das mit der Nachtigall, gefiel mir sehr gut.

Die Geschichte 3

Zu Weihnachten und Neujahr, aber auch während des Jahres trafen sich die Nachbarn in einem der Partykeller und feierten zusammen. Nicht selten kam es vor, dass am darauffolgenden Tag einige Bier- oder Schnapsleichen schlafend im Kohlenkeller oder in der Kartoffelkiste aufgefunden wurden.

Dann hatten Lieder wie Heidi Brühls „Chico Chico Charlie", Bill Haleys „Rock Around The Clock", Lolitas „Seemann", Edith Piafs „Milord" oder Lale Andersens „Ein Schiff wird kommen" die Stimmung zum Überkochen gebracht!

Es war einfach schön in unserer kleinen Siedlung.

Nur einmal, im November 1962 brachte die Straße eine schlechte Nachricht in unser Haus.
Zu dieser Zeit hatten wir, wie alle anderen in unserer Siedlung, noch kein Telefon. Also hielten wir, nachdem unser Opa mit einem Herzinfarkt ins Krankenhaus gekommen war, den Kontakt zum Krankenhaus über das Telefon unseres Metzgers, der zwei Querstraßen weiter wohnte.

Ich konnte mich nur zu gut daran erinnern, als wir damals alle im Wohnzimmer am Fenster standen und auf die Metzgerfrau warteten, die uns Kunde vom Krankenhaus bringen sollte.

Schon als sie oben an der Kreuzung um die Ecke in unsere Straße bog, wusste meine Oma, dass ihr Mann gestorben war und es waren lange hundert Meter bis zur Gewissheit, dass er von uns gegangen war.

Nach dem frühen Tod meines Opas, den ich ja nur einige Jahre erleben durfte und den ich eigentlich nur noch von Bildern kannte, hielt unsere Oma alles fest im Griff.

Sie war diejenige, die alles unter Kontrolle hatte, ohne sich dabei jemals in den Vordergrund zu drängen.

Ich hatte sie als eine sehr zufriedene Frau in Erinnerung. Hatte sie sich während des 2. Weltkrieges mit ihren sieben Kindern, als alleinerziehende Mutter durchschlagen müssen, so widmete sie sich jetzt, nach dem Tod ihres Mannes, den Enkelkindern.

Und egal, wie viel bei uns los war, ich denke keiner von uns, hatte jemals das Gefühl einmal von ihr vernachlässigt oder ungerecht behandelt worden zu sein.

Überhaupt kannten wir diese Angst oder das Gefühl nicht, dass uns jemand etwas Böses antun wollte. Keiner von uns dachte sich Lügen aus, um an etwas zu kommen - es wurde stets geteilt, so gut es eben ging. Falschheit oder jemanden etwas über längere Zeit nachzutragen, war uns ebenfalls fremd.

Außerdem freuten wir uns, wenn es einer der älteren Kinder zum Beispiel aufs Gymnasium oder in die Mittelschule schaffte, bekamen wir doch stets von unseren Eltern zu hören, dass Bildung und Ausbildung ein sehr hohes Gut ist, von dem viele unserer Onkel und Tanten, durch die Umstände des 2. Weltkrieges, wenig abbekommen hatten.

Und Angst, Angst vor den Menschen hatte hier niemand - waren wir uns doch sicher, alle gleich zu sein. Und wenn es einer mal schaffte, es zu etwas gebracht zu haben, war und blieb er doch immer einer von uns.

Mit gutem Recht konnte ich behaupten, dass ich eine schöne Kindheit und eine tolle Heimat hatte.

Und das in einer Großstadt, die nicht zu den reichsten Städten Deutschlands gehörte und nichts außer Kohle, ich meine die Kohle, die man aus dem Bergwerk holte - und den FC Schalke 04 hatte.

Fußball 3

Natürlich träumte auch ich davon auf Schalke einmal Fußball spielen zu dürfen - aber da fehlte mir die Unterstützung meiner Eltern, die überhaupt nichts mit Fußball oder Sport am Hut hatten.

Im Übrigen fehlte es uns aber nie an Freizeitbeschäftigung - und Fußball bolzten wir ja eh in unserer Straße, sooft wir konnten.

Die Geschichte 4

Anfang der sechziger Jahre wurden die Zeiten schlechter für die Bergleute im Revier.
Im Radio sang Manuel „Schuld daran war nur der Bossanova", Freddy Quinn wünschte sich: „Junge komm bald wieder" und ein gewisser Elvis Presley beschwor den „Devil In Disguise" - den verkleideten Teufel.

Ob er damit wohl die Atomkraftwerke meinte, die mehr und mehr die Kohleförderung ersetzten?
Die Schar der Arbeitslosen in Gelsenkirchen vergrößerte sich zusehends mit
den Kumpels. Einst Wahrzeichen und Stolz ihrer Stadt wurden immer mehr Zechen stillgelegt. Auch mein Vater war betroffen.

Und so kam es, dass wir, als ich 10 Jahre alt war, in Begleitung von Freddy Quinns „5000 Meilen von zu Haus" 1965 ins Allgäu zogen, derweil Siw Malmkwist den Rat gab: „Liebeskummer lohnt sich nicht".

Teile der Verwandtschaft meines Vaters waren hier ansässig und er bekam eine Stelle als Werkzeugmacher in Leutkirch im Allgäu.

Für mich war es der erste Umzug - aber der Anfang eines abwechslungsreichen Lebens, mit so vielen Umzügen, dass ich eigentlich einen Platz im Guinnessbuch der Rekorde verdient hätte.

Natürlich fanden meine Schwester Helga und ich den Umzug zunächst nicht so toll. Aber er brachte auch einige Vorteile mit sich. Zunächst hatten wir das Glück in eine Wohnsiedlung zu ziehen, die aus Betriebshäusern bestand. Auch dort spielte sich das Leben ähnlich wie in unserem „Getto" in Gelsenkirchen ab. Viele der Eltern kannten sich, weil sie in derselben Firma arbeiteten. Und es gab auch hier, jede Menge, Kinder in unserem Alter.

Und es gab auch, so etwas wie diese „Plattform am Ende der Straße", wo wir spielen konnten.

Fußball 4

Außerdem durfte ich nun in einen Fußballverein
eintreten - sicherlich, der FC Schalke 04 war es nicht!
Aber ich fand es dennoch toll, da ich sofort Kontakt
zu den Einheimischen fand.

Die Geschichte 5

Im Allgäu gab es drei Dinge, die ich aus Gelsenkirchen nicht kannte - Schwimmen, Tatzen und Schnee.

Alle meine Mitschüler konnten schwimmen, hatten sie doch bereits seit der Grundschule Schwimmunterricht gehabt. Bei uns dagegen hieß es immer: „Halte dich von der Emscher oder dem Rhein-Herne-Kanal fern - da sind schon einige ertrunken!" während Manuela wusste: „Schwimmen lernt man im See!" und die Beatles vom „Yellow Submarine" - gelbes U-Boot - sangen.
So war der Spott in meiner Klasse anfangs auch ziemlich groß. Doch das machte mir nichts aus - auf der Stelle wollte ich Schwimmen lernen!
Und so lernte ich es ziemlich schnell - machte in den darauffolgenden Jahren sämtliche Schwimmabzeichen, die es gab - einschließlich des DLRG-Grundscheins!

Das mit den Tatzen hatte sich dagegen ziemlich schnell erledigt!
Man könnte natürlich jetzt eine Grundsatzdiskussion anfangen über Zucht und Ordnung an deutschen Schulen - habe ich aber keine Lust darauf - also lasse ich es für den Moment!
Früher, im eingeschneiten Allgäu, nahmen sich die Lehrer die Freiheit ihre Schüler(-innen) zu schlagen! Jawohl!!

Dabei wurde aber nicht wahl- oder ziellos geschlagen, sondern sehr diszipliniert! Als Schlagstock diente ein dünner Bambusstab, so wie ich ihn bis dahin nur als Stütze für Topfpflanzen kannte.

Der böse Schüler musste sich vorne am Lehrerpult einfinden und seine Hand ausstrecken - mit der Handfläche nach oben. Die Wahl, welche Hand er hinhielt, blieb ihm überlassen. Je nach Schwere des Vergehens schlug dann der Lehrer oder die Lehrerin dem Bösewicht, ein- bis fünfmal kräftig auf die Finger!

Und von der Straße drang das Lied der Beatles „I wanna hold your hand" - „Ich möchte deine Hand halten" - ins Klassenzimmer.

Ich konnte mich meines ersten Vergehens nicht mehr erinnern, aber es gab drei Tatzen dafür! In Gelsenkirchen wäre dies wohl eine halbe Stunde in der Ecke stehen gewesen? Und ich konnte mich nicht erinnern, dass mich mein Vater jemals geschlagen hat. Doch ich konnte mich noch sehr schwach daran erinnern, dass meine Mutter damals ein- oder zweimal eine Ohrfeige von meinem Opa bekam - und das als verheiratete Frau - wenn ihr einmal die Hand gegen uns Kindern ausgerutscht war! Er sagte dann: „Wir schlagen keine Kinder!" Obwohl er auch seine Tochter ohrfeigte - aber die war ja da schon kein Kind mehr - vom Alter her …!

Vielleicht hatte auch sie das noch sehr gut in Erinnerung. Auf jeden Fall machte sie daraufhin ziemlichen Trubel in der Schule - und zerstörte damit meine

Ambitionen (so sie denn da gewesen wären) einmal Tatzen König in unserer Klasse zu werden - ich bekam von da an einfach keine mehr!

Dafür stand der nächste Spott ins Haus, als ich das erste Mal auf Skiern stand. Doch auch diese Herausforderung meisterte ich mit Bravour, war es mir immerhin möglich, mit den alten Holzskiern meines Vaters, die über zwei Meter lang waren und eine Federzugbindung hatten, unbeschadet den Ski-Hang unserer kleinen Gemeinde hinunter zu kommen!

Auch hier kann ich sagen, dass ich eine schöne Jugendzeit in Leutkirch verbracht hatte. Nicht zuletzt deswegen, weil mir meine Eltern einen sehr großen Spielraum an Freiheit gewährten - und ich es ihnen damit dankte, keinen übermäßigen Mist zu bauen - oder meine Pflichten zu vernachlässigen.

So verging die Schulzeit in der Hauptschule ohne größere nennenswerte Vorkommnisse.
Außer, dass ich mir bei einer Turnübung am Gartenzaun einen meiner Schneidezähne ausschlug, was Drafi Deutscher veranlasste zu singen: „Marmor Stein und Eisen bricht!".

Ich war trotz der neuen Umgebung ein solch guter Schüler, dass es zur Diskussion stand, in die Realschule zu wechseln. Die daheim - in Gelsenkirchen - wären sicherlich stolz auf mich gewesen!

Nur das mit der Realschule zog sich noch ein wenig!
Aufgrund von Sprachproblemen - so meinte mein
damaliger Klassenlehrer - wurde die Empfehlung ausgesprochen, mich noch ein Jahr länger in der Hauptschule zu belassen!

Das war das erste Mal in meinem Leben, dass mir
wegen der Unzulänglichkeiten anderer, Schlechtes
widerfuhr, was die Rolling Stones prompt mit der
Nummer „I can't get no satisfaction" - „Mir wider-
fährt keine Gerechtigkeit" (ziemlich, sehr ziemlich
frei übersetzt) zu quittieren wussten.
Denn eigentlich war ich derjenige, der ein lupenreines
Deutsch sprach - und den jeder, auch die Eingebore-
nen hier im Allgäu verstanden!
Also Sprachprobleme hatte ich sicherlich keine - eher
diejenigen, die z.T. nur in halben Worten sprachen -
und dann auch noch so verwaschen, dass man sich nur
schwer etwas darunter vorstellen konnte - wie z.B.
„weischt", was so viel wie „weißt du" hieß - oder „So
isch es halt", was so viel wie „So ist es nun einmal!"
oder aber auch, und das ganz oft, „Ende der Diskussion!" bedeutete.
Also nahm ich die Demütigung hin, blieb noch ein
Jahr länger in der Hauptschule und wechselte trotz
aller Sprach- und Verständigungsschwierigkeiten 1966
in die Realschule über.

Von da an klinkten sich meine Eltern sozusagen
gänzlich aus meinem Leben aus - was zumindest den

schulischen und beruflichen Werdegang betraf.
Sie konnte mit diesem Englisch und dem Rechnen, das ja nun Mathematik hieß, nichts anfangen! Beide meiner Eltern hatten durch die Kriegsjahre nur eine dürftige Schulausbildung erhalten und konnten mir schlichtweg nicht bei den Hausaufgaben helfen.

Die Realschulzeit war einfach nur klasse!

Zum einen deshalb, weil sie mir half ein Kindheitstrauma erfolgreich zu bekämpfen und mich gegen meine Eltern durchzusetzen, was mein äußeres Erscheinungsbild betraf.
Es gab nämlich eine sehr, sehr lange Zeit in der mich eine weitere tiefgründige Frage beschäftigte. Ich war damals mit meinem Aussehen nicht sehr zufrieden.

Und das kam so:

Es gab in den sechziger Jahren ein Plakat, welches wohl in jedem Klassenzimmer oder Büro hing.
Darauf war im unteren Teil des Bildes zu lesen „Nobody is perfect!". - Zu gut deutsch: „Niemand ist perfekt!"
Darüber war das Abbild eines Jungen zu sehen, welcher ganz kurze Haare hatte, Segelohren, die den Ohren eines Elefanten glichen und vorstehende Zähne, die sofort an einen Hasen erinnerten. Sommersprossen rundeten das Bild dieses Schönlings malerisch ab!
Unabhängig davon lief gerade im Fernsehen die Serie

Bugs Bunny, deren Hauptdarsteller - ein Comics-Hase, ähnlich wie oben geschildert aussah.
Obwohl ich keine Sommersprossen hatte, quälte mich lange die Frage, ob meine Eltern so sehr Gefallen an diesem Poster bzw. an dieser Comics-Figur gefunden hatten, dass sie mich genauso, nach deren Vorbild, stylten.
Man konnte sich aber auch anders herumfragen, ob der Designer dieses Posters mich einmal auf der Straße hatte laufen sehen und dermaßen inspiriert war, dass er diesen Bestseller-Stern am Poster Himmel aufsteigen ließ?

Da war es nur ein schwacher Trost, dass Peter Alexander sang: „Ich will ein Bild von dir". Dem Ganzen kam der Song der Rainbows: „My Baby Balla Balla" schon erheblich näher.
Die Antwort auf diese Frage jedoch, ist mir bis heute verborgen geblieben.

Im Radio verdrängten immer mehr englisch singende Gruppen den guten alten deutschen Schlager.
Deshalb war es in der Realschule so, dass etliche meiner Mitschüler nach dem Vorbild der Beatles oder Rolling Stones, ihre Haare schulterlang trugen. Es gab auch einige, die sich ihre Haut schwarz wachsen ließen, um einem Jimi Hendrix gleich zu sehen … (Was natürlich nicht stimmt, hier an dieser Stelle aber als „schlechter" Witz eingefügt ist, um zu zeige, wie sehr wir damals unseren Idolen nachäfften!).

Sei's drum. Ich musste mir also auch, zum großen
Leidwesen meines Vaters, die Haare wachsen lassen,
um im Klassenverbund dazu gehören zu können.
Was nicht nur den Vorteil hatte, dass die langen Haare
meine Segelohren überdeckten, sondern auch den,
dass ich zum Mädchenschwarm mutierte. So konnte
ich dann im Laufe der Jahre, an der Seite hübscher
Mädchen, meine Ohren platt liegen …
In der Schule waren wir unserer Zeit voraus, wenn
man bedenkt, dass es heutzutage Menschen gibt, die
eine Schuluniform einführen möchten.

Wenn man so will, dann trugen wir damals schon eine
Art Schuluniform. Die bestand aus diesen Jeans mit
den unendlich breiten Hosenbeinen und aus den ab-
getragenen Arbeitsjacken der Bundeswehr - ganz im
Widerspruch zu unserer Gesinnung, denn schließlich
lebten wir ja in der Zeit von „Love, Peace and Happiness" - „Liebe, Frieden und Glücklich sein". Das
große Woodstock-Festival im August 1969, welches
ich im zarten Alter von vierzehn Jahren erleben durfte,
veränderte dann noch einmal alles, was die Musikszene bis dahin erlebt hatte! Ab sofort war es Pflicht, Jimi
Hendrix, The Who, Ten Years After, Santana oder Joe
Cocker zu hören. Unsere ganze Schulklasse verabschiedete sich auf der Stelle von der deutschsprachi-
gen Musik und unsere Haare wurden immer länger.
Wahrscheinlich hätten wir damals gesagt: „Das ist
eine geile Zeit!"

Aber da hatte das Wort geil noch eine andere Bedeutung, die wir erst ein paar Jahre später entdecken durften und wir hatten es einfach nicht nötig, uns ständig sagen zu müssen, wie toll (geil) die Zeit und auch wie toll (geil) wir waren - wir haben eben nur aktiv gelebt - und das war einfach nur schön! - Oder aber auf Neudeutsch: „Es war oberaffengeil!"

Neben meinem Sport waren meine Schwester und ich noch im Spielmannszug Leutkirch engagiert.
Das hatte den Vorteil, dass wir bei Veranstaltungen auch mal raus aus unserer Stadt kamen. Unsere Eltern unternahmen eher wenig mit uns Kindern. Ich kann mich nicht erinnern, dass wir jemals im Urlaub waren. Auch kann ich mich nicht erinnern, dass mein Vater bei Auswärtsspielen unserer Fußballmannschaft den Fahrdienst übernahm, denn er hielt sich von Sportplätzen fern, sodass er während meiner späteren, fast 20-jährigen Fußballkarriere lediglich zweimal als Zuschauer zugegen war.

Meine Schwester und ich wohnten bis dahin in einem Zimmer. Dafür gab es aber einen großen Kellerraum, in den ich mich oft zurückzog. Auf einer großen Holzplatte hatte ich mir - nein, keine Eisenbahn aufgebaut, sondern meinen eigenen Wilden Westen. Dodge City war aus Pappkartons aufgebaut. Die Häuser entwarf ich selbst und baute sie zusammen. Vor der Stadt gab es die weite Wüste, die aus Sandkastensand bestand, den ich vom Spielplatz geklaut hatte und die Bäume

der großen Wälder waren aus Tannenzweigen zuge-
schnitten. Ich war damals schon sehr fantasievoll und
denke, dass ich das mein ganzes Leben lang blieb.
Außerdem hegte ich damals schon mehr Sympathien
für die unterdrückten oder schwachen Menschen - für
die Außenseiter.

Indianer 1

So war es nicht verwunderlich, dass bei den Plastik-
figuren die Indianer immer über die bösen Cowboys
siegten. Stundenlang konnte ich im Keller mit meinen
Apachen, Comanchen, Nabarowskis - oh Entschuldigung - Navajos oder Cheyenne spielen. Hier ritt
Winnetou neben den letzten Mohikanern Unkas und
Chingachgook gegen die weißen Eindringlinge, die
ihnen ihr Land stahlen.

Die Geschichte 6

Als eine größere Wohnung in unserem Haus frei wurde, zogen wir innerhalb des Hauses um, damit wir Kinder jeder ein eigenes Zimmer bekamen. Den Kellerraum behielten wir, sodass meine Spielwiese mir noch erhalten blieb. Das war mein zweiter Umzug. Irgendwann, Anfang der 70-er Jahre wechselte mein Vater die Stellung und wurde Hausmeister bei der Firma SABA. Das bedeute für mich, dass mein Wilder Westen dem dritten Umzug zum Opfer fiel. Ich musste alles abbauen.

Die Firma SABA stellte Stereoanlagen her und so wurde ich zu meinem nächsten Hobby inspiriert - ich fing an mich für Musik zu interessieren. Nein, nicht dass ich ein Instrument spielen wollte, sondern ich hörte sie einfach gerne, zog mich, wenn ich Kummer hatte in meine Zimmer zurück und ließ mich von ihr trösten.

Ein Großteil der Belegschaft des neuen Arbeitgebers meines Vaters, bestand aus jugoslawischen Frauen, die in einem Wohnheim untergebracht waren.

Wir zogen neben dem Wohnheim, in die Hausmeisterwohnung ein. Und ich muss gestehen, dass unter den Frauen schon einige „Granaten" waren, wenngleich ich gerade mal fünfzehn Jahre alt war und mich für Mädels noch gar nicht interessierte, sondern lieber mit einem Ball, nämlich dem Fußball, denn mit zwei Bällen, nämlich den Brüsten einer Frau, spielte.

Mein Vater hingegen sollte irgendwann dem Charme

einer dieser Damen erliegen, aber dazu später. Und auch ich entdeckte so langsam, dass es tatsächlich noch andere Menschen als Jungen und Männer gab.

Diese anderen Menschen trafen sich jeden Dienstag im Gemeindehaus in einer katholischen Mädchengruppe. Im Grunde weiß ich bis heute nicht, was an solchen Abenden auf ihrem Programm stand. Aber sie luden meinen Freund und mich ein, um sie zu besuchen. Also schlichen wir durch Hecken zum Hintereingang und wurden auch prompt eingelassen. Drinnen haben wir getanzt und eines der Mädels zog mich dann hinter den Bühnenvorhang. Ich glaube ich habe dort meinen ersten Kuss, oder so etwas Ähnliches bekommen. Leider kann ich mich heute nicht mehr an ihren Namen erinnern, nur noch daran, dass sie ziemlich hübsch und sehr keck war.

Und damit war der Grundstein für meinen Untergang gelegt - ich hätte an diesem Abend doch lieber zum Fußballtraining gehen sollen. Denn von nun an wurde ich, Günni, der aus Gelsenkischen kam, von den Mädchen umschwärmt - nicht zuletzt deshalb, weil es sich an unserer Schule herumsprach, dass ich schon ein Mädchen geküsst hatte!
Irgendwie waren es dann später immer wieder die Frauen, die mich daran hinderten durchzustarten. Aber es wäre unfair zu sagen, dass sie an meiner späteren Misere alleine Schuld hatten, denn schließlich haben sie mir auch sehr viele schöne Stunden beschert.

Außer dem Küssen, begannen wir in einem versteckten Winkel unseres Schulhofes mit dem Rauchen.
Dabei war ich nicht so erfolgreich. Denn irgendwie sah ich mit einer Kippe im Mund ziemlich blöd aus.
Anlass genug für meine Mitschüler, mich wieder einmal zu hänseln. „Du kannst vielleicht küssen - aber rauchen kannst du nicht", hieß es da gelegentlich.
Und so ließ ich das mit dem Rauchen. Im nach hinein, musste ich meinen Schulfreunden dafür dankbar sein.
Denn das Nichtrauchen kam mir, auch später noch, sehr zugute.
Zum einen gab es keine Klagen von den Mädels, dass ich beim Küssen nach Rauch stank und zum anderen war es einfach gesünder. Allein das Gerücht, dass Nichtraucher in ihrem Leben viel Geld sparten, bestätigte sich nicht.

Ich war zu dieser Zeit mit meinen zwei Freunden, Günter - der also gleich hieß wie ich und Nikolas - den wir Nico nannten unterwegs. Keine Ahnung, was die Mädels an uns fanden. War es die Tatsache, dass wir alle drei zu den besten unserer Fußballmannschaft gehörten, lange Haare hatten und meist gut drauf waren - oder aber weil wir einfach nur nette Jungs waren, die unheimlich Chancen bei den Mädchen hatten.
In unserem Übermut übertrieben wir es sicherlich auch - nur komischerweise war es so, umso toller wir es trieben umso mehr stieg unser Ansehen beim weiblichen Geschlecht.
So kam es vor, dass wir, wenn uns dasselbe Mädchen

gefiel, wir um es würfelten. Bei einer dieser Auslosungen „gewann" ich Gabi. Sie war sehr zierlich und außergewöhnlich hübsch. Vielleicht hätte ich ihr eine reelle Chance geben soll. Verdient hatte es sie allemal. Aber irgendwie bekam sie mit, dass wir um sie gewürfelt hatten. Das war wirklich nicht okay und hatte sie sehr tief verletzt. Traurig ist sie damals nachhause gegangen. Ich denke weder sie noch meine Mutter hatten mir dies jemals verziehen. Auch heute noch, nach fast vierzig Jahren, erhebt meine Mutter den Zeigefinger und sagt: „Mein Junge, da hast du richtig Scheiße gebaut!" Und ich pflichtete ihr bei und es tut mir immer noch leid, dass ich so ein Schweinehund gewesen bin!
Ich möchte mich an dieser Stelle meiner Biographie auch dafür ehrlich entschuldigen: „Es tut mir leid!" Gabi, Bärbel, Moni, Jutta …

Aber im Grunde schadeten wir uns meist damit selbst. Es war nicht schön zuerst durchs Fenster einer Kneipe zu sehen, ob nicht gleichzeitig zwei deiner drei Freundinnen im Lokal saßen. War das der Fall, so mussten wir in eine andere Lokalität ausweichen.
Solche Geschichten ließen sich dann eh nicht lange durchziehen, da wir in einem kleinen Ort lebten und ohnehin im Gespräch waren. Jedes Mal endete es damit, dass die Mädels dann irgendwie voneinander erfuhren und wir ganz plötzlich ohne Freundin dastanden. Andererseits ist es mir aber auch passiert, dass das Mädchen mit dem ich gerade mal eine Woche

zusammen war, sagte, dass sie jetzt wisse, wie ich ti-
cke und ein ganz netter Kerl wäre - aber ihre Freundin
hätte auch mal Lust mit mir zusammen zu sein.
Also tat ich das was ich tun musste - ich lud ihre
Freundin für das nächste Wochenende ein.
Was man an dieser Stelle vielleicht noch wissen sollte,
ist, dass das alles ab meinem fünfzehnten Lebensjahr
geschah. Und obwohl wir in Zeiten ohne Aids lebten,
hatte ich bis dahin noch keinen Sex mit all den hübschen Mädels. Schließlich waren wir ja doch anstän-
dige Jungs und knutschten und fummelten nur ein wenig rum. Und die geschilderten Beziehungen dauerten
meist nur knapp ein paar Wochen - wenn überhaupt.
Aus diesem Grunde zählte das Ganze in meinen
Augen auch nicht, wenn man von so etwas wie Liebe
sprechen wollte. Klar bildeten wir uns ein, dass wir
tierisch ineinander verliebt waren - aber es war doch
mehr ein jugendliches Annähern. Und eine Trennung
tat auch immer sehr, sehr weh - mein Gott wir litten
wie die Hunde, wenn uns ein Mädchen nach nur fünf
Tagen wieder verließ!

Fußball 5

Irgendwie schlugen sich meine neuen Erlebnisse und Erfahrungen auf meine Schulnoten nieder. Als Mannschaftskapitän der Schülerfußballmannschaft durfte ich zwar jeden Donnerstagmittag bei der Lehrersport AG
mitspielen, da es immer wieder einmal an Lehrern mangelte, die, die Sport AG besuchten. Aber selbst diese guten Verbindungen reichten nicht aus, ein Zeugnis zu bekommen, das mich berechtigte in die nächste Klasse zu wechseln.
Als Grund für meine Nichtversetzung gab ich zuhause an, dass ich den Fußballvertrag mit der Realschullehrersport AG Leutkirch um ein weiteres Jahr verlängert hatte.
Das interessierte daheim aber niemanden groß, denn dort war man mit anderen Dingen beschäftigt.

Die Geschichte 7

Mein Vater küsste nämlich auch - allerdings fremd.
Und so wurde es in unserer Familie ziemlich unge-
mütlich. Natürlich gab es Streit zwischen meinen
Eltern und auch ein paar unschöne Szenen.

Ich hingegen war das erste Mal so richtig - aber so
richtig - schwer verliebt!
Und das eher zufällig! Mein Freund Klaus und ich
trampten zuweilen im Allgäu durch die Gegend.
Das Taschengeld war eher spärlich und ein eigenes
Fahrzeug hatten wir nicht. Also stellten wir uns an
die Straße, den Cassetten-Recorder im Gepäck. Und
in Begleitung von Janis Joplins „Bobby McGee",
Canned Heats „On the road again" - „Wieder auf der
Straße unterwegs" - oder „I feel free" - „Ich fühle
mich frei" - von den Creams genossen wir unsere
Freiheit. Bei einer unserer Touren kamen wir in der
Nähe von Isny an einem Bauernhof vorbei, wo drei
Mädchen zelteten. In beiderseitigem Einverständnis
gesellten wir uns zu ihnen und hörten Musik und tranken ein paar Bierchen. - Und schon war es um mich
geschehen!
Sie hieß Franziska, genannt Franzi und wurde meine
erste richtige Freundin, was so viel bedeutete, dass
wir länger als ein oder zwei Wochen zusammen waren. Von da an trampte ich öfters nach Isny, um sie zu
sehen. Aber das war mühsam, denn nicht immer hatte
ich das Glück die ganzen siebzehn Kilometer mitge-

nommen zu werden, Und nicht selten musste ich die halbe Strecke laufen. Das war wahrlich kein Vergnügen, weder nachts noch an den kalten verschneiten Wintertagen. Und so brach ich die Beziehung nach einem Jahr ab, wahrscheinlich auch deshalb, weil es bei uns zuhause zwischen meinen Eltern ziemlich krachte.

Neben der Firma SABA gab es ein Fuhrunternehmen. Als mein Vater einmal geschäftlich nach Rottweil in die Zentrale seiner Firma musste, heuerte meine Mutter die Fahrer des Fuhrunternehmens kurzerhand an. Binnen von vier Stunden war die gemeinsame Wohnung ausgeräumt und sie zog zusammen mit uns Kindern, in derselben Straße zehn Blocks weiter stadteinwärts. Das war mein vierter Umzug. Danach gab es den nicht erwünschten Rosenkrieg, der meine Mutter veranlasste in eine Wohnung am anderen Ende der Stadt zu ziehen. Umzug Nummer fünf war vollbracht.

Und die Ehe meiner Eltern wurde geschieden.

Krähe 1

Wir wohnten nicht ganz zwei Wochen in der neu-
en Wohnung, als ich eines Samstagsvormittags von
einem Polizisten in meinem Zimmer, aus tiefstem
Schlaf, geweckt wurde. Einer unserer neuen Nachbarn, der wohl ähnliche Probleme mit Langhaarigen
hatte, wie mein Vater, hatte mich angezeigt, weil ich
angeblich mit einem Luftgewehr auf Krähen in seinem Garten schoss.
Ich versicherte dem Polizisten, dass weder ich, noch
einer meiner Freunde ein Luftgewehr besaß und ich
ein solches noch nie in der Hand gehabt hatte.
Auch meine Mutter konnte sich nicht vorstellen, dass
der Vorwurf gegen mich berechtigt war und so ließ
der Polizist mich weiterschlafen und die Sache war
vergessen.

Die Geschichte 8

Mittlerweile schrieben wir das Jahr 1973. Nur mit
Mühe bestand ich die Abschlussprüfung der Realschule. Der Grund dafür war der, dass meine Eltern merk-
ten, dass sie doch nicht ohne einander konnten. Und
so zog meine Mutter mit uns Kindern wieder zurück
in die Hausmeisterwohnung.
Mein Verhältnis zu meinen Eltern war danach irgendwie gestört. Auf der einen Seite war ich über meinen
Vater verärgert, dass er sich mit dieser Jugoslawin einließ - obwohl, wie gesagt, die hatte schon Feuer - und
meine Mutter war sicherlich auch nicht ganz schuldlos
daran, dass es zur Trennung kam. Auf meine Mutter
war ich sauer, dass sie zu meinem Vater zurückkehr-
te, hatten wir Kinder doch Partei für sie bezogen und
wurden nun so einfach von ihr verraten! So empfand
ich das zumindest damals. Außerdem kümmerten sie
sich nicht sehr um uns.
Nur fürs Protokoll: „Umzug Nr. 6!“

Polizei 1

Also nahm er Kontakt zu einem Polizeiwerber auf, der
mich für die Aufnahme-Prüfung bei der Polizei vorbereiten sollte. Irgendwie gefiel mir der Gedanke zur
Polizei zu gehen. Auch waren meine Voraussetzungen
gut - schließlich würde ich die Mittlere Reife haben
und war dazu noch überaus gut im Sport. Und so kam
der Polizeiwerber ein paar Mal zu uns ins Haus und
wir waren uns schon beinahe einig, dass ich die Ausbildung zum Polizisten anfangen würde. Bei seinem
letzten Besuch, sagte er jedoch, so in einem Neben-
satz, dass ich aber meine Haare schneiden lassen
müsse. Ich sah nur das triumphierende Gesicht meines
Vaters im Hintergrund und dachte sofort an „Nobody
is perfect!" - „Niemand ist perfekt". Ich denke, dass
es sich hier erübrigt, zu sagen, dass ich den Dienst bei
der Polizei nicht antrat.

Die Geschichte 9

Ich entschied mich dann später Werk- und Sportlehrer in Kirchheim an der Teck zu werden. Damals konnte man diese Ausbildung mit dem Mittleren Reifeabschluss machen, ich weiß nicht wie es heute ist. Ich bestand sogar die Aufnahmeprüfung und hatte meinen Platz an dieser Schule sicher.
Zunächst aber war mein Vater sehr verärgert darüber, dass ich nicht zur Polizei ging, dachte aber dann, dass Lehrer ja auch beamtet werden oder so was ähnliches! Und er war mit meiner Berufswahl einverstanden.

Fußball 6

Verärgert wurde auch die Turn- und Sportgemein-
schaft (TSG) Leutkirch.
Die Fußballabteilung des Vereins, in der ich spielte,
bekam unverhofft Konkurrenz in der eigenen Stadt.
Da erdreisteten sich doch ein paar Kneippen-Hocker
einen eigenen Fußballverein mit dem Namen „FV
Vorwärts Leutkirch 1973 e.V." zu gründen.
Hintergrund des etwas eigenartigen Namens und der
Provokation, die sich daraus ergab, war die Tatsache,
dass es der hiesige Fußballverein, trotz seines langen
Bestehens, noch nie über die dritte Klasse des Ama-
teurfußballs hinausgeschafft hatte. Vereinslokal war
das „Contact", die einzige Diskothek in der Stadt.
Man kann sich denken, dass da der Spaß schon vor-
programmiert war, wenngleich es den Vereinsgrün-
dern tatsächlich um einen Aufschwung im Leutkircher
Fußball ging.

Die Geschichte 10

Das interessierte mich aber nicht sonderlich, war ich
doch entschlossen meine Ausbildung in Kirchheim zu
machen. Leider kam mir ein weiteres hübsches Wesen
in die Quere. Sie war sehr verliebt in mich, ich natürlich auch in sie und so bat sie mich in Leutkirch zu
bleiben, weil sie ohne mich nicht mehr leben wollte.
So viel Schuld konnte ich nicht auf mich laden und
unterließ es nach Kirchheim zu gehen. Es dauerte
kaum vier Wochen, bis sie herausfand, dass sie sich
ein Leben ohne mich doch vorstellen konnte. Und so
verließ sie mich für einen anderen und meine Lehrer-
laufbahn war damit beendet, bevor sie noch begonnen
hatte.
Im Radio lief derweil „Angie" von den Rolling Stones
die Hitparaden rauf und runter. Irgendwie erinnerte
mich dieser Song an meine erste große Liebe Franzi.
Und so ließ ich mich von meinem Freund Heiner, der
inzwischen schon ein Moped hatte, kurzerhand nach
Isny ins Krankenhaus fahren, wo Franzi arbeitete.
Und so stand ich ganz unverhofft vor ihr.

Obwohl sie einen neuen Freund hatte, freute sie sich
sehr über mein Erscheinen und schleuste mich durch
einen unterirdischen Gang vom Krankenhaus ins
Schwesternwohnheim, in dem sie nun wohnte. Und
obwohl hier Männerbesuche verboten war, schloss sie
mich in ihr Zimmer ein, damit ich ihr nicht ein weiteres Mal entwischen konnte.

Auch sie hatte in dem dazwischen liegenden Jahr
einiges erlebt!
Ihr Vater, der als freier Konstrukteur arbeitete, hatte
sich seinen Verdienst mit Drogenhandel aufgebes-
sert. Und so fiel eines Tages die Drogenfahndung mit
Maschinenpistolen und Drogenhunden ausgestattet in
ihren Bungalow ein.
Der Vater wurde sofort verhaftet und zu fünf Jahren
Haft verurteilt. Ihre Mutter, die nun von einem auf den
anderen Tag alleine mit ihren drei Kindern dastand,
musste versuchen die Familie durchzubringen. Franzi
hatte zu ihrer Unterstützung den Job im Krankenhaus
angenommen.

Ihre Mutter fand jedoch, bei einem ihrer Besuche in
Stuttgart Stammheim mehr Gefallen an dem Zellenge-
nossen ihres Mannes. Außerdem wurde der auch sehr
viel früher entlassen. Und so kam es, dass Gert, der
wegen Steuerhinterziehung einsaß, entlassen wurde und prompt in den angemieteten Bungalow ihrer
Mutter einzog. Es ist mir damals nicht klar geworden,
ob er wegen seiner Knastvergangenheit keinen Job
bekam oder einfach nur ein wenig arbeitsscheu war.
Aber ansonsten war er ein ganz patenter Kerl.
Franzi machte mit ihrem Freund Ralf Schluss, was
den Armen natürlich tief traf. Anfangs hieß es, dass
er sich daraufhin das Leben nehmen wollte und mit
seinem Auto gegen einen Baum gefahren wäre.

Erst Jahre später, nachdem ich Ralf näher kennenler-
nen durfte, stellte sich heraus, dass er zu dieser Zeit in
einer Kurve, kurz vor Großholzleute aus Isny kommend, von der Fahrbahn abkam und so sein Auto zu
Schrott fuhr.

Ich erwähne das nur, weil ich knapp ein Jahr später, in derselben Kurve, aber aus Richtung Kempten
kommend, mit einem hellblauen VW Käfer von der
Fahrbahn abkam. Dieser Unfall hatte zwar nichts mit
dem Ei des Columbus zu tun und war sicherlich nicht
so ruhmreich. Aber auch mir gelang es damals, das
eierrunde Dach des Käfers durch eine Rolle seitwärts
so einzudrücken, dass das Auto, genau wie das Ei des
Columbus, eben auf dem Boden liegen blieb. Der Besitzer des Autos fuhr noch lange so herum, da es ihm
an Geld mangelte, um das Dach ausbeulen zu lassen.
Es sah schon ein wenig komisch aus - kein Cabrio,
aber auch kein VW Käfer mehr, so wie man ihn kannte!
Ich hatte zu dieser Zeit, als ich Franzi, mit wild
im Wind wehendem Haar auf dem Rücksitz eines
Mopeds aus Leutkirch anrauschend, zurück erobert
hatte, 1973 eine Lehre zum Technischen Zeichner
begonnen.
Jetzt trampte ich wieder öfters nach Isny. Ab und zu
konnte ich auch den Bus nehmen, weil ich ein wenig
Geld während meiner Ausbildung verdiente. Schwierig war es dann immer ins Schwesternwohnheim
zu gelangen, denn Männerbesuch war nach wie vor

verboten. Doch da kam mir eines Tages der Zufall
zur Hilfe. Bei einem meiner ersten Besuche bat mich
Franzi ihre Wäsche von der Wäscherei Zimmermann
mitzubringen. Und prompt lief ich dem Hausmeister
über den Weg, der mich sofort darauf hinwies, dass
Männer keinen Eintritt ins Wohnheim hatten. Doch
dann fiel ihm die Tüte von der Wäscherei auf und er
dachte, dass ich zum Lieferservice gehörte. Nun, hielt
er mir ganz freundlich die Türe höchstpersönlich auf
und mir war klar, dass ich bei jedem weiteren Besuch
ein Päckchen der Wäscherei bei mir tragen würde.
Das klappte tatsächlich eine ganze Weile.
Im Radio war Lobo mit „I'd Love You To Want Me“,
was so etwas wie „Ich würde es lieben, wenn du mich
wollen wolltest“, oder so ähnlich hieß - zu hören und
wir beide Franzi und ich, waren wirklich so richtig
verliebt ineinander! Wir liebten es, dass wir uns wollen wollten!

Kreiswehrersatzamt 1

Mein Vater hingegen hoffte immer noch, dass ich
meine langen Haare schneiden lassen würde. Ich hatte
keine Ahnung, was ihn daran hinderte, die Dinge einfach so zu akzeptieren, wie sie waren.
Und so stand er eines Tages triumphierend in der
Haustüre, als ich heimkam. Wortlos drückte er mir
den Musterungsbescheid der Bundeswehr in die Hand.
Ich wusste genau, was er dachte. Aber er ahnte nicht,
was ich dachte, nämlich: „Dann verweigere ich eben
den Kriegsdienst!"

Die Geschichte 11

Er und meine Mutter hatten in der Zwischenzeit noch
einmal geheiratet.
Unterdessen merkte Gert, der neue Mann an der Seite
von Franzis Mutter, dass es mir daheim nicht mehr
sonderlich gefiel.
Also ermutigte er mich, meine Sachen zu packen und
aus der elterlichen Wohnung auszuziehen - hinein in
einen schönen Bungalow!
Ich glaubte, wir hatten damit 1974, den Begriff der
„Wohngemeinschaft" erfunden!?
„Er (ich) war gerade 18 Jahr" sang Dalida, als ich
meinen siebten Umzug in ein kleines Nest zwischen
Isny und Kempten, was Kleinweiler heißt, vollzog.
Ob man es wirklich Umzug nennen konnte bleibt
dahingestellt, denn schließlich hatte ich nicht mehr
Sachen zum Mitnehmen, als die, die auf dem Rücksitz
eines hellblauen VW-Käfers Platz fanden.

George McCrae empfahl: „Rock your Baby" - „Wiege
dein Baby in den Schlaf", könnte das bedeuten - und
ABBA, Sweet und The Hollies stürmten die Hitpa-
raden. Die Knaller aber waren Golden Earring mit
„Radar Love" - die drahtlose Liebe, was immer das
auch sein mochte, Narzareth mit „This Flight Tonight"
- „Der Überflug heute Nacht!" oder aber auch Carl
Douglas mit „Kung Fu Fighting" - was frei übersetzt
bedeutete „Möhren in Scheiben schlagen, ohne ein
Messer zu benutzen".

Ich hatte das Glück, dass zwei Mitarbeiter des Betriebs, in dem ich meine Ausbildung machte, in Kleinweiler wohnten, sodass ich mit ihnen in einer sogenannten Fahrgemeinschaft, nach Leutkirch fahren konnte, ansonsten hätte ich keine Chance gehabt, ohne Auto und eigenem Führerschein zur Arbeit zu kommen. Die Verbindungen der öffentlichen Verkehrsmittel waren damals, wie heute, auf dem Lande sehr bescheiden!

Insgesamt hatten wir eine schöne Zeit im Bungalow auf dem Land. Franzis Mutter und auch Gert verloren kein Wort darüber, dass es mit dem Geld knapp war. Verdiente Franzi doch nur ein eher bescheidenes Gehalt als Stationshilfe, ich befand mich noch in der Ausbildung, in der ich ebenfalls nicht sonderlich verdiente. Außerdem wollte ich den Führerschein machen, um unabhängiger zu werden. Gert nahm allerlei Jobs an, die er allesamt nach maximal drei Tagen wieder hinwarf und Franzis Mutter versuchte sich als Aushilfsbedienung in einer der beiden örtlichen Kneippen, die aber auch nicht besonders gut lief. Der beste Job den Gert damals hatte, war Vertreter für eine Weinhandlung. Gleich zu Beginn seiner Tätigkeit wurde ein Teil unseres Kellers mit Wein aller Sorten aufgefüllt.

Natürlich brachte Gert diese nicht an den Mann und so kam es, dass wir das Lager selber leer trinken mussten. Ich kann mich noch an einen Portwein er-

innern, der wie Öl die Kehle hinunterglitt, dann aber
postwendend direkt im Hirn landete, um uns gute
Laune zu vermitteln. - Ein geiles Zeug!
Und Udo Jürgens sang vom griechischen Wein dazu.

Fußball 7

Im Fußballclub wechselte ich von den Junioren zu
den Aktiven. Von den guten jungen Spielern wurden
aber nur wenige in die erste Mannschaft eingebaut.
Und obwohl ich sofort zur ersten Mannschaft gehörte
gefiel es mir nicht mehr so recht in meinem Verein.
Viele meiner Mannschaftskameraden aus der Jugend
wechselten zu Vereinen, die in höheren Klassen spielten oder zum Stadtrivalen Vorwärts Leutkirch.
Von denen hörte man, dass sie sehr viel Spaß hatten.
Natürlich wurde auch dort Fußball gespielt, aber es
gab mehr Zuschauer als bei uns. Und die machten
immer Party auf der Tribüne. Unter den Spielern war
man sich sicher, dass man nicht den schönsten Fußball spielte, aber zu den schönsten Mannschaften der
Region gehörte und - ganz tolle Fans hatte.
Außerdem spielten sie, zur allgemeinen Überraschung, um die Meisterschaft in der untersten Kreisliga mit. So kam es, dass auch ich den Verein wechselte.
Bei meinem ersten Spiel hatte ich gleich so viel Erfolg, dass mich ein Fan, den man Bayern Gustl nannte
ins Vereinslokal zu einem Drink einlud.
Er hieß deshalb Bayern Gustl, weil er nicht nur Fan
vom FV Vorwärts Leutkirch, sondern auch von Bayern München war. Es ist nicht überliefert, ob er auch
normale Straßenkleidung besaß, weil er ständig nur in
Bayern München Fankleidung herumlief.
Also ging es für mich direkt nach dem Duschen ins

Vereinslokal, um mit Gustl an der Bar einen zu trinken. Er ließ sich auch nicht lumpen und bestellte sofort zwei Sprudelgläser (0,2 Liter) Whisky um meinen guten Einstand zu begießen.

Bis dahin hatte ich noch nie Whisky getrunken, außerdem bildete ich mir in meinem jugendlichen Leichtsinn ein, mit Gustl beim Trinken mithalten zu können, ganz abgesehen davon, dass ich gerade ein Fußballspiel hinter mir hatte und meine Venen weit geöffnet waren, um den Alkohol direkt aufzunehmen.

So kam es, dass ich etwa nach der Hälfte des Glasinhalts, betrunken, mitsamt dem Barhocker, rücklings auf die Tanzfläche fiel und dort, wie am Stuhl angewachsen liegen blieb.

Meine Schwester berichtete mir drei Tage später, dass mich Mannschaftskollegen bei ihr zuhause ablieferten. Aber zum Leidwesen meiner Schwester, fiel ich in dem schmalen Zimmer, weder auf das Sofa, noch ins Bett, sondern genau dazwischen. Und da es ihr unmöglich war, mich vom Boden wieder hoch zu bekommen, ließ sie mich, mit einer Decke zugedeckt, dort liegen. Von Mal zu Mal horchte sie, ob ich noch atmete. Am dritten Tag war ich wieder unter den Lebenden und schwor mir, nie wieder Whisky zu trinken - einen Schwur, den ich über die Jahrzehnte hielt! Außer diesem erschreckenden Vorfall erlebte ich eine schöne Zeit beim FV Vorwärts Leutkirch, denn wir wurden am Saisonende tatsächlich Meister.

Die Geschichte 12

Während meiner Ausbildung lernte ich mit Bleistift und Tusche zu Zeichnen. Mittels Schablonen wurden die Zeichnungen von Hand mit Normschrift beschriftet. Zirkel und Lineal gehörten ebenso zum Werkzeug, wie die großen Zeichenbretter. Die Konstruktionsmaße wurden noch von Hand berechnet und Korrekturen innerhalb einer Tuschezeichnung waren wahre Herausforderungen, wurden doch die Tuschelinien mit Rasierklingen herausradiert, um wieder neu darüber zeichnen zu können. Die Details der Werkstücke mussten in den großen Konstruktionszeichnungen selbständig herausgesucht werden. Abwicklungen und Durchdringungen von Körpern wurden mittels Raumdreiecken konstruiert. Damals haben wir den Beruf des Technischen Zeichners von Grund auf lernen müssen.

Während dessen lebte unsere zusammengewürfelte Wohngemeinschaft noch ein paar Jahre gemeinsam in dem Bungalow in Kleinweiler.
Nur die öffentlichen Verkehrsmittel blieben schlecht. Wenn ich einmal abends in Isny unterwegs war, war es nicht mehr möglich nach zweiundzwanzig Uhr nach Hause zu kommen. Aus der Not heraus bestellte ich dann immer eine Pizza an die Heimatadresse. Es machte dem Pizzafahrer nie etwas aus, mich gleich selbst mitzunehmen, fuhr er ohnehin in meine Richtung.

Dazu muss man wissen, dass der Pizza-Express damals wirklich bis zu zehn, zwölf Kilometer weit fuhr, was er heutzutage natürlich wegen Unrentabilität, nicht mehr macht. - Früher war alles halt doch noch besser!?

Ich konnte Mitte 1975 meinen Führerschein machen. Das brachte ein wenig Erleichterung, da ich von nun an auch, Besorgungen und Einkäufe machen konnte. Wenn Franzi Wochenenddienst hatte, fuhr ich sie zur Arbeit. Und so rückte mein erster Winter als Führerscheinneuling näher. Wir waren etwas spät dran und draußen regnete es. Natürlich war mir nicht klar, dass die Straßen am frühen Morgen wegen der niedrigen Temperaturen kalt waren.

Und so ergab es sich, dass der Regen, kaum am Asphalt angekommen, direkt an den selbigen anfror. Die Straßen waren spiegelglatt. Wir kamen nur bis zur nächsten Ortschaft, als das Auto am Ortsende ins Schleudern geriet. Ich weiß bis heute nicht, wie wir damals an dem entgegenkommenden VW-Bus vorbeigekommen sind. Ich weiß noch genau, dass wir auf seiner Straßenseite waren. Kurz darauf bemerkte ich, dass der hellblaue Käfer auf dem Dach in einer Wiese neben der Straße lag. Franzi hatte es halb herausgeschleudert, denn Sicherheitsgurte hatte der Käfer damals noch nicht. Sie war ziemlich benommen. So-

gleich waren Helfer der ortsansässigen Holzspedition
zur Stelle. Alles in allem hatten wir großes Glück. Sie
stellten den Wagen wieder auf und entfernten ihn von
der Unfallstelle. Franzi und ich wurden ins Krankenhaus gebracht, wo bei ihr eine Gehirnerschütterung
diagnostiziert wurde. Sie musste für ein paar Tage im
Krankenhaus bleiben. Ich konnte wieder nach Hause
gehen.

Gert holte mich mit dem hellblauen VW-Käfer aus
dem Krankenhaus ab. Er war sichtlich froh, dass der
Unfall für uns relativ glimpflich abgelaufen war.
„Was bedeutet schon ein Stück Blech“, sagte er in
Anspielung auf das Flachdach seines Käfers. - Er
verlor nie wieder ein Wort darüber, dass ich sein Auto
verunstaltet hatte, obwohl er genau wusste, dass er es
nicht reparieren lassen konnte.
Und im Radio sangen 10cc: „I‘m not in love“ - „Ich
bin grad nicht verliebt“ und der Nachrichtenspre-
cher berichtete vom unfallreichsten Wochenende seit
langem in Bayern. „Mehrere Unfälle ereigneten sich
auf Grund von Blitzeis in den Morgenstunden. Die
Polizei geht davon aus, dass es noch eine hohe Dunkelziffer gibt.“ „Da hat sie recht, die Polizei“, ging es
mir durch den Kopf - denn ich gehörte auch zu dieser
Dunkelziffer.
Die Hitparade führte die George Baker Selection mit
„Una Paloma Blanca“ - „Die weiße Taube“ - an,
gefolgt von den Sweet mit „Fox on the run“ - „Foxi
rennt den Männern weg“ -, ABBAs SOS, Bachmann

Turner Overdrive „Ain´t Seen Nothing Yet“ - „Ich blicke auch nicht durch“ - und „Lady Bump“ - „Plumpe
Weiber“ - von Penny MClean.
Songs wie „Streets of London“ „In den Straßen von
London“ - von Ralph McTell, „Sailing“ - „Segel(oh-
re)n“ - von Rod Stewart oder „Don‘t Play Your
Rock‘n‘roll To Me“ -“Jammer mich die Ohren nicht
voll“ - von Smokie untermalten die schönen Stunden
der Liebenden, die zuweilen aber auch durch Queens
„Killer Queen“ - „Königin unter den Männermörder“
unterbrochen wurden.

Das Leben im Bungalow begann kurz nach diesem
Unfall ungemütlicher zu werden. Ich weiß nicht mehr
die Reihenfolge, in der uns das Telefon, der Strom
und auch die Öllieferungen eingestellt wurden. Kurz
und gut, das süße Leben fand ein jähes Ende. Die
Wohngemeinschaft war pleite.
Gert und Annemarie zogen mit den beiden jüngeren
Geschwistern von Franzi in Richtung Immenstadt am
Alpsee.

Franzi und ich fanden eine neue Wohnung in einem
Vorort von Isny - Kleinhaslach. Das war mein achter
Umzug!

Kurz darauf beendete ich im Januar 1976 meine
Ausbildung und wurde als Technischer Zeichner im
Ausbildungsbetrieb übernommen. Ich hatte mein ers-
tes eigenes Einkommen.

Fußball 8

Nach wie vor hörten wir gerne Musik, und ich spielte immer noch Fußball beim FV Vorwärts Leutkirch und zwar in der Kreisliga A, der zweitniedrigsten Klasse im Amateurfußball.
Auch dort hatten wir unseren Spaß. Wir unternahmen außerhalb des Sports viel miteinander. Aber auch sportlich nahmen wir die Sache natürlich ziemlich ernst.
Einmal trafen wir uns vor dem Spiel in einem kleinen Sporthotel außerhalb von Leutkirch. Dorthin gab es einen öffentlichen Weg und einen mehr oder weniger gesperrten, der durch einen Bauernhof führte. Da einer unserer Mitspieler in der Gegend wohnte, empfahl er uns den Weg durch den Bauernhof zu nehmen, da der etwas kürzer war. Wir ahnten nicht, dass der Bauer hinter dem Fenster stand und sämtliche Autokennzeichen notierte.
Die Vorbereitungen beim gemeinsamen Frühschoppen auf das anstehende Spiel waren so intensiv, dass es eine 11:0 Niederlage gab. Zur Krönung des gelungen Sportsamstags gab es dann am Montag, noch 26 Anzeigen a' 20,00 Mark für die unerlaubte Durchfahrt durch den Bauernhof.
Dennoch hatten wir und unsere Fans mal wieder mächtig Spaß - denn wann sieht man schon elf Tore in einem Fußball-Spiel?

Apropos elf … Obwohl wir nur ein Fußballverein

waren, hatten wir eine zusätzliche Disziplin erfunden. Die sogenannte Elfer-Wette. Die Spielregel war ganz einfach. Nach dem Spiel setzten sich die beiden Fußballmannschaften in unserem Vereinslokal gegenüber an einen langen Tisch. Vor jedem der elf Spieler stand ein halber Liter Bier. Nun galt es in einer Art Staffel die Gläser so schnell wie möglich zu leeren. Die beiden ersten Spieler fingen an, das Bier so schnell wie möglich auszutrinken. Wenn das leere Glas auf den Tisch abgestellt wurde, war der nächste Spieler an der Reihe usw. Gewonnen hatte die Mannschaft, die alle elf Gläser als erstes leer hatte.

Die Verlierer mussten die Runde bezahlen. Da wir zwei bis drei Spieler in unseren Reihen hatten, die das Glas quasi ohne zu schlucken leeren konnten, gewannen wir meist diese Disziplin. Luigi, einer unserer italienischen Mitspieler, unser Unikum und trinkfestester Mann schlug dann immer eine Revanche vor.

Nur mit kleineren Gläsern und Obstler. Dann saßen elf Spieler der gegnerischen Mannschaft auf der einen Seite des Tisches, jeweils mit einem Obstler vor sich. Auf der anderen Seite des Tisches saß Luigi mit - elf Obstlern vor sich …

Da Luigi nicht nur gut Fußball spielen konnte, sondern auch, sozusagen ein Künstler der Elfer-Staffel war, erklang am Ende seiner Show, dann immer zusammen mit unserer Fangemeinde der Schlachtruf:

„Ari Ari Bumba - Vorwärts Leutkirch Ra Ra Ra!"

Kreiswehrersatzamt 2

Im wirklichen Leben gingen wir aber alle unserer Arbeit nach und waren halbwegs normale Menschen.
Eines Tages bekam ich ein Schreiben vom Kreiswehrersatzamt. Ich wurde aufgefordert in einer Gerichtsverhandlung meine Verweigerung des Kriegsdienstes zu begründen. Die Verhandlung fand im Kreiswehrersatzamt in Ravensburg statt. Das war das zweite Mal in meinem Leben, dass mir wegen der Unzulänglichkeiten anderer, Schlechtes widerfuhr. Und wieder musste ich an die Rolling Stones und ihre Nummer „I can't get no satisfaction" denken.
Die Verhandlung, geleitet von Berufssoldaten, sollte mir Gelegenheit geben meinen Standpunkt darzustellen. Jede Frage die mir gestellt wurde, erzwang eine Antwort, an deren Ende ich irgendjemanden töten musste.
So fragte man mich damals z.B.: „Sie sind gerade beim Joggen durch einen Wald. Sie kommen an einer Lichtung vorbei, auf der gerade eine Gruppe von Kindergartenkindern eine Pause macht. Vom Hang gegenüber schießt ein Wahnsinniger mit einem Gewehr auf die Kinder. Sie sehen einen Förster, der bereits durch den Amokschützen getötet wurde, sein Gewehr liegt neben ihm. - Was tun sie in dieser Situation?"
Am Ende der Verhandlung hieß es dann, dass man aus mir durchaus einen guten Soldaten machen könnte und ich nicht als Kriegsdienstverweigerer anerkannt war.

Ich fand diese ganze Geschichte so menschenentwür-
digend.
Einige Wochen später bekam ich das schriftliche
Urteil. Darin wurde mir bestätigt, wie gleichgültig mit
mir und meiner Überzeugung am Kreiswehrersatzamt
umgegangen wurde. Sämtliche meiner persönlichen
Daten waren falsch dargestellt. Weder das Geburts-
datum, noch der Geburtsort waren richtig angegeben.
Die Begründung war kurz und knapp und recht ober-
flächlich.
Dieses Mal nahm ich die Demütigung nicht hin und
war entschlossen in die Berufung zu gehen.
Die zweite Verhandlung war im Regierungsbezirk
Tübingen. Ich fuhr mit dem Zug dorthin. Während der
Fahrt saß eine junge Mutter mit ihrer kleinen süßen
Tochter mir gegenüber. Das Mädchen schien Gefallen an mir zu haben und so schäkerten wir ein wenig
miteinander. Der Gedanke, dass ich in einem Kriegs-
fall als Soldat auch Kinder töten könnte, und sei es
nur aus Versehen, bestärkte mich in meinem Vorhaben
zum Kriegsdienstverweigerer anerkannt zu werden.

Die Richter in Tübingen gaben sich sehr viel Mühe
und ich hatte zu keinem Zeitpunkt der Verhandlung
das Gefühl, dass sie mich, so wie die in Ravensburg
linken wollten. Die Verhandlung dauerte geschlagene
dreieinhalb Stunden und am Ende teilte man mir mit,
dass ich nun ein staatlich geprüftes Gewissen hätte

und als Kriegsdienstverweigerer anerkannt war. Ich durfte sogar in Notwehr jemanden töten, um mein eigenes Leben zu schützen - so stand es dann später im Urteil.
Erst als mir die psychologische Beisitzerin zu meinem Erfolg gratulierte, begriff ich, dass ich es wirklich geschafft hatte!

Ich lebte weiter mit meiner Franzi in Isny Kleinhaslach und arbeitete bis Juli 1976 in Leutkirch in meinem Ausbildungsbetrieb als Technischer Zeichner.

Fußball 9

In diesem Jahr wechselte ich auch den Verein und
spielte von da ab beim FC Isny, der in der Landesliga,
also drei Spielklassen über die, in der, der FV Vorwärts Leutkirch war.

Ich erinnere mich noch gut an das erste Training in
meinem neuen Verein.

Zu der Zeit gab es in Neutrauchburg, etwa zwei
Kilometer von Isny entfernt einen ca. 1,8 km langen
Trimm-Dich-Pfad. Wir joggten also zum Trainings-
auftakt dorthin. Der Pfad wurde vier Mal, mit unter-
schiedlichen Belastungsstufen durchlaufen und dann
joggten wir wieder ins Stadion zurück.
Ich wollte mich schon auf den Weg in die Kabinen
machen, als der Trainer mir deutete, dass das Training
eigentlich erst jetzt richtig begann. In diesem Moment
glaubte ich nicht daran, dass mir das Fußballspielen
in Isny genauso viel Spaß wie bei Vorwärts Leutkirch
machen könnte!

Aber schon bald durfte ich erfahren, dass man beim
FC Isny auch außerhalb des Sports für seine Spieler
sorgte.

Zivildienst 1

Denn im August 1977 musste ich meinen Ersatzdienst antreten. Ich tat dies in einem Rehabilitationszentrum. Da ich schon vor meiner Einberufung eine eigene Wohnung hatte, erhielt ich eine sogenannte Heimschlaferlaubnis. Das hieß, dass ich weiterhin in Kleinhaslach wohnen bleiben durfte.

Allerdings musste ich die nötigen Zuschüsse für die Wohnung im Rathaus in Isny beantragen. Der zuständige Beamte, der die Anträge bearbeitete, war zufällig Betreuer und Masseur des FC Isny. Ein etwas ruppiger Herr, der aber von den Spielern liebevoll Dr. Fummel genannt wurde. Ich hatte bisher noch nicht das Vergnügen von ihm massiert zu werden, da ich als Neuling noch nicht zum Kader der ersten Mannschaft gehörte.

Also trat ich schüchtern in das Dienstzimmer ein und trug mein Anliegen vor. Kurz angebunden wollte er mich schon des Raums verweisen, da er keine große Lust verspürte, in meiner Sache tätig zu werden. Auch schien mein schwacher Protest nichts zu nützen, dass er doch eigentlich zuständig sei. Ziemlich enttäuschte, wollte ich die Amtsstube schon wieder verlasse, als er mich fragte, ob wir uns nicht kannten.

„Ich weiß nicht gab ich zur Antwort, aber vielleicht vom Fußball?" „Ja genau, dich habe ich doch schon mal im Training gesehen!"

„Setz dich mal kurz hier hin", wies er mir einen Stuhl zu. Im Handumdrehen hatte er vier oder fünf Formulare aus der Schreibtischschublade gezogen.

„So, jetzt unterschreibst du mal hier und hier und hier, den Rest mache ich für Dich!" Sprach's, entließ mich und füllte den Rest des Papierkrams zu meiner vollsten Zufriedenheit aus.

Im Reha-Zentrum wartete unterdessen eine böse Überraschung auf mich. War doch in meinem Vorstellungsgespräch ausgemacht worden, dass ich in der beruflichen Rehabilitation als Lehrer für Mathematik und Technisches Zeichnen eingesetzt werden sollte, schien man sich daran nicht mehr erinnern zu wollen. Und so wurde ich aus Mangel an Pflegepersonal im medizinischen Bereich als Hilfspfleger eingesetzt.

Das war nicht zuletzt deshalb ein Schock für mich, da ich überhaupt keine Vorstellung davon hatte, wie ich mit behinderten Menschen umgehen sollte. Ganz im Gegenteil, bis dahin hatte ich eher auf die andere Straßenseite gewechselt, wenn mir ein Rollstuhlfahrer entgegenkam!

Nun tauschte ich den weißen Kittel eines Technischen Zeichners, gegen den eines Pflegers ein.

Diese Formulierung, mit dem weißen Kittel erschien mir nun richtig gut gelungen zu sein, finden Sie nicht auch? Obwohl sie so nicht stimmte, denn in meinem Beruf als Zeichner musste ich keinen weißen Kittel tragen, obwohl das damals viele Leute glaubten.

Sei's drum!

Von nun an, war ich mitten drinnen in einer anderen
Welt, die mich nachts nicht mehr schlafen ließ.
Denn in meinen unruhigen Nächten klang „Hiroshima“ von Wishful Thinking durch meine Träume,
derweil ich mich an den Anblick einiger Vietnamesen
gewöhnen musste, die Opfer von Napalm-Angriffen
in Vietnam geworden waren und nun hier, im Heim
lebten.
Sie sahen einfach schrecklich und entstellt aus. Und
ich erschrak jedes Mal, wenn aus ihren verstümmelten
Körpern feine und freundliche Stimmen ertönten. Und
mir wurde zum ersten Mal tief in mir drinnen bewusst,
dass ich das mit der Kriegsdienstverweigerung richtig
gut gemacht hatte, wenngleich dies ursprünglich nur
geschah, weil ich nicht zum Friseur gehen wollte!

Es war ein echt harter Job, den ich da von nun an
machen musste. Ich wurde ins kalte Wasser geschmissen, ohne irgendeine Einführung oder Schulung in den
medizinischen Bereich, Dazu kam noch, dass einige
der fest angestellten Pfleger ehemalige Zeitsoldaten
waren. Sie hatten zum Teil immer noch ihren Militärton drauf und versuchten uns Zivildienstleistenden
einzureden, dass sie aus uns gute Soldaten machen
werden, wenngleich auf einer anderen Ebene.
Unter ihnen war ein kleiner Giftzwerg, der keine
Gelegenheit ausließ, um mich bei jeder Gelegenheit
zu schikanieren. Ebenso wurden wir nicht über die
Krankheiten, wie z.B. Epilepsie oder Geschlechtskrankheiten mancher Behinderten informiert.

So war mir auch anfangs nicht bewusst, dass einer
der Pfleger selbst Bewohner des Pflegeheims war und
seine Schizophrenie mit Tabletten in Zaun gehalten
wurde. Das wurde mir erst ein paar Wochen schmerz-
haft bewusst, als ich ihm eines Morgens zur Begrüßung einen leichten Klaps auf die Schulter gab, den er
mit einem harten Kinnhaken erwiderte. Und später ein
zweites Mal, als er nach der Umstellung seiner Medikamente der Überzeugung war, der Herrscher der Welt
zu sein und alle seine Soldaten zu sich zitierte, damit
sie ihm halfen, Russland zu erobern.
Danach wurde er nicht mehr als Pfleger eingesetzt,
weil es sechs seiner Kollegen bedurfte, ihn zu zügeln
und zu beruhigen.
Erst nachdem ich mich bei meinem Wehrdienstbeauf-
tragten über einige Vorfälle und Missstände beschwert
hatte, wurde vereinbart, dass den Zivildienstleistenden
Grundkenntnisse des Pflegeberufs beigebracht werden.
Bevor dies jedoch in die Tat umgesetzt wurde, kam
eines Abends mein Lieblingspfleger, der Giftzwerg,
ins Stationszimmer gerannt und verschloss es sogleich
hinter sich. Bevor ich noch fragenkonnte, was passiert
war, haute jemand von außen mit einem Gegenstand
gegen die Türe.
Mein Pfleger-Kollege berichtete, dass er mit einem
Behinderten in Streit geraten sei und dieser ihm
Schläge angedroht habe. Wie Methusalix in den Aste-
rix-Heften, sei dieser nun mit einer Krücke bewaffnet,
dem Pfleger mit dem Rollstuhl hinterhergejagt. Des-

sen letzte Rettung war das abschließbare Stationszimmer, wo er nun mit dem Rücken zur Türe stand und vor Angst echt zitterte - der tapfere Herr Soldat! Draußen tobte der Behinderte und gab sich alle Mühe die Türe einzuschlagen. Andere Heimbewohner riefen wild durcheinander. Es musste sofort etwas geschehen! Da ich mir sicher war, dass der Angreifer mir nichts tun würde, öffnete ich die Türe, die sobald ich hinausgegangen war, sofort wieder von innen ins Schloss gezogen und verriegelt wurde.

Ich ging auf den Behinderten zu, legte ihm meine Hand auf die Schulter und bat ihn, wenn er bei anderer Gelegenheit dem Pfleger eins überziehen würde, ihm doch auch noch einen Schlag von mir mitzugeben, denn schließlich schikanierte der mich immer noch.

Für heute wäre es aber gut, da ich Dienst hatte und ein solcher Zwischenfall mir nur Unannehmlichkeiten einbringen würde. Dies verstand er und verschwand ganz zahm in seinem Zimmer.

Als ich mit der Nachricht, dass heute nichts mehr geschehen werde, wieder ins Stationszimmer trat, war ich der gefeierte Held, der von da an nicht mehr geärgert wurde. Es ist mir leider nicht bekannt, ob es später nochmals zu einer Auseinandersetzung gekommen war, in dessen Verlauf auch mir eine kleine Satisfaktion beschert wurde. Im Übrigen machten wir Zivildienstleistenden einen guten Job.

Man konnte sich echt auf uns verlassen und wir waren stets pünktlich bei der Arbeit.

Kurze Zeit später jedoch verstärkte Anton, genannt
Donne, unsere Truppe. Donne war einer der ersten
Postkarten-Verweigerer. Er hatte keine Gerichtsverhandlung durchlaufen müssen, damit er als Kriegsdienstverweigerer anerkannt wurde. Sicherlich hatte
er dieselben Motive wie ich. Er wollte nicht zur Bundeswehr, weil er dort seine langen Haare, die ähnlich
wie die von Rory Gallagher waren, nicht schneiden
lassen wollte. Außerdem war sein Vater Friseur und
der sah es sicherlich genauso ungern wie meiner, dass
sein Sohn mit längeren Haaren, als die seiner weiblichen Kunden, durch die Gegend lief.
Donne hatte gleich geschnallt, dass er den Zivildienst
machen musste, ohne dass ihm gekündigt werden
konnte. Also kam und ging er zum Dienst, so wie
es ihm gerade passte. Ab und zu zog er einen Joint
rein und fand, dass er dazu erkoren war, die Welt zu
erobern.
Immer, wenn er bei mir zu Besuch war, bat ich ihn
seinen Dop stecken zu lassen und nicht in meiner
Wohnung zu rauchen. Schließlich war ich Nichtraucher und ließ ohnehin meine Finger von Drogen aller
Art, wenn man das Bier nicht dazu zählen wollte.
Nach dem Zivildienst verschwand Donne nach Berlin,
wo er nicht die weite Welt eroberte, sondern gnadenlos abstürzte und seinen Drogen zum Opfer fiel. Man
fand ihn, ein paar Jahre später, bei einer Heimreise
ins Allgäu in der Toilette eines Zuges, wo er sich den
Goldenen Schuss gegeben hatte.

Die Geschichte 13

Die Firma SABA, bei welcher mein Vater als Hausmeister arbeitete wurde 1977 in Leutkirch geschlossen
und so zogen meine Eltern nach Rottweil um,
wo mein Vater in der Zentrale der SABA-Werke übernommen wurde.

Außerhalb der Dienstzeit bekam ich Ärger mit dem
Kreiswehrersatzamt. Dort weigerte man sich mir die
Unkosten für meine Wohnung in vollem Umfang zu
bezahlen. Das kam so weit, dass ich mir tatsächlich
eine kleinere Wohnung nehmen musste, damit meiner
Freundin und mir das Geld zum Leben reichte. Und
so kam es zu meinem neunten Umzug, der uns in eine
kleine Altbauwohnung ohne Badezimmer, aber mit
Klo auf dem Gang in die Isnyer Altstadt brachte.

Ich muss zugeben, dass die Wohnung wirklich klein
war - aber in ein paar Monaten würde mein Zivildienst ohnehin beendet sein und wir konnten dann
nach etwas anderem schauen.

Franzi störte es schon, dass wir nur knapp zwanzig
Zentimeter Platz hatten, um, um den Couchtisch herum zu laufen. Außerdem war die Sofagarnitur, welche
wir von ihrer Oma geschenkt bekommen hatten, nicht
für einen zehn Quadratmeter großen Raum geeignet.

Auch schien ihr es nicht zu gefallen, dass wir mit
der Gießkanne das Heizöl aus dem Schuppen im Hof
holen mussten. Nun gut, es stank schon ein wenig
nach Öl, hauptsächlich, wenn die Flamme unbemerkt
erlosch und sich der Feuerbehälter des Ofens mit Öl,
anstatt mit molliger Wärme füllte. Die nach Öl trie-
fenden, stinkenden schwarzen Unterarme und Finger-
nägel hatte dann ohnehin immer ich, aber das schien
sie nicht wirklich zu trösten.

Ihr Unmut über unser neues Zuhause steigerte sich
ins Endlose, als sie mit ihren Stöckelschuhen auf der
steilen Holztreppe ausrutschte und sich beim nachfolgenden Sturz den Unterkiefer brach. Das war wirklich
eine schlimme Sache und ich bekomme heute noch
Gänsehaut, wenn ich daran denke!

Böse Zungen waren danach der Meinung, dass es
doch schön sei, wenn eine Frau eine Weile nicht reden
könne. Das fand ich nicht, denn der Gitterkäfig in ihrem Mund, hinderte sie nicht nur am Reden, sondern
auch am Küssen. Und das fand ich sehr schade, denn
ich war wie am ersten Tag in sie verliebt.

Zivildienst 2

In meiner Dienststelle überschlugen sich die Ereignisse plötzlich sehr dramatisch.
Als ich einmal nach der Essensausgabe zurück in die Küche kam, erhielt ich einen Anruf vom Oberpfleger, der mich zu sich zitierte.
Er fragte, ob ich irgendwelche Beobachtungen in Zimmer 89 gemacht habe. Ich sagte nein, denn der Bewohner dort war guter Laune und wir scherzten noch über den Kaffee, der ihm nicht immer schmeckte.
Manchmal war er sich nicht sicher, ob er Kaffee oder Tee zu trinken bekam. Es mussten, nachdem ich das Zimmer verlassen hatte, nur ein paar Minuten vergangen sein, als er an einer Embolie verstarb.
Ich war total geschockt und durfte an diesem Tag nach Hause gehen, um mich ein wenig zu erholen.

Einige Wochen später musste ich erfahren, dass die angekündigten Unterweisungen der Zivildienstleistenden für mich zu spät kamen, oder dass wir das Thema, um welches es gehen sollte, noch nicht behandelt hatte.
Es passierte an einem Sonntag, als ich alleine Dienst hatte.
Die aufgeregte Mutter eines Heimbewohners kam völlig aufgelöst zu mir ins Stationszimmer gestürzt.
Ihr Sohn liegt oben in seinem Zimmer und windet sich am Boden.
So schnell ich konnte rannte ich hoch und war kom-

plett überfordert. Der Sohn hatte Schaum vor dem
Mund, verdrehte die Augen und lag total verspannt
vor seinem Bett. So etwas hatte ich bis dahin noch nie
gesehen.
Das Fatale an der Sache war dann noch das, das alle
Telefongespräche über die Pforte liefen. Nur hatte der
Pförtner beschlossen die Dienstwagen zu waschen
und war für mich nicht erreichbar. Ich konnte rein
gar nichts tun, während die Mutter neben mir immer
hysterischer wurde. Der Sohn wand sich immer noch
am Boden.
Also rannte ich runter in den Hof, um nach dem
Pförtner zu suchen. Als ich ihn fand, riefen wir sofort
einen Arzt in Isny an. Dieser sagte nur, dass er nicht
kommen werde, da er die Vorgeschichte des Patienten
nicht kenne und auch nichts tun könnte. Zum Glück
gelang es uns dann noch den Oberpfleger, der in der
Anlage wohnte aufzutreiben, sodass sich dieser um
den jungen Mann kümmern konnte.

Gleich am kommenden Tag verweigerte ich den Pfle-
gedienst und wurde tatsächlich in die Rehabilitations-
abteilung versetzt, wo ich von da an Mathematik und
Technisches Zeichnen unterrichtete.
Das machte mich einigermaßen stolz und glücklich.
Und so ging ich am Spätnachmittag frohgelaunt nach
Hause.

Die Geschichte 14

Auf halbem Weg kam mir ein Traktor mit zwei An-
hängern entgegen - nichts Ungewöhnliches, wenn
man im Allgäu wohnt!
Als er auf meiner Höhe war, fiel mir auf, dass er kein
Heu oder Stroh, sondern Möbel geladen hatte. Erst als
er schon fast an mir vorbei getuckert war, kam mir das
eine oder andere Möbelstück bekannt vor. Sicher, dass
es sich dabei um meine Möbel handelte, war ich erst,
als die Sofagarnitur im zweiten Hänger an mir vorbei-
zog …
Das war im Sommer 1978 und die Band Chicago hatte
gerade ihren Hit „If you leave me now" in den Charts.

„If you leave... - Wenn du mich jetzt verlässt, nimmst
du den größten Teil weg von mir!", heißt es da in diesem Lied. Also ging sie und nahm die größten Teile,
wie z.B. die Sofagarnitur oder die Waschmaschine,
weg von mir.

Franzi war tatsächlich ausgezogen, sie hatte bis auf
meine Schallplattensammlung, den Werkzeugkasten
und einer Flasche Rotwein alles mitgenommen.
Also setzte ich mich, in mein nun leer geräumtes
Wohnzimmer, das mir auf einmal so groß vorkam, in
die Ecke.
Ich drehte eine Schraube in den Korken der Weinfla-
sche und öffnete sie mit einer Zange. Die Gedanken
fingen an zu kreisen und ich vermutete, dass ich

vielleicht, den Ansprüchen der Akademikertochter
nicht genügen konnte. Ich, Günni, der aus Gelsenkirchen kam, eine wilde, fremde Sprache lernen musste,
es immerhin zur Mittleren Reife geschafft und einen
geilen Beruf erlernt hatte. Ich wusste wirklich nicht,
was ich falsch gemacht hatte.
Auf alle Fälle traf mich das ziemlich hart. Ich war
total fertig, versuchte mich mit dieser einen Flasche
Rotwein zu betrinken, derweil auf dem Plattenspieler
„The first cut is the deepest" von Cat Stevens lief,
gefolgt von Neil Diamonds „Red red wine".
Ja, meine erste Trennung traf mich sehr hart, zumal es
die erste ernsthafte Beziehung in meinem Leben war
und die über vier Jahre angedauert hatte.
Sie war eigentlich der Anfang meiner neuen Zeitrech-
nung, was den Umgang mit Frauen anging gewesen.
Nicht nur deshalb, weil ich während dieser Beziehung
das Küssen vertiefen konnte, nein weil wir auch sonst
noch ein paar Dinge machten, die mit Liebe zu tun
hatten.
Manche unsensiblen Menschen sprechen in diesem
Zusammenhang auch von Sex. Aber das war es bei
uns nicht, zumindest nicht bei mir - für mich fühlte es
sich so wie Liebe an …

Ein paar Wochen später besuchte mich Gert, der
natürlich von der Trennung erfahren hatte. Wir hau-
ten uns ein paar Biere rein, während er versuchte mir

ständig zu erklären, dass andere Mütter auch schöne Töchter hatten. Doch das konnte mich nicht wirklich trösten - ich fand damals, dass sie die schönste von allen war.

Außerdem wusste er zu berichten, dass Franzi nun mit dem Bruder des Freundes meiner Schwester zusammen sei. Gert konnte diesen Schnösel, der später einmal das Geschäft seiner Eltern übernehmen sollte, nicht leiden. „Der hat mir das letzte Mal keine zehn Mark geliehen, der ist nicht so wie du - du hast immer dein letztes Geld für uns auf den Tisch gelegt!“
Zum Abschied drückte er mich an seine Brust. Das war das letzte Mal, dass ich ihn sah. Ich wüsste gerne, was aus ihm und den anderen Bewohnern unserer Bungalow-Wohngemeinschaft geworden ist.
Ich dachte an sie alle, als er um die Ecke bog und ich dachte an Franzi und ich hörte im Radio Baccara „Sorry, I'm A Lady“ - „Entschuldigung, aber ich bin eine Dame von Welt!“ - singen.
Mir blieben Zweifel, ob sie denn nun wirklich die Lady war, für die sie sich wahrscheinlich gehalten hatte - aber gehen Ladies ohne ein Abschiedswort? Und sang nicht Leonhard Cohen damals schon: „Hey, that's no way to say good-bye!“ - „Hey, so sagt man nicht Auf Wiedersehen“.
Ich war alleine und traurig. Nur schleppend füllte ich die Wohnung nach und nach wieder mit Möbeln auf, aber das Leben mit Franzi gab es nicht mehr.

Zivildienst 3

Im Reha-Zentrum wurde ich vom Ausbilder für Mathematik und technisches Zeichnen nach knapp drei Wochen suspendiert, weil ich mich erdreistete im Unterricht zu behaupten, dass die Klammerrechnung nicht so funktioniert, wie sie unser Rektor es den Schülern beigebrachte.
Offensichtlich war dies bei den anderen Lehrern bekannt, aber keiner hatte sich getraut darauf hinzuweisen. Und so wurde mir eine andere Aufgabe zuteil.
Ich durfte die Unterrichtsunterlagen für die anderen Lehrer erstellen. Das hieß, dass ich mit Zeichnungen und Fotos z.B. Bohrmaschinen zu erklären hatte. Das war ein cooler Job, da es überhaupt keinen Zeitdruck gab und weil nach der Suspendierung keiner mehr so recht zuständig für mich war.
Also verbrachte ich während meiner Dienstzeit ein paar Stunden im Aufenthaltsraum, wo ich gegen Heimbewohner entweder Tischfußball oder Billard spielte.
Durch die geregelte Arbeitszeit konnte ich auch an jedem Training des FC Isnys teilnehmen und steigerte meine Fähigkeiten so sehr, dass ich sportlich gesehen, durchaus in der ersten Mannschaft der Landesliga mitkicken hätte können.

Im November 1978 beendete ich meinen Zivildienst. Obwohl es doch einige Zwischenfälle und Meinungsverschiedenheiten gegeben hatte, wurde in meinem

Zeugnis auf mein hohes Pflichtbewusstsein und meine Zuverlässigkeit am Arbeitsplatz hingewiesen. Ebenso erwähnte man lobend meine ruhige Art und den einfühlsamen Umgang mit den Behinderten.

Die Geschichte 15

Ich wurde wieder in meinem Ausbildungsbetrieb in Leutkirch als Technischer Zeichner eingestellt, wohnte aber weiterhin in der kleinen Wohnung im Herzen von Isny. Sie war sehr zentral und kostete nicht viel. Ich kann mich noch gut daran erinnern, als mein Vermieter, der unter mir wohnte, mich wochenlang auf eine Mieterhöhung vorbereitet hatte, weil das Finanzamt ihm im Nacken saß. Letztendlich erhöhte er den Mietpreis von 170 auf 190 DM.

Leider saß mir die Trennung von meiner ersten Verlobten noch sehr in den Knochen und das Ego schrie nach Satisfaktion, denn ohne Frau gab es nun einmal keine …
Das Schöne an der ganzen Sache war die, dass Isny zu dieser Zeit eine richtig gute Kneipenkultur hatte.
Das Allerbeste aber war, dass es dazu noch eine Fachhochschule gab (gibt), die überwiegend von Studentinnen besucht wurde.
Hinzu kam noch, dass es zu jedem Semester neue Mädels gab - und die fanden genügend Zeit, um in die Isnyer Kneipen und Discotheken zu gehen, ohne ihr Studium zu vernachlässigen.
Berühmt, berüchtigt waren die Mensafeten, bei denen das Preis-Leistungsverhältnis bei den Bieren noch stimmte.
Mein Leben ging nach fast vier Jahren in den ersten Winter ohne Frau. Und die Winter im Allgäu waren

damals echt lang und kalt.

So ergab es sich, dass ich an einer dieser Mensapartys teilnahm. Im Laufe des Abends blieb mein Blick an einem Paar dunkelbrauner Augen hängen.

„Ich heiße Anna, wohne in Ravensburg, studiere in Würzburg Politik und Germanistik und besuche meine Freundin, die hier in Isny studiert."

Für einen kurzen Augenblick überlegte ich, ob es nun der Zeitpunkt wäre sich wieder für Politik zu interessieren. Irgendwann vor ein paar Jahren hatte ich beschlossen mich davon fernzuhalten. Genauso wie ich damals beschloss keine deutschsprachige Musik mehr zu hören. Beides war mir irgendwie zu blöd!

Aber bevor ich den Gedanken zu Ende spinnen konnte, hatte sich mich schon auf die Tanzfläche gezerrt und wir hatten sehr viel Spaß auf dieser Party. So wurde es ziemlich spät und draußen fielen große Schneeflocken vom Himmel. Irgendwie wollte sie in dieser Nacht noch nachhause fahren, also begleitete ich sie zu ihrem Auto.

Sie sagte, dass es nicht immer anspringen würde und ob sie, wenn dies der Fall sein sollte, bei mir übernachten könnte.

„Na klar, kannst du bei mir übernachten", antwortete ich ihr uneigennützig und hoffte im Stillen, das die Kiste nicht anspringen würde!

Als wir am Auto angekommen waren, setzte sich Anna sofort ans Steuer ihres Wagens, drehte den Schlüssel rum - und siehe da, das Auto sprang sofort an, was nicht anders zu erwarten war, denn schließlich war es ein VW-Käfer!

Aus dem Autoradio klangen ein paar Fetzen von „Hotel California" der Eagles.

Aber noch bevor das Wort „Scheiße" über meine Lippen kam und noch bevor der Motor die erste Umdrehung zu Ende gedreht hatte, hatte Anna den Schlüssel wieder zurückgedreht und ihn mit den Worten: „Mist, der springt schon wieder nicht an!", aus dem Zündschloss gezogen.

„Aha", dachte ich bei mir: „Lernen die Politiker bereits im Studium, wie man Menschen verarscht?" Aber in diesem Falle war es mir ziemlich egal.

Natürlich übernachtete sie bei mir.

In den Hitparaden liefen so Dinger wie „So You Win Again" von Hot Chocolate - „So gewinnst du wieder" - „Lady in Black" - „Die Dame im Schnee" ach nein, „Die Frau in Schwarz" - von Uriah Heap, „Go Your Own Way" - „Mach dein eignes Ding" von Fleetwood Mac, „Ballade Pour Adeline" von Richard Clayderman „Die Ballade für Anna" oder „More than a feeling" - „Mehr als du fühlen kannst" von Boston.

Es war die Zeit der guten Musik und der Bands, die sich über lange Jahre an der Spitze der Musikszene halten sollten.

Für meine Eroberungszüge jedoch bevorzugte ich die Musik der frühen Bee Gees, wie „Lamplights" - „Lampenlicht" oder „Words" - „Worte". Was die Mädels aber auch schwach werden ließ, waren die Klänge von Barcley James Harvest oder Mike Batt.

Im Freundeskreis hörte man eher die Rolling Stones, Ten Years After oder Frank Zappa. Auch klasse Musik, ohne Zweifel, aber für manche Dinge nicht so sehr geeignet, wie ich fand!
Ich bevorzugte eher die sanften Klänge, bei Kerzenlicht und Rotwein.
Und so entwickelte sich zwischen Anna und mir eine Fernbeziehung, die sehr intensiv war, aber leider nur ein paar Monate dauerte, da sie ihre Freiheit sehr liebte. Irgendwie fand ich sie richtig cool. Es gefiel mir wie sie ihr unabhängiges Leben führte und wie es ihr gelang eine Trennung zu vollziehen, die keinen Schmerz und keine Wunden hinterließ. Freunde?
Ja, ich denke, dass wir als Freunde auseinander gingen.
Danach fehlte mir etwas und es begann die Zeit, in der ich es richtig krachen ließ. Ich glaubte ab jetzt ging es wirklich nur noch um Sex.
Meine Mannschaftskameraden beneideten mich zwar um all die hübschen Mädchen, die ich kennenlernte, was meinem Trainer aber gar nicht gefiel, denn hier in Isny spielte man Fußball wegen des Erfolgs und nicht aus Spaß.
Deshalb konnte ich mich auch noch sehr gut an das erste Mal erinnern, als ich für die erste Mannschaft aufgestellt war.
Am Abend zuvor war ich in den Kneipen von Isny unterwegs und es ereignete sich etwas, was ich bis dahin so auch noch nicht erlebt hatte.

Ich saß an der Theke in der Diskothek, als mir ein alter Freund, Heiner, den ich schon sehr lange nicht mehr gesehen hatte, um den Hals fiel. Wir erzählten uns, wie es uns in den letzten Jahren ergangen war und ich diktierte ihm meine Telefonnummer in seinen Notizblock (Handys hatten wir damals noch nicht - dafür konnten wir aber noch schreiben), um unseren neuen Kontakt aufrechterhalten zu können. Später verabschiedeten wir uns voneinander und gingen heim.

Kaum hatte ich die Wohnungstüre hinter mir zugeschlossen, klingelt das Telefon. Am anderen Ende meldete sich eine Frauenstimme, die von mir wissen wollte, ob ich mich an sie erinnern könne - sie saß am gleichen Tresen, wie ich und hatte ganz frech meine Telefonnummer mitnotiert.

Außerdem sei sie aus München, hätte keine Lust mehr heute Nacht nachhause zu fahren, einen guten Rotwein und super Schallplatten von Toto, Chris deBurgh und Kate Bush im Auto und eine Frage: „Nämlich die, ob sie bei mir übernachten könnte!"

Also tranken wir noch die Flasche Rotwein, hörten gute Musik, hatten Sex und trennten uns am nächsten Morgen nach dem Frühstück, ohne uns jemals wiederzusehen.

Sie packte ihre Langspielplatten zusammen, entsorgte das Leergut und verschwand mit ihrem Fiat Spider in Richtung München, ohne dass ich mich irgendwie an ihren Namen erinnern konnte.

Fußball 10

Ich schnappte meine Sporttasche und ging zum
Stadion, wo mich bereits der Mannschaftsbetreuer
erwartete. Er zählte mir auf, wie viele Biere ich in den
einzelnen Kneipen getrunken hatte und dass ich sehr
spät nachhause gekommen sein musste: „Und deshalb
spielst du heute wieder in der zweiten Mannschaft!"
Manchmal war es eben doch ein Fluch in einer Klein-
stadt zu wohnen.
Dennoch nahm ich seine Entscheidung ohne Murren
entgegen und dachte:
„Aber alles, weißt du auch nicht von heute Nacht …",
und „…irgendwie ist das Spiel mit zwei Bällen genauso geil, wie das mit einem …!"
So spielte ich wieder in der zweiten Mannschaft und
schoss an diesem Tag eines meiner geilsten Tore, die
ich jemals in einem Spiel geschossen hatte - einen
Flugkopfball aus achtzehn Metern Entfernung, nach
Flankenvorlage unseres Linksaußen Erhardt!

Die Geschichte 16

Es rockte wieder in meinem Leben - der Spaß war zurück, wenngleich ich immer noch an Franzi dachte, die ihren neuen Freund ziemlich schnell geheiratet hatte.

In diesem Zusammenhang half mir Ralf - mein Vorgänger bei Franzi - immer ein wenig, darüber hinweg zu kommen. Ab und zu trafen wir uns, eher zufällig, in einer der Isnyer Kneipen und wir stellten uns zur Begrüßung immer dieselben Fragen. „Wie geht es unserer gemeinsamen Freundin?", fragte er, worauf ich antwortete: „Hoffentlich gut!"
„Ist sie denn schon verheiratet?", erwiderte er dann und ich sagte: „Ja, aber leider nicht mit uns!" Sprachen `s, bestellten ein Bier und tranken auf sie.
Ich fand, er war ein netter Kerl, genauso wie ich einer war - und konnte es nicht verstehen, warum sie uns beide hatte ziehen lassen …

Fußball 11

„Aber das Lebbe, ging weiter", so wie Jahre später,
nämlich 1992, der Trainer der Frankfurter Eintracht,
Dragoslav Stepanovic, erkannte, als sein Verein das
Meisterschaftsendspiel gegen Hansa Rostock verloren
hatte.

Mein Leben konzentrierte sich wieder mehr auf Leutkirch, wo ich immer noch in meinem Ausbildungsbetrieb arbeitete.
Der Durchbruch beim FC Isny wollte mir nicht so
recht gelingen, da mir wohl der Ehrgeiz fehlte, Leis-
tungssport mit all seinen Konsequenzen zu betreiben.
Die Dinge, die ich mit Überzeugung tat, waren immer
nur solange gut, wie ich Spaß dabeihatte.
Also wechselte ich zurück zum FV Vorwärts Leutkirch, wo ich noch einige Spiele machte. In meinem
vorerst letzten Ligaspiel erhielt ich meine zweite
gelbe Karte nach fast vierzehn Jahren aktiven Fußball-
spielens. Ich hatte den Schiedsrichter darauf aufmerksam gemacht, dass er ein wenig resoluter gegen meinen Gegenspieler pfeifen solle, da dieser mich ständig
foulte. Ich bekam die gelbe Karte wegen Meckerns
und nach dem nächsten Foul wurde ich vom Platz
getragen, weil mein Gegner mir meinen Meniskus
gespalten hatte. Das war das vorläufige Ende meiner
Karriere.
Nur der Vollständigkeit halber: Die erste gelbe Karte
bekam ich in einem Spiel beim FC Isny.

Der Schiedsrichter unterbrach damals das Spiel, weil ich meinen Gegenspieler an der Außenlinie förmlich schwindlig gespielt hatte - er deutete dies als unfaires Spiel. Konnte man so sehen, musste man aber nicht…

Die Geschichte 17

Aber nicht nur in der Freizeit hatte ich meinen Spaß. Ich fand meinen Beruf als Technischer Zeichner einfach nur Klasse. Wenngleich das technische Zeichnen nichts mit dem Malen, das ich in während meiner Schulzeit sehr gerne gemacht hatte, zu tun hatte, war es doch ein richtig toller Beruf, den ich mir da ausgesucht hatte.

Wenngleich ich die technischen Zusammenhänge nicht immer richtig verstand, war ich doch in der Lage, die Maschinenbauzeichnungen so zu gestalten, dass sie kaum Fehler aufwiesen.

Ich fand es immer ganz toll, wenn einer unserer Schweißer, ein Italiener namens Mario - wie sollte ein Italiener auch sonst heißen? - meine Konstruktionspläne durch die Halle schwang und lauthals rief: „Das hat gezeichnet der Günni, ist sich alles richtig und passen tut!"

Dementsprechend gut fiel natürlich auch mein Zeugnis aus, als ich später die Stelle wechselte.

Unter den Fans meines neuen Vereins Vorwärts, bei dem ich bis zu meiner Verletzung spielte, gab es eine Andrea, die Freundin meiner Klassenkameradin Brigitte aus Realschulzeiten. Irgendwie ergab es sich, dass wir uns näherkamen und ich ein paar Wochen mit ihr ging. Aber so richtig vorwärts kam ich bei ihr nicht, da sie etwas reserviert war. Also ließ ich mich in einer schwachen Stunde mit ihrer Freundin ein. Das war taktisch wirklich nicht klug. Denn natürlich erfuhr Andrea von Brigitte, was passiert war und so schlossen sich beide gegen mich zusammen und beendeten die Beziehung zu mir kurz und schmerzlos. „Wegen eines Mannes gehen doch keine Frauenfreundschaften auseinander, Günni!", gab mir Günther zu bedenken, mit dem ich immer noch mein Unwesen trieb. „Recht hatten sie!", leuchtete es mir ein. Doch ich war nun wieder solo!

Dafür fand kurz darauf jemand anderes starkes Interesse an mir. Es geschah auf meiner ersten Italienreise. Obwohl die beiden Mädchen Schluss mit mir gemacht hatten, fuhr Brigitte, eine andere Freundin von ihr, ich, mein Freund Günther und dessen Freund Bruno, den ich bis dahin noch nicht kannte, nach Como.
Wir mieteten uns in einer kleinen Pension ein, wo die beiden Mädchen in einem Zimmer und wir drei Jungs in einem anderen Zimmer schliefen.
Gleich in der ersten Nacht spürte ich die Brunos Hand an einer Stelle meines Körpers, wo sie nun überhaupt nicht hingehörte.
Voller Panik und Wut sprang ich aus dem Bett und musste mir von den beiden anderen erklären lassen, dass es Bruno mehr zu Männern, denn zu Frauen hinzog. Daraufhin gab ich ihm eindeutig zu verstehen, dass das bei mir gerade umgekehrt ist und er seine Vertraulichkeiten doch bitte unterlassen solle.

Bruno entschuldigte sich ernsthaft bei mir und versprach, dass so etwas nicht mehr vorkommen werde.
Wir hatten daraufhin tolle Urlaubstage und es stellte sich heraus, dass Bruno ein wirklich feiner Kerl mit sehr viel Humor und Anstand war. Ich zählte ihn von da an zu meinen Freunden, ohne jedoch bei ihm schwach zu werden. Und er hielt sich an sein Versprechen und probierte es nie wieder bei mir.
Das geschah im Jahre 1979, in dessen Verlauf ich daran dachte, eine Fortbildung zum Staatlich geprüften Maschinenbautechniker zu machen.

In den Hitparaden lief: „The Logical Song" - „Das Logiklied" von Supertramp, „ I Was Made For Loving You" - „Ich bin dazu geboren, um dich zu lieben" - von Kiss, „Bright Eyes" - „Leuchtende Augen" von Art Garfunkel, „A Walk In The Park" - „Ein Parkspaziergang" - von der Nick Straker Band und die Bee Gees mit „Too Much Heaven" „Zu viel Himmel" oder Rod Stewart mit „Da Ya Think I´m Sexy" - „Glaubst du, dass ich sexy bin".
„Da you really think I`m Sexy?" - „Glaubst du wirklich, dass ich sexy bin", hätte ich mich fragen können, tat `s aber nicht, weil es offenbar so war, denn wie oben berichtet, schien dies auch so manchem Mann aufgefallen zu sein...
In Leutkirch wohnte meine Schwester Helga, die nicht mit unseren Eltern in den Schwarzwald umgezogen war. Mit ihr zog ich von nun an öfter um die Häuser. Meist waren wir mit unserer Clique unterwegs und

hatten immer gute Laune und viel, viel Spaß. Die beste Freundin meiner Schwester hieß Manuela und hatte unheimlich schöne, lange, blonde Haare. Im Gegensatz zu ihr, hatte ich schöne, dunkelbraune, lange Haare. Zusammen und im Kontrast sozusagen, sah das richtig gut aus. Es dauerte eine ganze Weile, bis wir das beide so akzeptieren konnten und es kam - wie sollte es auch anders - dazu, dass sie nun auch meine beste Freundin wurde.

Wir waren das Traumpaar von Leutkirch schlechthin!

Unsere junge Beziehung wurde im September 1979 durch meinen Besuch der Technikerschule in Ulm jäh unterbrochen. Um Geld zu sparen überließ ich meiner Schwester und meiner Freundin die Wohnung in Isny. Ich nahm mir ein Zimmer in Neu-Ulm und kam nur an den Wochenenden nach Hause. Mein Knie machte mir Probleme, weil ein Orthopäde versuchte den Meniskusschaden ohne Operation zu heilen.
Irgendwie gefiel es mir in Neu-Ulm nicht so recht und mein Aufenthalt dort, wurde mir nach knapp einem Jahr, durch einen Polizeieinsatz jäh verdorben.

Es begab sich, dass ich an einem Sonntagabend nach der Anreise von Isny nachhause ging. Die Siedlung, in der ich wohnte war schlecht beleuchtet und es kamen mir zwei Gestalten entgegen, die mir nicht gerade vertrauenswürdig erschienen. Also wechselte ich die Straßenseite und bog in meine Straße ein.

Über die Schultern sah ich, dass die beiden, der eine
klein und im Humphrey Bogart Look und der andere
ein Schrank von einem Kerl, ebenfalls die Straßenseite wechselten und mir hinterherkamen.

Ich hatte nur noch ca. einhundert Meter bis zu meinem Haus und rannte los. Ich hatte das Gartentor
gerade erreicht, als zwei Schüsse fielen. Irgendwie
schien ich nicht getroffen zu sein, sprang über das
Gartentor und klingelte meinen Hausherren heraus.
Außer Atem erzählte ich, was mir gerade passiert war
und er rief sofort die Polizei. Es dauerte keine fünf
Minuten, da war die ganze Siedlung abgesperrt. Die
Polizei war mit mindestens fünf Kleinbussen vor Ort.
Mit Maschinenpistolen ausgestattet durchzogen sie
die Straßen. Ich wurde auf den Rücksitz eines Polizei-
wagens gesetzt, um die Verdächtigen zu identifizieren,
sollten sie geschnappt werden.
Und tatsächlich konnten wir sie noch finden und stellen. Vom Fleck weg wurden die beiden verhaftet und
wir mussten alle aufs Revier mit, um unsere Aussage
zu machen.
Am Schluss stellte sich heraus, dass der große der
Sohn war und der kleinere der Vater. Der Sohn arbeitete als Handelsvertreter und war deshalb oft unterwegs, während sein Vater alleine zuhause blieb. Da
bereits zweimal versucht wurde beim Vater einzubrechen, beschlossen die beiden, wenn der Sohn zuhause
war, Patrouille zu laufen. Dabei wurden alle verdächtigen Personen erschreckt und wenn es sein musste,

mittels einer Schreckschusspistole.
Der Einsatzleiter fragte mich, nachdem die Sache
aufgeklärt war, ob ich nicht bemerkt hätte, dass es
sich nur um eine Schreckschusspistole handelte. Ich
erwiderte nur, dass ich Kriegsdienstverweigerer bin
und daher keinen Schimmer von Waffen hätte und außerdem sei mir ja nachgeschossen worden, ohne mir
Gelegenheit zu geben, auf die Pistole zu schauen.
Von einer Anzeige gegen die zwei sah ich ab und so
kamen sie wohl ungeschoren davon, wenn sie nicht
den Polizeieinsatz bezahlen mussten - das blieb mir
aber verborgen.
Mir hingegen gab das den Rest und ich wollte nur
noch nachhause, in mein Allgäu. Also nahm ich
meinen defekten Meniskus als Grund für den Schul-
abbruch, begab mich nach Konstanz ins St.Vinzenz
Krankenhaus und ließ mich operieren.
Irgendwie hatte ich auch den Rappel, mein Leben zu
verändern und beendete die Beziehung zu Manuela
und bat sie und meine Schwester meine Wohnung zu
räumen, damit ich da wieder einziehen konnte.
Das war im April 1980. Und es wurde mittlerweile
mein elfter Umzug - nämlich zurück nach Isny.

In den Hitparaden spielten sie ABBA, Smokie, Gianna
Nannini oder die Kelly Family rauf und runter. Für
die härteren Sachen sorgten ACDC mit „Highway to
Hell" - „Autobahn in die Hölle", Queen mit „Another
One Bites The Dust" „Einer wird den Staub fressen"
oder Frank Zappa mit „Bobby Brown".

Im Juni 1980 fand ich eine neue Anstellung in einem
Ing.-Büro als Technischer Zeichner und Ausbilder für
den einzigen Auszubildenden, den sie dort hatten.
Meine Fußballkarriere hatte aufgrund meiner Operation Pause und so fing ich an, in der kleinen Diskothek,
die immer noch das Vereinslokal des FC Vorwärts
Leutkirchs war, Platten aufzulegen. Ich wurde sozusagen Diskjockey im Lokal des Schwiegervaters meines
neuen Chefs.
Es erübrigt sich sicherlich, an dieser Stelle zu erwäh-
nen, dass durch diese Beschäftigung, meine Chancen
bei der Damenwelt kaum geringer wurden.

Aber es sollte nicht zu allzu vielen ausschweifenden
amourösen Erlebnissen kommen, denn es ergab sich,
dass eine der Bedienungen meine volle Aufmerksam-
keit auf sich zog. Sie hieß Barbara, genannt Babs, war
eine dieser Spät-Hippie-Frauen und hatte lange braune
Haare, die fast bis zum A... reichten.
Und immer wenn ich Leo Sayer mit „More Than I
Can Say" -" Ich liebe dich mehr, als ich sagen kann"
auflegte, warf sie mir diesen verliebten Blick zu - und
ich warf ihn zurück.
Es entwickelte sich tatsächlich eine tiefere Beziehung.
Und wir hatten unseren Spaß. Da wir beide nun zu
den Nachteulen unserer Stadt gehörten, fand man uns
auf sämtlichen Partys, die es zu später Stunde gab.
Es war damals schon schick, dass der eine oder
andere Joint geraucht wurde und die Runde machte.
Ich lehnte stets mit den Worten: „Nein danke, ich bin

Nichtraucher!" ab. Und selbst bei dem Hinweis, dass hier etwas anderes als Zigaretten geraucht wurde, verweigerte ich die Annahme. Ich wusste sehr wohl, was konsumiert wurde, schließlich lag dieser süßliche Geschmack in der Luft und einige der Partygäste schienen seltsam abwesend zu sein. Aber Drogen reizten mich kein Bisschen - nein, ich wollte sie nicht einmal probieren, was dann auch von den anderen akzeptiert wurde. Und daran hielt ich mich mein ganzes Leben lang.

Auf diesen Feten, die schon noch einen Hauch von Woodstock, Love Peace and Happiness hatten, lief oft die Musik aus jener kultigen Zeit. Die, die mit dem Motorrad da waren, hörten z.B. „Born to be wild" - „Geboren um wild zu sein" - von Steppenwolf, „Going home" - „Geh endlich nach Hause" - von Ten Years After oder „Locomotiv Breath" - „Volldampf" von Jethro Tull. Andere fuhren auf Reggae ab, wo Bob Marley mit „No woman no cry" „Keine Frau - keine Schmerzen!" - oder Men at Work mit „Land Down Under" - „Das Land unterhalb des Bauchnabels" - sowie etwas später Peter Tosh die Favoriten waren.
Da sehr viele der Partygäste auch Stammgäste in unserer Diskothek waren, wählte ich stets als letztes Lied, dem sogenannten Rausschmeisser „Don't bogart me" - „Humphrey mach mich nicht an" - von Fraternity of Man aus dem Film Easy Rider, der Mitte der Sechziger Jahre im Kino große Kasse machte.
In dem Lied geht es darum, dass ein Joint die Runde

macht. Da dem großen Schauspieler Humphrey Bogart nachgesagt wurde, dass er seine Zigaretten immer ziemlich nass rauchte, wird darum gebeten, den Joint nicht zu nass zu machen: „Don't bogart me my joint my friend!" - „Mach mir meinen Joint nicht nass".
Das machte Eindruck bei meinen Gästen und sie akzeptierten mich in ihrer Mitte, ohne, dass ich jemals eine Zigarette oder einen Joint geraucht hatte.
Ich war auch ohne dieses Zeug gut drauf und hatte immer einen guten Spruch auf Lager.
Das süße Leben gefiel mir sehr, nicht so sehr jedoch mein neuer Job in dem Konstruktionsbüro. Die Arbeit gefiel mir nicht, da ich nicht sehr viel zum Zeichnen bekam. Meine Aufgabe bestand vielmehr darin vorgefertigte Klebebilder auf das Zeichenpapier zu kleben. Sie waren Bestandteile eines Kataloges für Hydraulikaggregate. Jedes Aggregat ließ sich mit den Bildern aufbauen. Es waren dann nur noch ein paar Maße einzutragen und die Zeichnung war fertig. Der Lehrling - Pardon der Auszubildende - den ich auszubilden hatte, hatte mittlerweile seine Prüfung bestanden und so fiel auch diese Aufgabe weg.
Ich ließ mich immer öfter als Diskjockey einteilen und legte nun fast täglich Schallplatten auf. Natürlich machte mich diese Arbeit sehr müde und die Lust morgens aufzustehen wurde immer geringer. Also machte ich an einigen Tagen blau. Manchmal ließ ich mich auch krankschreiben und blieb tagsüber daheim, um abends ausgeruht in die Diskothek zu gehen.
Da wie gesagt, mein Chef in der Disco der Schwieger-

vater meines Chefs im Konstruktionsbüro war, blieb es nicht aus, dass die beiden sich austauschten, so wie einst Brigitte und Andrea, und mir auf die Schliche kamen.

Mein Konstruktionschef wartete die Gelegenheit ab, bis ich mich wieder einmal krankschreiben ließ. Er wusste von seinem Schwiegervater, dass ich an diesem Freitagabend als Diskjockey eingeteilt war.

Im Laufe des Abends stand er plötzlich vor meinem Plattenpult, stellte seinen Begleiter als einen Rechtsanwalt vor, übergab mir meine fristlose Kündigung und stellte mir ein Ultimatum, nachdem ich bis zum Samstagmittag meinen Schreibtisch in seinem Büro zu räumen hätte.

Sprach ,s, drehte sich um und verließ das Lokal.

„Cool!" dachte ich: „Das war ein echt starker Auftritt!" Und auf dem Plattenteller lief ganz zufällig „Confusion" - „Wildes Durcheinander" - vom Electric Light Orchestra im Dezember 1980.

Nebenbei bemerkt, blieb das mein einziger Rausschmiss, beruflich gesehen - wobei ich nicht unterschlagen möchte, dass mein Konstruktionschef, so viel Stil hatte und mir dennoch ein gutes Zeugnis ausstellte. - Hochachtung!

Sein Schwiegervater war ebenfalls mit mir zufrieden und so jobbte ich die nächsten drei Monate weiterhin als Diskjockey, bis ich in einem großen Unternehmen in Leutkirch eine neue Anstellung fand und mich entschloss nach Leutkirch umzusiedeln, um mit Babs zusammen zu ziehen.

Das war mein dreizehnter Umzug (ein schlechtes
Omen?) und ich hörte später immer wieder meinen
Isnyer Vermieter fragen: „Willst du wirklich mit einer
Frau zusammenziehen? Überlege dir das gut, denn da
ist eine wie die andere!"
Doch ich hatte mich entschieden und so zog ich mit
Barbara in einen Vorort von Leutkirch, um glücklich
zu werden.
Barbara arbeitete als Erzieherin in einem Kindergarten in Bad Wurzach und ich trat meine neue Stelle als
Technischer Zeichner in Leutkirch an.
In unserer Freizeit waren wir viel unterwegs und
arbeiteten nebenher immer noch in der Diskothek, in
der wir uns kennen gelernt hatten. Doch irgendwie erschien mir mein Job zu wenig und ich entschloss mich
im September 1981 dazu, eine fortbildende Schule zu
besuchen. Also machte ich mein Fachabitur in einem
einjährigen Berufskolleg, um anschließend zum Studieren zu gehen - ich der Günni aus dem Kohlenpott!!

Fußball 12

Außerdem beendete ich in diesem Jahr auch meine
aktive Laufbahn als Fußballspieler. Ich hatte noch ein
paar Spiele in Leutkirch gemacht, aber der Spaß wollte nicht mehr so richtig aufkommen.
„The times they are a-changin" - „Die Zeiten verändern sich" - meinte Bob Dylan ganz trocken dazu.

Die Geschichte 18

Ich bestand im Jahr 1982 meine Prüfung mit der Note 1,8 und schrieb mich in Konstanz an der Fachhochschule ein, um Informatik zu studieren und zog sogleich nach Konstanz um. Barbara hatte aber andere Pläne mit mir und teilte sie mir nach ein paar Wochen mit, dass ich demnächst Vater werde und so ich brach das Studium noch während des ersten Semesters ab, um meinen Vaterpflichten nachzukommen und um für meine kleine Familie da zu sein. Ich zog also wieder zurück nach Leutkirch - Umzug Nr. 14 und 15.
Ich fand in Aichstetten eine neue Anstellung als Technischer Zeichner.
Als im September 1982 unser Sohn Thilo zur Welt kam, hatte ich ein Baby anstelle einer akademischen Ausbildung. Was mich aber nicht sehr zu beeindrucken schien.
Denn knapp zwei Jahre später 1984 begann ich ein Fernstudium beim DAG Technikum in Würzburg, um meine Ausbildung zum Staatlich geprüften Techniker nachzuholen, die ich damals in Ulm abgebrochen hatte. Nur dieses Mal dauerte das nebenberufliche Studium vier Jahre lang.
Barbaras Mutter, die in Leutkirch im Kirchenchor sang und auch sonst sehr gläubig war, schämte sich für ihre Tochter wegen deren unehelichem Kind. Sie drohte, der Schande wegen, damit, von Leutkirch wegzuziehen, als sie erfuhr, dass ein weiteres Kind unterwegs war. Bei jeder Gelegenheit steckte sie mir

Bibelsprüche, mit der Anspielung auf unser frevelhaftes Leben in meine Jackentasche. Da es mir erschien, als ob Barbara auch heiraten wollte, gab ich nach und wir schlossen im April 1985 den Bund fürs Leben.

Im August zogen wir von Adrazhofen nach Gebrazhofen um, wo wir eine Haushälfte in einer neu entstehenden Siedlung anmieteten.

Der Grund für meinen vierzehnten Umzug war, wie gesagt, die bevorstehende Geburt unserer Tochter Katharina, die im Oktober 1985 zur Welt kam.

In diesem Jahr hatte ich auch die Anstellung noch einmal gewechselt und arbeitete von nun an als Technischer Illustrator in einem Grafiker Büro in Wangen im Allgäu. Dort zeichnete ich sogenannte Explosionszeichnungen, wie sie für Ersatzteillisten benötigt wurden.
Ich bin sicher, dass nun ein Großteil der Leser genervt fragt, was sind denn Explosionszeichnungen, obwohl jeder solche Darstellungen kennt. Ich möchte es dennoch kurz erklären.
Wenn sie ein Ersatzteil für ihr Auto benötigen, dann schaut der Mechaniker in ihrer Werkstatt in den Computer. Dort sucht er das zu ersetzende Teil für sie aus einer Zeichnung raus, auf der die Bauteile, wie an einer Schnur aufgefädelt, dargestellt sind.

Oder, sie haben schon einmal ein Modellschiff zusammengebaut - oder aber einen Schrank von Ikea, da sind auch immer Explosionszeichnungen dabei.

Anfangs konstruierten wir die räumlich darzustellenden Bauteile von Hand, später dann am Computer. Es war die Zeit des großen Umbruchs. Alles was konstruiert oder gezeichnet wurde, wurde nun am Computer gemacht. Es fielen viele Berufe weg oder wurden dank der neuen Technik umfunktioniert.

Das papierlose Büro wurde prophezeit und sonstige Lügen verbreitet, was die Arbeit mit dem Computer anging. Die Zeichnungen konnten nun unter Umständen schneller gefertigt werden, aber das ganze drum her rum wurde um ein wesentliches teurer, wenn man nur bedenkt wie viele Programm-Updates im Laufe der Zeit entstanden und wie viele Computer neu gekauft werden mussten, wenn die Programme unnötig aufgeblasen wurden, sodass sie auf einem alten Rechner nicht mehr liefen! Das Zeitalter der Verarschung und Bespitzelung hatte begonnen! Die digitale Demenz nahm ihren Lauf, sowie sie Jahre später von Manfred Spitzer beschrieben wurde. Es lebe die Technik!

Es gab noch andere Lobeshymnen auf die Technik. Die Atomindustrie boomte, als im April 1986 im Kernkraftwerk Tschernobyl der Block 4 in die Luft flog! Die ganze Welt war erschüttert über diesen

katastrophalen nuklearen Unfall nahe der ukraini-
schen Stadt Prypjat. Die deutschen Medien, jedoch,
als Sprachrohr der Bundesrepublik Deutschland,
wollten der deutschen Bevölkerung weismachen, dass
zu keinem Zeitpunkt der Katastrophe Gefahr für die
deutsche Bevölkerung bestanden hätte. Erst viel später
wurde berichtet, dass auch über unserem Land eine
große Giftwolke gezogen war, so dass man danach
z.B. keine Pilze mehr pflücken durfte.

Kreiswehrersatzamt 3

Diese Verlogenheit brachte mich dazu, mich nun doch wieder ein wenig mit der Politik ein zu lassen.

Ich beschloss für unseren vierjährigen Sohn Thilo den Kriegsdienst zu verweigern. In meinen Augen hatte es diese verlogene Gesellschaft nicht verdient, dass man für dieses Land, das seine Bürger dermaßen verarscht und belügt, eine Waffe in die Hand nehmen sollte, um es zu verteidigen.

Ich setzte also ein Schreiben an das Kreiswehrersatzamt auf, in dem ich meinen Antrag begründete.

Daraus ergab sich ein reger Schriftverkehr zwischen mir und einen General der deutschen Bundeswehr, der über Wochen ging. Er wollte mich zunächst bekehren, von meinem Vorhaben zurückzutreten, was ihm aber nicht gelang, denn schließlich korrespondierte er mit einem staatlich anerkannten Kriegsdienstverweigerer, der den Kriegsdienst noch aus anderen Gründen verteufelte.

Also gab er am Ende auf und schrieb in seinem letzten Brief, dass es rein rechtlich nicht möglich sei, für eine andere Person den Dienst an der Waffe zu verweigern und er im Übrigen keine Lust mehr habe, den unfruchtbaren Briefwechsel mit mir fortzuführen.

Ich schrieb ihm darauf zurück, dass wir uns also vierzehn Jahre gedulden werden müssen, bis mein Sohn volljährig wird und er dann selbst den Kriegsdienst verweigern werde.

Was dann auch tatsächlich Jahre später so geschah,

ohne dass Thilo von meiner früheren Auseinandersetzung mit dem Kreiswehrersatzamt erfahren hatte!

Fußball 13

In meinem anderen Leben wurde mir dann unverhofft der Job als Trainer der Isnyer Damenmannschaft angeboten. Zunächst wollte ich nicht so recht zusagen, aber Barbara fand, dass ich ein Hobby brauchte und so sagte ich schließlich ja. In Isny schlug man die Hände über dem Kopf zusammen, als ich als neuer Trainer vorgestellt wurde. Zu viele Fußballanhänger konnten sich nur allzu gut an meine vielen amourösen Abenteuer früher Jahre erinnern und fanden, dass man hier den Bock zum Gärtner gemacht hätte. Was sie nicht wussten, war, dass ich meine neue Aufgabe als einen Job ansah und meine Jobs sehr akribisch und ernsthaft auszuführen pflegte. Und so war es auch hier. Ich fand eine gut trainierte Mannschaft vor und die Chemie zwischen den Spielerinnen und mir passte von Anfang an. Außerdem kamen meine ruhige Art, sowie meine lockeren Sprüche bei ihnen an, hatten sie doch vor mir einen Trainer, der nach Isnyer Sitte ein strenges Regiment führte, da es ja in erster Linie um den Erfolg beim Fußballspiel ging - so wie er es zuvor als ehemaliger Spieler des FC gelernt hatte. Ich hingegen machte meinen Job aus Spaß und so ließ ich die Mannschaft auch spielen. Und so wurden wir tatsächlich im ersten Jahr meiner Tätigkeit Meister. Ich trainierte die Damen gut zweieinhalb Jahre, bis mir die damit zusammenhängende Arbeit zu viel wurde.

Die Geschichte 19

Das lag auch an meinem Fernstudium. Denn ich konnte mich noch gut an Tage erinnern, an denen ich nach vollbrachter Arbeit nachhause kam und beide meiner Kinder auf meinem Schoss saßen, während sie malten und ich zwischen ihnen hindurchschaute, um den Text zu lernen, der mich auf meine Prüfungen vorbereiten sollte. Nicht immer ging es freilich so hart zu, aber dennoch verlangten mir diese vier Jahre mit der dreifachen Belastung des Berufes, der Familie und des Fernstudiums alles ab.
Zudem empfand ich, dass meine Frau immer mehr von mir abverlangte.

Panikattacke 1

So geschah es, dass es mir gesundheitlich nicht mehr
so gut ging. Immer wieder litt ich unter Atemnot und
Herzrasen. Dieser Zustand weitete sich zu Panikattacken aus, deren zeitliche Abstände immer geringer
wurden.

Die Geschichte 20

Dennoch bestand ich im September 1987 die Abschlussprüfung in Würzburg zum Techniker im Maschinenbau / Fachrichtung Konstruktion, ich, der Günni... na ja Sie wissen schon!

Natürlich wollte ich meine neu erworbenen Kenntnisse auch beruflich anwenden. Also wechselte ich im Juli 1988 von Wangen nach Bad Wurzach. Dort bekam ich eine Stelle als stellvertretender technischer Leiter in einer Firma, die steinbearbeitende Maschinen herstellte, was sich zunächst gut anhörte.
Aber im Grunde erzählte man mir dort nur, dass ich nichts recht machen konnte. Und das kam so: In dieser Firma gab es zwei Abteilungen. In der einen wurden Serienprodukte hergestellt und in der anderen baute man Sondermaschinen. Mit den Serienmaschinen wurde das große Geld verdient und der Sondermaschinenbau arbeitete gerade kostendeckend. Jede der beiden Abteilungen hatte einen Konstruktionsleiter, deren Stellvertreter ich jeweils war.
Für die Serienmaschinen bot es sich geradezu an, Ersatzteillisten mit Explosionszeichnungen zu erstellen, genauso wie ich es in Wangen zuvor gemacht hatte.
Für die Sondermaschinen gab es immer wieder neue Konstruktionen zu machen, die ebenfalls sehr viel Zeit in Anspruch nahmen.
Wenn ich also Explosionszeichnungen fertigte, sagte der Leiter der Sondermaschinenabteilung, dass das

Bildchen malen doch wohl keinen Vorrang vor seinen Konstruktionszeichnungen haben könne.
Der Leiter der Serienmaschinenabteilung argumentierte immer, dass das Konstruieren von Sondermaschinen nicht so wichtig sei, da mit der Serie mehr Geld verdient wurde. Also machte ich alles falsch in ihren Augen.

Zuhause schien Barbara immer mehr zu fordern. Gut, wir lebten natürlich jetzt auf dem Land. So war es sicherlich nötig ein zweites Auto anzuschaffen. Die neue Wohnung, das zweite Kind, das kostete alles viel Geld.

Die blöde Stimmung in meiner neuen Firma trug auch nicht gerade zu meiner Zufriedenheit bei.

Panikattacke 2

Es war nur ein kleiner Tick, ein winziges Zucken in meinem Magen. Und dennoch erschreckte ich daran. Noch im selben Augenblick kletterte ein heißes Gefühl meine Speiseröhre hinauf zum Hals und schnürte ihn mir zu.
Ich rang nach Luft und spürte dieses Herzrasen - Panik befiel mich und ich dachte, dass ich jetzt sterben würde. Total verkrampft legte ich mich hin und bekam Schweißausbrüche. - Nach ein paar Minuten verging es wieder und eine tiefe Müdigkeit überfiel mich. Die Angst wich einem unheimlichen Zustand der Zufriedenheit und Ruhe. Schlaf übermannte mich und ich war für Stunden außer Gefecht gesetzt.
Ich wachte auf und fürchte mich, dass es wieder kommen könnte...
Diese Panikattacken befielen mich immer wieder und in immer kürzen Abständen. Hatte ich sie zu anfangs nur einmal im Jahr, so häuften sie sich bis zu zweimal am Tage. Ich hatte Mühe meiner Arbeit nicht nachzugehen.
Dennoch versuchte ich meinen Kindern ein guter Vater zu sein, der seine Familie ernähren wollte. Irgendetwas in mir riet mir, aber etwas in meinem Leben zu verändern.
Derweil wurden die Abstände zwischen den Panikattacken immer kürzer. Ich rannte von einem Arzt zum anderen, aber alle attestierten mir, dass ich körperlich gesund war.

Sie waren sich einig, dass etwas an meiner Psyche
gekratzt hatte und ich bei einem Psychologen besser
aufgehoben sei.
Ich hatte kein Vertrauen zu den Ärzten, die ich alle für
unfähig hielt und es schien mir, als ob ich der einzige
Mensch auf dieser Welt mit dieser Krankheit war.
Aber ich folgte dem Rat meines Hausarztes und ging
zu einem Psychologen zur Gruppentherapie. Gleich
am ersten Abend stellt sich eine Frau uns allen vor,
die genau dieselben Symptome hatte wie ich. Sie
schilderte ihre Angstzustände in meinen Worten und
ich war froh, dass ich jemanden gefunden hatte, der
offenbar an derselben Krankheit litt wie ich.

In den folgenden Wochen kristallisierte sich heraus,
dass die meisten, die in dieser Runde saßen offenbar
Probleme mit ihrem Lebenspartner hatten. Sie waren
diejenigen, die sich um des lieben Frieden Willens in
der Beziehung unterordneten und denen der Partner
die Luft zu Atmen nahm.
Es stellte sich heraus, dass das Wesen meiner ersten
Frau mich zu sehr einschränkte in meinem Freiheitsdrang und meinen Fantasien und der Art, wie ich mein
Leben führen wollte.
Dabei bestand mein Freiheitsdrang nicht etwa darin,
mir meine Zeit mit anderen Frauen zu vertreiben,
sondern eher darin, die Dinge aus eigenem Antrieb
und durch eigene Lust zu erledigen, ohne Zwang oder
Vorgaben Dritter. Nur, dabei war ich ihr wohl immer
zu langsam oder sie griff mir ständig vor und ermahn-

te mich Sachen zu erledigen, obwohl ich schon dabei war - ich konnte ihr nichts recht und vor allem nichts schnell genug erledigen.

Ich war nicht der Typ, der sich gut durchsetzen konnte, außerdem hasste ich Konflikte, sodass ich eher schwieg, als mich mit ihnen auseinanderzusetzen. Ich fraß alles in mich hinein und meine Körper reagiert nun plötzlich darauf.

Die Geschichte 21

Ich war an einem Punkt, an dem mir das Leben keinen
Spaß mehr machte, so wie es war. - Also begann ich
es zu ändern.

Das ständige Mobbing in meiner Firma und die
schlechten zwischenmenschlichen Beziehungen dort
ließen den Wunsch in mir wachsen, mich selbständig
zu machen. Diese Idee fand mein früherer Chef aus
Wangen auch sehr gut, da er enorm viel Arbeit hatte
und ich ihm so ein wenig helfen konnte.
Also begann ich damit abends, wenn ich nach voll-
brachtem Tageswerk von Bad Wurzach nachhause
kam, in einem Kellerraum für meinen früheren Chef
zu arbeiten. Das ging oft bis tief in die Nacht. Barbara
fand das nicht so gut, nahm aber dankend das zusätzliche Geld. Doch sie blieb bei ihrer Art, immer mehr
aus mir herausholen zu wollen.

Das war eine Eigenschaft, die sie auch unseren Kindern gegenüber pflegte. Bei meinen psychologischen
Sitzungen fragte ich einmal meinen Psychologen,
wie denn die Kinder mit dieser Eigenart meiner Frau
umgingen, ob sie nicht auch so empfanden wie ich.
Er behauptete damals, dass es kein Problem für die
Kinder sei, denn sie kannten ihre Mutter, im Gegensatz zu mir, ihr ganzes Leben lang. Sie seien von ihr
nichts anderes gewöhnt. Eine Fehleinschätzung, wie
ich Jahre später erfahren durfte.

Denn ich versuchte einmal meiner Tochter Katharina die Gründe für die Scheidung ihrer Eltern zu erklären, weil sie mir immer wieder Vorwürfe machte, dass ich sie als kleines Kind im Stich gelassen hatte. Dabei berichtete sie, dass auch sie ähnlich empfand wie ich, nämlich ständig von ihrer Mutter bevormundet geworden zu sein, nur sie konnte nicht ausbrechen. Trotz allem war Barbara ihren Kindern eine gute Mutter und erzog sie zu „ordentlichen Menschen", wie man so schön sagt - das hatte sie wirklich gut gemacht.

Ich hingegen schlich mich 1989, nachdem ich mich selbständig gemacht hatte, aus der Verantwortung und der ehelichen Wohnung.
Und ich ahnte nicht, auf welche Reise ich mich begab, als ich den Hafen meiner ersten Ehe verließ.
Denn im Juni 1989 schmiss ich den Job bei der Wurzacher Firma, da man mir, wie berichtet, ständig erzählte, dass ich nur Scheiße baute.
Mit allen Mitteln wollte man mich dort halten, aber ich war restlos bedient und eröffnete ein Konstruktionsbüro für Maschinenbautechnik.
Obwohl sie in Wurzach sehr verärgert über meinen Schritt waren, stellten sie mir ein gutes Zeugnis aus und zählten kurz darauf zu meiner Stammkundschaft.
Ich konnte danach fast zehn Jahre lang das Ersatzteilwesen als freiberuflicher Mitarbeiter pflegen und sie schätzten nun meine Arbeit, weil die Außendienst-

mitarbeiter und die Serviceleute sehr zufrieden mit meinen Explosionszeichnungen waren.

Zufrieden mit mir konnten Barbara und die Kinder nicht sein. Ich versteckte mich von nun an hinter meiner Arbeit und kümmerte mich nur selten um die beiden kleinen. Das nahm mir mein Sohn, sehr lange Zeit übel, obwohl wir später wieder ein gutes Verhältnis hatten. Ich gab ihm wohl damals das Gefühl, dass ich ihn nicht mehr liebhatte und er strengte sich sein ganzes Leben lang an, um meine Zuneigung wieder zurück zu gewinnen, indem er eine, für mich, außerordentliche berufliche Karriere startete...

Ich fühlte mich damals so feige und schlecht, weil ich meine Familie im Stich gelassen hatte und urplötzlich in das von mir angemietete Büro in Leutkirch umzog, was nebenbei gesagt, mein siebzehnter Umzug war.

Aber nachdem sich kurze Zeit später meine Panikattacken wie von selbst verflüchtigt hatten, redete ich mir ein, das richtige für mich getan zu haben - ich empfand diesen Schritt sozusagen als lebensnotwendig. So versuchte ich zumindest mein Gewissen zu beruhigen. Ich versuchte es auch auf eine andere Weise. Ich nahm unsere Schulden, nebst Ratenvertrag für den Zweitwagen auf mich und zahlte eintausend fünfhundert Mark freiwillig an Unterhalt an meine zurückgelassene Familie.

Außerdem richtete ich mir das Büro neu ein und

musste einen neuen computergesteuerten Arbeitsplatz anschaffen, weil es der Markt so verlangte.

Kurz und gut, ich verschuldete mich zur Eröffnung meines Konstruktionsbüros ganz schön. Das waren dann gleich einmal so zwanzigtausend Mark, die es galt wieder reinzuarbeiten - was mir aber im Laufe der Jahre nicht mehr gelingen sollte.

An dieser Stelle meines bis dahin doch sehr ausgefülltem Leben, möchte ich einen kleinen Abstecher ins gesellschaftspolitische Leben machen: Arbeitslosenzahlen.

In jener Zeit machten sich immer wieder Leute selbständig. Darunter waren auch solche, die vom Arbeitsamt dazu aufgefordert wurden, nur damit sie aus der Arbeitslosenquote verschwanden. Ich glaube nicht, dass ein Arbeitsloser das Geld besaß, um sich selbständig zu machen.

Es ist ja so, dass für jede Arbeit eine Ausrüstung oder Maschinen benötigt werden. Außerdem wartet die Wirtschaft nicht auf die neuen Selbständigen, die müssen einen langen Atem haben, um zunächst einmal Fuß am Arbeitsmarkt zu fassen, was bedeutet, dass man sich unter Umständen über Monate ohne Einkünfte über Wasser halten muss. Wenn es aber keine Rücklagen gibt, finanziert man diese Zeiten über Kredite und schon ist man in der Schuldenfalle gefangen. Ich hätte damals jeden Arbeitsamtsmitarbeiter erschlagen können, wenn ich davon hörte, dass man Arbeitslose in die Selbständigkeit drängte, nur um sie aus den Statistiken heraus zu bekommen!

Gut, bei mir war es etwas anderes, ich hatte mich selbst für diesen Schritt entschieden. Später wusste ich, dass man sich auf keinen Fall selbständig machen sollte, wenn man auch nur einen Euro (damals noch Mark) als Kredit aufnehmen muss. „Leute lasst die Finger davon, wenn ihr keine Rücklagen habt, sonst ergeht es euch so wie mir und tausend anderen, die mit Enthusiasmus und Hingabe in die finanzielle Katastrophe gestürzt sind und sich nie mehr davon erholen konnten!" rät euch Günni.

Also, wie gesagt, bei mir verhielt es sich ein wenig anders. Denn ich hatte hat schon zwei Kunden, die mich mit Arbeit versorgten, wenn auch zu einem Stundensatz, der eigentlich lächerlich war, gemessen an den laufenden Kosten, die ein Unternehmen, auch wenn es noch so klein ist, verschlingt.

Es begann mit der eigenen Krankenversicherung, der Pacht für die Räume, deren Nebenkosten, Telefon, Ausstattung des Arbeitsplatzes und die dazu gehörenden ständigen Updates, wenn man mit Computern arbeite, die Programm, welche man braucht, um den Computer am Laufen zu halten, Fahrzeug- und Benzinkosten, Werbung, etliche Versuche einen Auftrag zu bekommen, Buchhaltung, Steuerberater und, und, und …

…und eintausend fünfhundert Mark für den Unterhalt der einstigen Familie, Versicherungsverträge, die dir gute Freunde aufschwätzen, nur um ihrer Provision wegen, Ratenzahlung fürs Auto...

Kurz und gut, so viel ich auch arbeitete, der Minusstand meines Kontos fiel immer tiefer in den Keller. Es gab Kunden, die ihre Rechnungen nicht bezahlten, es gab das Finanzamt, das die Steuern wollte und natürlich die Banken, die den Weg freimachten, mit Krediten von bis zu siebzehn Prozent Zinsen.

Es gab Schuldenberater, die mir klar und deutlich ins Gesicht sagten, dass die Banken mir keinen Schritt entgegenkommen würden, solange sie sahen, dass sich mein Geschäft so langsam auf dem Markt etablierte und zu erwarten sei, dass ihre Geldquelle nicht versiegen würde.

Also befand ich mich in einem Teufelskreis, der da hieß: Mehr Umsatz, mehr Arbeits- und Wareneinsatz, höhere Steuern und ein Banker, der sich das Recht heraus nahm, ständig bei dir anzurufen, um zu fragen ob noch was käme, obwohl er genau wusste, dass ich mir Tag und Nacht den Arsch aufriss, um das Geld zu beschaffen.

Dazu kam das Jugendamt, das mit dem Älterwerden der Kinder immer mehr forderte und dem es einfach egal war, dass ich in der Schuldenfalle saß - sie sahen nur die hohen Umsätze, was sie veranlasste den Unterhaltssatz noch weiter zu erhöhen, obwohl ich von Anfang schon mehr bezahlt hatte, wie ich eigentlich musste.

Ich hatte auch einen Kunden, der mir den Stundensatz kürzen wollte, weil ich ja angeblich keine sonstigen Aufträge hatte, als die von ihm. Anlass für diese Logik war, dass ich stets auf der Matte stand, wenn er bei mir anrief. Er konnte sich nicht vorstellen, dass ich die Wochenenden durcharbeitete oder Nachtschichten einlegte, um seinen Auftrag zu erledigen - ich hatte daraufhin meine Zusammenarbeit mit ihm gekündigt!

Ein anderer zahlte seine Rechnung über achttausend fünfhundert Mark nicht, weil er dazu keine Lust hatte. Als ich vor Gericht ziehen wollte, fragte mich meine teure Rechtschutzversicherung nur, ob ich das Klein-geschriebene nicht gelesen habe, denn für solche Fälle gilt sie nicht.
Also kündigte ich sie.
Dem Richter musste ich beweisen, dass ich alles richtig gemacht hatte, und mir das Geld auch wirklich zustand. Am Ende gab es einen Vergleich, den ich mit 5:3 gewonnen hatte, was bedeutete, dass ich nur noch fünf Achtel des Geldes bekam, also etwa fünftausend dreihundert Mark. Abzüglich der Gerichts- und An-waltskosten blieben mir am Ende knappe eintausend fünfhundert Mark, was bedeutete, dass ich fast einen Monat umsonst gearbeitet hatte, was wiederum be-deutete, dass ich am Jahresende kaum einen Gewinn ausweisen konnte. Dies bedeutete, dass mein gesam-tes Geschäftsjahr für den Arsch war!
Trotz dieser unschönen Begleiterscheinungen gefiel mir meine Selbständigkeit sehr. Es machte einfach Spaß in der Gegend herum zu kommen, denn ich hatte Kunden in ganz Süddeutschland, und es machte Spaß Aufgaben zu erledigen, die immer wieder für Ab-wechslung sorgten und anspruchsvoll zugleich waren.

Mir gefiel es sehr, nicht jeden Morgen in dasselbe
Werkstor zu laufen und zwanzig Mal „Guten Morgen", zu sagen, bis mein Schreibtisch erreicht war.
Ich hatte meine Berufung gefunden und der Spaß war
wieder da - so gefiel mir mein Leben, obwohl es mir
sehr viel mehr Stress verursachte wie je zuvor.
1990 zog ich dann nach Albers, einem kleinen Ort bei
Bad Wurzach, um.
Nebenbei entdeckte ich mein Gefallen an hübschen
Frauen wieder und so kam es hin und wieder zu neuen
Beziehungen, die aber nicht sehr lang dauerten. Eine,
mit Namen Sabine, hatte es mir dennoch besonders
angetan - doch sie wollte nur spielen und so hatten wir
bald ausgespielt, was ich sehr bedauerte.
Wie einst als Schuljunge litt ich unter der Trennung,
wie ein Hund. Und auch die neusten Kontoauszüge
meiner beiden Banken, trugen überhaupt nicht zu
meiner Erheiterung bei.
In dieser Stimmung bekam ich einen Anruf von meiner Mutter aus dem Schwarzwald. Ich weiß nicht, war
es ihr Mutterinstinkt, der sie anrufen ließ, oder war
es die Gabe, die ich in Teilen meiner Verwandtschaft
immer wieder erlebte, Dinge vorher zu sehen?
Zunächst fragte sie nach meinem Befinden und gab
mir dann den Rat, an diesem Abend nicht mehr aus-
zugehen, denn sie hatte geträumt, dass man mir den
Führerschein abgenommen hatte. Ich sollte auf jeden
Fall zuhause bleiben und mir da ein schönes Bierchen
trinken.

Polizei 2

Ich versicherte ihr, nicht weg zu gehen, da ich auch
nicht in der Stimmung dazu war - denn ich trauerte ja
gerade tief über den Verlust meiner letzten Freundin.
Also setzte ich mich in mein Wohnzimmer und trank
ein Glas Bier - im Radio lief „Verdammt, ich lieb‘
dich" von Matthias Reim. Und irgendwie trieb mich
der Schmerz doch noch hinaus, ich konnte die Enge
und die Einsamkeit in der Wohnung nicht mehr aushalten.

Im Polizeibericht sollte später stehen: „Frust-Saufen!"

Man musste dazu wissen, dass es in Bad Wurzach zu
dieser Zeit eine Polizeiwache gab, die mit nur einem
einzelnen Polizisten besetzt war. Wie es sich dort
heute verhält ist mir nicht bekannt, denn ich komme
nicht mehr sehr oft dorthin. Dieser Polizist machte gegen siebzehn Uhr Feierabend, sodass die bösen Jungs
nichts mehr von ihm zu befürchten hatte.
Ich merkte dies nicht an, weil ich nicht zu den bösen
Buben gehörte, sondern vielmehr, um der Dramaturgie
der nachfolgenden Ereignisse den verdienten Rahmen
zu geben. Am Ende der Hauptstraße in Bad Wurzach
befand sich auf der linken Seite eine kleine Kneipe,
in die Normalbürger, wegen des dort verkehrenden
ausgewählten Publikums, nicht hinein gingen. also
zählte sie auch nicht zu meinem bevorzugten Lokalen.
Am Anfang der Straße befanden sich auf der rechten

Seite Parkplätze, auf denen ich mein Auto abstellte, was bedeutete, dass mein Wagen zirka hundert Meter von dieser Kneipe entfernt stand, was wiederum bis hierhin noch nichts zu sagen hatte.

Ich machte mich auf in die Innenstadt und trank entgegen meinen sonstigen Gepflogenheiten immer im Wechsel, ein Bier und einen Schnaps. An diesem Abend kam mir das Bier irgendwie trocken vor, so als ob etwas darin fehlte.

Merken Sie sich, lieber Leser, bitte diese Stelle hier, sie wird später noch einmal als De'ja' Vu auftauchen. Möglicherweise redete ich mir das, dass in dem Bier etwas fehlte nur ein, weil mir seit ein paar Tagen auch etwas fehlte, nämlich meine Freundin.

„Ich ziehe durch die Straßen bis nach Mitternacht, ich hab' das früher auch gern gemacht, dich brauch ich dafür nicht! Ich sitz am Tresen und trinke noch ein Bier, früher war' wir oft gemeinsam hier - das macht mir, das macht mir aber nichts … und ich denk schon wieder nur an dich! Verdammt ich lieb dich, ich lieb dich nicht …!"

Dieser Song von Matthias Reim wollte mir nicht mehr aus dem Kopf. Und so zog auch ich von einer Kneipe in die nächste bis nach Mitternacht. Ich saß am Tresen und trank noch ein Bier und noch einen Schnaps dazu.

Im Polizeibericht sollte später stehen: „1,48 Promille!"

Draußen war es mittlerweile stockdunkel. Das fahle Licht der Straßenlaternen ließ mich kaum mein Auto finden. Dichter Nebel hatte sich über die Stadt gesenkt, durch dessen Schwaden, ich, am Ende der Straße, vor einer kleinen Kneipe, in die Normalbürger, wegen des dort verkehrenden ausgewählten Publikums nicht hinein gehen, ein ganzes Meer von Blaulichtern erkennen konnte.

„Es waren nicht meine Blaulichter, die gingen mich also auch nichts an“, dachte ich und stieg in meinen Wagen ein. Zielstrebig drehte ich auf der Straße um, da ich in die andere Richtung nach Hause musste und fuhr los.

Kaum war ich einen Kilometer gefahren, wurde ich von eben diesen Blaulichtern geblendet. Wie im Film, stellte sich ein Polizeiauto quer vor mich hin, während ein zweites hinter mir hielt, damit ich nicht mehr flüchten konnte.

Als sie mich baten auszusteigen, fiel ich ihnen entgegen, sodass sie sofort ahnten, was mit mir los war. „Das ist aber doch gar kein Skinhead“, hörte ich den einen Beamten sagen.

Dennoch verlud sie mich in den hinteren Teil ihres VW-Busses, der mit Gitterstäben verbaut war und fuhren los. Durch das kleine Guckloch, fragte ich in das Führerhaus, warum sie mich so spektakulär gestoppt hatten.

Darauf bekam ich zur Antwort, dass irgendwelche Skinheads, die kleine Kneipe, in der keine Normalbürger einkehren, aufgemischt hatten.

Die beiden Fahrzeuge, die mich verfolgt hatten, gehörten zum Autobahnpolizeiposten an der neu gebauten A96. Einer der Beamten war der Meinung, dass ich einer der Täter war, der flüchten wollte und deshalb hatten sie mich verfolgt. Sie waren mit der gesamten Mannschaft da, während der Bad Wurzacher Polizist schlafend in seinem Bette lag.

Sie fuhren also los und weil für mich nach einer relativ langen Fahrt noch kein Ziel zu erkennen war, fragte ich abermals durch das kleine Guckloch, ob sie auch richtige Polizisten seien, oder ob sie mich entführen wollten. Sie gaben zur Antwort, dass das hier alles seine Richtigkeit hätte und sie mich ins zwanzig Kilometer entfernte Leutkirch zur Blutabnahme brächte. Wegen des starken Nebels konnten sie aber nicht so schnell fahren und ich sollte nun endlich Ruhe geben.

Und tatsächlich kamen wir irgendwann dort an, wo ich einige Übungen machen musste, damit man meinen Zustand protokollieren konnte.

Für die Blutabnahme wurde eine ansässige Kinderärztin herbeigerufen. Bevor ich mir Blut abnehmen ließ, musste ich noch eine Schriftprobe abgeben.

Da ich mich so müde und einsam fühlte, schrieb ich ihr auf den Zettel: „Ich liebe dich!"

Zur Verwunderung der umstehenden Polizisten zerriss sie den Zettel, hielt einen neuen in die Luft und ließ mir nochmals eine Schriftprobe abgeben.

Also beschrieb ich den in der Luft schwebenden Zettel.

Wochen später erzählte sie mir, dass meine Schriftprobe so gut gewesen sei, dass man daraus hätte schließen können, dass ich ständig so stark trank. Das hätte sich beim späteren Urteil negativ auswirken können.

„Dafür liebte ich sie noch mehr", wenngleich ich trotzdem in einer späteren Verhandlung die Höchststrafe erhielt.

Wegen zu hoher Schulden auf dem Bankkonto musste ich „nur" eintausend fünfhundert Mark Strafe bezahlen. Dafür wurde mir aber der Führerschein für elf Monate entzogen. Außerdem hatte ich mit meinen 1,48 Promille noch Glück, das ich nicht zum Idiotentest musste, denn der begann bei 1,5 Promille.

Das war 1990. Zu dieser Zeit waren die Polizisten noch nett. Sie fuhren mich in derselben Nacht die zwanzig Kilometer im tiefsten Nebel nach Hause. Auf meine Bitte hin, stellte sie sogar mein Auto vor meiner Garage in Albers ab und meinten beim Gehen: „Jetzt hast du aber die Arschkarte gezogen - selbständig und hier draußen auf dem Lande wohnend - viel Glück!"

Ja, das hatte ich wohl - und das Glück hatte mich, Günni, verlassen - mehrfach, wie ich fand.

Die Geschichte 22

Am nächsten Morgen fand ich mich vor einem großen Spiegel, am Boden liegend, mit einer halb leeren Flasche Bier im Arm und total verheultem Gesicht. „Ein Häufchen Elend", pflegt der Volksmund in solchen Situationen zu sagen. Ich schämte mich so sehr, dass ich wieder einmal nicht auf meine Mutter gehört hatte - sie durfte es auf keinen Fall erfahren!
Es lief mir eiskalt den Rücken herunter: Welche Kraft war es, die sie solche Ereignisse vorsehen ließ?

Und plötzlich, so schien es, begann mein Spiegelbild mit mir zu reden: „Schau dich an du Trottel, was hast du aus deinem Leben gemacht? Eine Ehe abgebrochen, die Kinder im Stich gelassen, einen Berg voller Schulden angesammelt, zum Säufer geworden, alleine gelassen, verheult und beschissen aussehend!"

Und im Hintergrund lief Barcley James Harvest mit „Poor man's Moody Blues" - „Der Blues des betrübten Mannes".

„Du kannst jetzt so weiter machen wie bisher und total abstürzen oder du stehst auf, von diesem kalten Boden und versuchst dein Leben wieder in den Griff zu kriegen!", schien es fortzufahren.
Das machte mich müde und ich verschwand fürs erste in mein warmes Bett und um meinen Rausch auszuschlafen.

In dieser Zeit arbeitete ich mit einer Firma in Pfullingen zusammen. Sie produzierten unter anderen automatische Garagentoröffner. Wir hatten dort ein prima Team und die Arbeit machte mir sehr viel Spaß, auch weil ich durch diese Zusammenarbeit wiederum zu Firmen Zutritt bekam, die ich sonst, durch Werbung alleine, nicht erreichen konnte.

Zweimal die Woche fuhr ich nach Pfullingen, um die Aufträge zu besprechen, die ich dann zuhause, an den restlichen Wochentagen erledigen konnte.

Einmal ergab es sich, dass der Unternehmenschef höchstpersönlich mit mir von Pfullingen nach Bempflingen fahren wollte, da er gerade kein Auto zur Verfügung hatte.

Zu dieser Zeit fuhr ich einen knallroten Fiat 500 - einen dieser kleinen Flitzer, die quasi rechtwinklig um die Kurven fuhren. Ich hatte schon Bedenken, dass er nicht einsteigen würde, aber er sah es eher locker. Er nahm auf dem Beifahrersitz Platz und stapelte einige Leitz-Ordner auf seinem Schoss, sodass er kaum noch zur Frontscheibe hinaussehen konnte.

Zügig ging es durch die Reutlinger Innenstadt über die B313 in Richtung Bempflingen, bis ein Lastwagen vor mir urplötzlich zum Stehen kam. Ich konnte die rote Ampel nicht sehen, da ich etwas zu eng aufgefahren war. Geistesgegenwärtig ging ich in die Eisen und mein kleiner Liebling blieb mit einem großzügigen Sicherheitsabstand von ca. fünf Zentimetern hinter dem Laster stehen.

Herr Maier hatte Mühe, seine Ordner zu bändigen, als

wir bemerkten, dass ein ebenso großer LKW hinter uns, die Situation auch falsch eingeschätzt hatte und mit quietschenden Bremsen unangenehm nahe an uns herankam.

Er musste wohl ebenfalls gute fünf Zentimeter hinter uns zum Stehen gekommen sein, Doch sein Schatten verdunkelte den Innenraum meines Fiats so sehr, dass wir dachten, nun unter ihm zu stehen.

Herr Maier, der wieder Herr über seine Ordner war, warf mir einen Blick zu und sagte: „Herr Barowski, so ein Auto würde ich mir niemals kaufen." Obwohl ich meinen Fiat liebte, konnte ich ihn in dieser Situation sehr gut verstehen und setzte meine Fahrt fort. „Günni, da hast du aber Schwein gehabt!", dachte ich bei mir.

Aber dieses Ereignis lag nun schon einige Monate zurück und es würde sich sicherlich in den nächsten Monaten nicht mehr wiederholen können.

Schweren Herzens rief ich nach dieser Alkohol-Horrornacht in Pfullingen an, um ihnen mitzuteilen, dass ich unsere Zusammenarbeit beenden müsste, da ich in der Nacht meinen Führerschein verloren hatte.

„Und wenn du glaubst es geht nicht mehr, dann kommt ganz plötzlich von irgendwo ein Lichtlein her!", sagte auch damals schon der Volksmund. Mein Lichtlein kam zwei Tage später in Form eines Anrufs aus Pfullingen daher. Die Teamkollegen Herr Schwarz und Herr Kupfer dort, hatten sich mit ihrem Chef beraten und der hatte eingewilligt, dass ich unter der Woche in Pfullingen arbeiten konnte. Zu diesem Zwecke montierten sie mir ein Firmenschild mit der Aufschrift „Konstruktionsbüro Barowski" unter das Firmenschild ihres Chefs und stellte mir einen Arbeitsplatz zur Verfügung. Das war fürwahr ein starkes Stück!

Ich konnte mein Glück kaum fassen, aber man schätzte offenbar meine gute und kreative Arbeit sehr in Pfullingen. Schon längst hatten sie sich dort an meine lockeren Sprüche gewöhnt und meine Art zu leben.

Sie wussten, dass ich gerne einmal fünfe gerade sein ließ, bei der Arbeit jedoch immer mein Bestes gab. Also hatte ich mir dieses Glück auch ein Stück weit selbst verdient.

Von da an fuhr ich die nächsten elf Monate mit dem sogenannten Bäder Bus von Bad Wurzach, über Bad Waldsee, über Bad Aulendorf, über Bad Schussenried und Bad, Bad, Bad… nach Pfullingen. Das dauerte ewig lange, da er sämtliche Dörfer anfuhr.

Unter der Woche wohnte ich sehr preiswert (25 DM pro Nacht mit Frühstück) in Genkingen in einer Wirtschaft mit eigener Schnapsbrennerei.

Der Dialekt hier oben, auf der Alb war ohnehin schon sehr schwer für mich zu verstehen, doch wenn ich spät abends nachhause kam und die Einheimischen schon einige Schnäpse intus hatten, verstand ich sie überhaupt nicht mehr. Und so machte es keinen Sinn mich zu ihnen zu setzen, denn vom Schnaps hatte ich ohnehin die Schnauze voll.

Bei der Arbeit lief es wirklich hervorragend. Ich konnte eine Lösung für die hier gebauten Garagentorantriebe finden, die verhinderte, dass die Motorwellen an den Antrieben brachen. Der Nebeneffekt dieser Konstruktion war der, dass die Sicherheitsschaltung früher auslöste, wenn ein Gegenstand das sich schließenden Garagentor blockierte. Die Firma von Herrn Maier konnte deshalb auf diese technische Lösung ein Patent anmelden.

An den Wochenenden holte ich ab und zu meine Kinder zu mir nach Albers, was eine riesige Aktion war. Ohne Auto stoppte ich den Weg nach Leutkirch und dann wieder mit den beiden zurück nach Bad Wurzach. Das Stoppen klappte mit den Kindern ganz gut, wir mussten nicht sehr lange warten. Peinlich war es aber immer dann, wenn meine Tochter Katharina zu unserem Fahrer sagte: „Weißt du Onkel, mein Papa hat keinen Führerschein mehr." Dann wollte ich mich, vor lauter Scham, in den Autositz verkriechen.

Gute zehn Monate konnte ich den Verlust des Führerscheins vor meiner Mutter verbergen. Ich traute mich nicht es ihr zu sagen und schämte mich ehrlich gesagt dafür. Als sie mich aber im Mai 1991 zu ihrem achtundfünfzigsten Geburtstag einlud, musste ich es ihr beichten, da ich keine Möglichkeit sah, vom Rottweiler Bahnhof zu ihr nach Marschalkenzimmer zu gelangen - sie musste mich abholen.

Ihr Bruder aus Gelsenkirchen war auch zu Besuch und es ereignete sich schon wieder einer dieser Vorfälle, der mich erschrecken ließ. Kaum hatten wir es uns um den großen Esstisch gemütlich gemacht, fiel der Blick meines Onkels auf die große Glaskugel an der Zimmerdecke, die unsere Lampe war.

Kaum hatte er den Satz: „Glaubt ihr wirklich, dass der kleine Haken diese große Lampe trägt?" ausgesprochen, kam die schon von der Decke gerauscht und zerbrach in tausend kleine Glassplitter, die unseren Kartoffelsalat unvorteilhaft verfeinerten. Die Lampe hing bis dahin einige Jahre an diesem kleinen Haken.

Im gleichen Moment dachte ich an den Anruf meiner Mutter, vor zehn Monaten und an ihre Prophezeiung - irgendwie lief mir ein Gruseln über den Rücken.

Ich glaube, meine Mutter reichte dann Brot zu den Wiener Würstchen…

In Pfullingen hatte ich zwar ein Auskommen, aber für meine finanzielle Situation war es nicht sehr vorteilhaft, denn schließlich musste ich für meine unter der Woche leerstehende Wohnung und das Büro weiterhin Miete bezahlen. Aber der Job hielt mein Geschäft am Laufen.

Im Juli 1991, durfte ich mir knapp drei Wochen nach meinem sechsunddreißigsten Geburtstag, den Führerschein in Ravensburg wieder abholen. Der dortige Beamte verabschiedete mich mit den Worten: „Auf nimmer Wiedersehen!" und ich verstand seine Botschaft wohl.

Herr Maier schenkte mir als Prämie für das Patent einen gebrauchten Mercedes 190, weil er wusste, dass ich den Fiat verkauft hatte: „ …damit meine Ordner beim nächsten Mal mehr Platz haben", zwinkerte er mir zu, als er mir die Autoschlüssel überreichte.

Im selben Monat zog ich in Albers aus dem großen
Haus aus und mietete mich in Leutkich in einer kleinen Zweizimmer-Wohnung ein. Mein neunzehnter
Umzug sollte mir dabei helfen Geld zu sparen, damit
ich endlich etwas für mein Konto tun konnte.
Aber das hatte sich schon verselbständigt. Die Raten
wurden immer höher, doch die Zinsen, die mittlerweile bis zu siebzehn Prozent betrugen, fraßen die Raten
auf. Ich zahlte nur noch Zinsen - und das reichlich
- ohne dass sich das Minus auch nur einen Zentimeter nach oben verschob. Ich hatte zwar die Talfahrt
stoppen können, aber eine Bergfahrt schien für mich
unerreichbar zu bleiben.
Dennoch schufte ich Tag und Nacht weiter, konnte
mir keinen Urlaub mehr leisten und Feiertage oder
so etwas wurden auf einmal zu Fremdwörtern. Bald
konnte ich die Beiträge zur Krankenkasse nicht
mehr bezahlen und für den Unterhalt reichte es auch
nicht mehr. Die Banken behielten alles Geld, das sie
von mir bekommen konnten ein. Sie weigerten sich
ebenfalls meine laufenden Abgaben ans Finanzamt zu
überweisen, sodass sich dort Steuerschulden anhäuf-
ten.
Der Teufelskreis hatte, gemäß den Eigenschaften
eines Kreises, kein Ende mehr.
Durch meine Bemühungen das sehr in Schräglage
geraten Schiff wieder auf Kurs zu bringen, fand ich
keine Zeit mehr für außerberufliche Unternehmungen.
Und so gab es auch keinen Platz für Frauen in meinen
selbst auferlegten Exerzitien. Das im Jahr 1992.

Schneewittchen

Mein Sohn Thilo lud zu seiner Kommunion. Widerwillig sagte ich zu und traf pünktlich in der Kirche ein. Nicht, dass ich meinen Sohn nicht gerne sehen mochte - nein es war eher der Kirchgang, der meine Begeisterung in Grenzen hielt.
Mit der Kirche hatte ich's nicht so - oder besser gesagt, sie ließ mich in Ruhe und ich ihr ihren Frieden. Doch was sollte es - Kommunion ist nun mal Kommunion und so würde ich es denn ertragen.

Zu meiner Freude traf ich gleich am Eingang meinen ehemaligen Nachbarn Toni, dessen Tochter ebenfalls ihren Festtag hatte. Die Begrüßung war herzlich, wie immer und das mit der Kirche, das war auch schon vergessen.
Ich platzierte mich in einer der vorderen Bänke, Toni saß mit seiner Familie in der vorletzten Reihe - irgendwie mochte er das auch nicht mit der Kirche und ein Platz an der Tür erschien ihm wohl sicherer.

Die Zeremonie begann und nahm ihren langweiligen Lauf. Ich sah ein wenig an den Kirchenwänden entlang und drehte mich zu meinem Freund um, um zu sehen, wie es ihm erging.
Doch meine Blicke fanden ihn nicht gleich, nicht zuletzt deshalb, weil sie an einem ganz bezaubernden Wesen hängen blieben, welches vier Bänke vor Toni saß.

Was für eine hübsche Frau schoss es mir gleich durch
den Kopf und im Hintergrund lachte mich mein
Freund an, der wohl beobachtet hatte, was ich da so
trieb. Als ich mich das zweite Mal umdrehte, machte er diese typische italienische Handbewegung, die
wohl so viel wie „Mama mia" bedeuten sollte.

Für den Rest der Messe stand ich dann mit dem
Rücken zum Altar, weil mir das, was ich da in den
hinteren Reihen sah, mehr gefiel, als das, was sich da
vorne in der Kirche abspielte.

Nach der Kirche entschwand die unbekannte Schöne mit den langen schwarzen Haaren im Trubel der
Menge und ich dachte, „Das war's wohl!", zumal
Toni sagte, dass er sie vorher auch noch nie in seinem
kleinen Dorf gesehen hatte. Sie kam wohl doch hinter
den sieben Bergen daher...?
Also gingen wir zum Kaffeeklatsch. Und es wurde ein
lustiger und vergnügter Nachmittag.

Die Geschichte 23

Es waren etwa zwei Monate seit der Kommunionsfeier meines Sohnes vergangen.

So ein Mist aber auch - jetzt hatte ich keine Zwiebel mehr im Haus!

Und Spagetti Bolognese ohne Zwiebeln, die schmeckten ja wohl gar nicht.

Ich wohnte immer noch in der kleinen Wohnung zentrumsnahe in Leutkirch. Also machte ich mich auf, Zwiebeln zu kaufen.

Schon beim Eintreten in den Laden, sah ich die unbekannte Schöne, aus der Kirche, an der Kasse stehen.

Diesen Augenblick konnte ich mir nicht entgehen lassen. Locker und unbekümmert steuerte ich sofort auf sie zu, entschuldigte mich mit den Worten, dass ich sie aus der Kirche kannte, und versuchte sie zum Essen einzuladen.

Auch sie konnte sich noch an mich erinnern, weil ich die ganze Messe lang mit dem Rücken zum Altar stand. Also versuchten wir einen Termin - heute heißt das ja wohl Date - auszumachen. Dabei gefiel mir ihre Art zu verhandeln - nächste Woche, konnte sie gar nicht, diese Woche wäre eigentlich auch ganz schlecht - aber heute Abend, heute Abend hätte sie Zeit.

Also trafen wir uns noch am selben Abend und fuhren nach Memmingen in ein Eiscafe'.

Ich war so nervös, dass ich vom Stuhl rutschte und dabei den Tisch verschob, der krachend zwei Meter durch das Lokal fuhr. Alle Gäste starrten auf mich und

ich, ich war mal wieder so verknallt, wie ein Schüler-
bub - nur sehr viel schöner!
Sie erzählte mir, dass sie Tschechin sei und erst kurze
Zeit in Deutschland lebte. Ihr Name war Natasha,
aber aussah sie wie Schneewittchen, mit ihren langen
schwarzen Haaren.
Und sofort fiel mir meine tschechische Fußballmannschaft ein, die damals unter der Dachschräge in Gelsenkirchen eine Weltmeisterschaft nach der anderen
gewann - Schicksal oder Zufall?
Und das Schönste an der Sache war, dass sie mir sozusagen von Gott gegeben war - so redete ich mir das
zumindest damals ein - wegen des Kirchenbesuchs.
Dass der Teufel sich aber auch manchmal in der
Kirche herumtrieb, kam mir bis dahin noch nie in
den Sinn - aber Gott ist ja bekanntlich großzügig mit
seinen Gästen - und anscheinend genauso dumm und
gutgläubig wie der Günni aus dem Ruhrpott.
Dennoch, ich war echt verliebt in sie und ziemlich
blind (wie der Volksmund zu sagen pflegt!) …
Von da an trafen wir uns täglich. Wenn ich nicht geschlafen hätte, dann hätte mir auffallen können, dass
sie nun, auf einmal, doch an jedem Tag Zeit hatte, also
hatte sie mich bereits am ersten Tage ausgetrickst,
ohne dass ich es bemerkte.
Sie erzählte mir ihre Geschichte, die mir sehr glaubhaft erschien.
Auch sie befand sich an einem Punkt, an dem es für

sie nicht weiterzugehen schien, zumindest nicht so, wie sie es sich vorgestellt hatte.

Als Tschechoslowakin, dem eisernen Vorhang durch Hochzeit mit einem deutschen Schwulen entkommen, lebte sie nun, zusammen mit ihrer zehnjährigen Tochter Emma, beim Uropa ihres neugeborenen Babys Peter.

Die Tochter stammte aus ihrer Ehe in der Tschechoslowakei.

Den Kindsvater ihres Sohnes, so sagte sie mir, hätte sie nach der Entlassung aus der Entbindungsstation, mit einer anderen in der gemeinsamen Wohnung erwischt.

Ohne Arbeit und Einkommen, fand sie nun beim Uropa des Babys Unterkunft.

Die deutschen Behörden wollten sie ausweisen, da ihr Baby sich illegal in Deutschland aufhielt.

Dass der Sohn, einem One-Night-Stand entsprungen war und es sich bei der erwähnten gemeinsamen Wohnung nicht um die ihre, sondern um die, der vom Kindsvater betrogenen Frau handelte, erfuhr ich erst Jahre später.

Aber dumm, wie ich nun einmal war, hatte ich ihre ganze Geschichte geglaubt und so rutschte ich in eine Sache, die mich bis dahin nie tangiert hatte und äußerst anstrengend wurde - nämlich Beamte im Ausländeramt.

Zunächst einmal war es für mich unfassbar, dass ein Baby, welches in Deutschland geboren wurde, sich illegal in Deutschland aufhalten sollte, zumal der Vater,

wenn auch unehelich, deutscher Staatsbürger war.
Also betrat ich das erste Mal in meinem Leben das
Leutkircher Ausländeramt. Und - obwohl ich kein
Ausländer war - schwappte mir sogleich eine Welle
von Unfreundlich- und Fremdenfeindlichkeit entge-
gen, wie ich sie in meinem ganzen Leben noch nie auf
einem Amt erlebt hatte.
Wohlwissend, dass unsere Beamten ohnehin perma-
nent schlechte Laune hatten.
Dennoch, in eine solch menschenverachtende Situ-
ation, war ich bis dahin noch nie gekommen. Der
Wunsch, meiner unbekannte, aber inzwischen na-
mentlich bekannten Schönen, die mir zudem noch von
Gott gegeben war, in dessen Augen ja bekanntlich alle
Menschen gleich sind, zu helfen, wurde durch diese
arrogante Beamtin bestärkt.

Doch ich konnte nichts ausrichten. Diese Frau wollte
unter allen Umständen eine Ausweisung der drei-
köpfigen Familie erreichen. Das Baby war illegal in
Deutschland - Punkt - um - fertig!

Ich sah mich genötigt, beim Bürgermeister vorstellig
zu werden, um mich über seine Angestellte zu beschweren. Doch der sagte nur, dass er sich nicht mit
dem Ausländerrecht auskenne und froh sei, dass er das
Ausländeramt überhaupt besetzt bekommen hätte.

Meine gute Erziehung und der Respekt vor Amtsper-
sonen lassen bei mir eigentlich keine Unhöflichkei-

ten zu. Aber damals ist mir da schon, wenn auch nur gedanklich, ein „Arschloch" entglitten.

Die Situation für die drei spitzte sich zu - auf keinem Amt fanden wir

ein offenes Ohr - nicht einmal eine Krankenversicherung hatten sie, und die Wohnsituation beim Uropa war sehr, sehr bescheiden.

Also beschlossen wir die Stadt zu wechseln - um in Isny, sozusagen um „politisches Asyl" zu bitten.

Und siehe da - in Isny gab es auch ein Ausländeramt. Die hatten andere Formulare, waren sehr viel freundlicher und wussten auch, dass ein in Deutschland geborenes Baby, welches zudem noch einen deutschen Vater hatte, nach drei Jahren Aufenthalt in Deutschland eingebürgert wurde. Und die Formulare aus Leutkirch, die konnten wir getrost in den Mülleimer werfen.

So kam es, dass wir im August 1993 in Isny eine große Wohnung bezogen. Zu meinem zwanzigsten Umzugsjubiläum stellte ich Schneewittchen in meinem Konstruktionsbüro als Bürokraft ein, damit sie und die Kinder krankenversichert waren.

Obwohl ich ja immer noch in der Schuldenfalle saß, reichte das Geld für uns zum Leben. Natasha behielt von Anfang an das Kindergeld und ich bezahlte den Rest.

Es machte mir nichts aus, dass der tschechoslowakische Vater von Emma keinen Unterhalt für die 10-jährige Tochter zahlte. Es wären ohnehin nur eine paar Mark bei uns angekommen - wegen des Wechselkurses von 1:7 zwischen deutscher Mark und tschechischer Krone. Außerdem hatte er sowieso kein geordnetes Einkommen.

Genauso wie der Vater von Peter, wie das Baby später getauft wurde.
Der war nämlich ziemlich flott in verschiedenen Betten unterwegs und musste ohnehin schon für mehrere Kinder Unterhalt zahlen - und so blieb für Peter nichts übrig!

Nachtigall 2

Ich dagegen sah mich als der (Vater-)Vogel, der
tagsüber ausflog um „Futter" zu besorgen und abends
heimkam, um die kleinen, hilfsbedürftigen, sich im
Nest befindenden Jungvögel, zu versorgen.

(Das war jetzt bildlich sehr schön ausgeschmückt, ent-
behrt aber jeglicher Wahrheit und Romantik. Denn zu
diesem Zeitpunkt arbeitete ich sehr viel zuhause - und
fliegen konnte ich auch nicht.)

Die Geschichte 24

Ich hatte nun eine hübsche Frau, die mich gewähren ließ, wie ich wollte und mir nicht ständig dazwischen quatschte, wie man es besser machen könnte.
Sie war wohl zufrieden mit dem, was ich ihr bot und kümmerte sich um die Kinder - so dachte ich zumindest.
Ich war zufrieden mit ihr, weil es mir täglich Spaß machte, in ihrer Umgebung zu sein - ich erfreute mich an ihrem Anblick - und war verliebt, wie es ein „Blinder" nur sein konnte!
Sie überließ mir alle Entscheidungen und alltäglichen Planungen - sie ließ mir meine Freiheiten und ließ mich mein Leben führen, so wie ich es wollte - und dazu gehörte auch, dass ich mir die Freiheit nahm, mich um sie und ihre Kinder zu kümmern. - Und ich, ich tat es gerne!

Und sie, sie nahm es gerne an.

Anfangs betrieben wir so etwas wie ein ordentliches Familienleben.
Doch schon bald wurden die ersten Probleme mit Schneewittchens Tochter offensichtlich. Das Kind hatte nie eine Führung erfahren - die Mutter ließ sie, genau wie mich gewähren und tun und lassen was sie wollte.
Und genauso verhielt sie sich auch. Wenn man nichts von ihr wollte, dann war sie zufrieden.

Sie hatte keinen Bock auf Schule. Hausaufgaben hatte sie eh nie welche auf - ich wunderte mich ein wenig darüber, dass sich die Schulen in dieser Beziehung „etwas eigenartig" entwickelt hatten?
Es gab zwar noch Klassenarbeiten, die geschrieben wurden - wie sollten denn auch sonst die Noten ins Zeugnis kommen, aber auf diese musste angeblich nicht mehr gelernt werden. Und wenn Emma mal wieder eine fünf nach Hause gebracht hat, dann waren noch drei andere schlechter, die hatte ja schließlich eine sechs.
Ich war mir auch nicht sicher, ob sie es, wegen ihrer schlechten Deutschkenntnisse, überhaupt so richtig verstanden hatte, dass die guten Noten die kleineren waren.
Dennoch versuchte ich sie in allem zu unterstützen und zu fördern - leider ohne Erfolg. Sie lebte in den Tag und war aufsässig und dumm frech, wenn es darum ging, etwa im Haushalt mitzuhelfen oder wie gesagt, Schularbeiten zu machen, wenn es dann gelegentlich welche gab.
Dennoch eine Regelmäßigkeit konnte ich durchsetzen. An jedem zweiten Wochenende gingen wir gemeinsam ins Hallenbad, um die Kinder ans Wasser zu gewöhnen und um Emma das Schwimmen beizubringen. Nur zu gut konnte ich mich an die Hänseleien meiner Klassenkameraden erinnern, als damals als Nichtschwimmer ins Allgäu kam.
Außerdem versuchte ich sie dazu zu bringen, einem Sportverein beizutreten um schneller Kontakt an ih-

rem neuen Wohnort zu bekommen.

Aber das erschien ihr auch nicht als gute Idee, denn beim Sport musste man sich ja bewegen, und das fiel ihr sehr, sehr schwer. Viel lieber lag sie auf ihrem Sofa und schaute Fernsehen oder spielte am Computer.

Und doch wurden die Spannungen zwischen uns beiden immer größer.

Sie wollte von mir nichts annehmen und hielt mir immer öfter vor, dass ich ja nicht ihr Vater sei und deshalb nichts zu sagen habe.

Die Mutter unterstütze sie in diesem Gedanken - wenn ich z.B. wollte, dass Emma ihr Zimmer aufräumen sollte - dadurch, dass sie mir zu verstehen gab, das ich jetzt wieder derjenige war, der schlechte Schwingungen im Hause verbreitete.

Emma hingegen wurde immer fauler und beteiligte sich immer seltener an den gemeinsamen Unternehmungen. Sie fing an sich herum zu treiben, was ihrer Mutter egal zu sein schien.

Vielleicht hatte ich schon damals versäumt zu erkennen, dass die Mutter vom gleichen Schlage war, wie die Tochter. Ich ließ auch sie tagsüber machen, was sie wollte und so war Schneewittchen mir eine gute Frau.

Alle Dinge, die zu ihrer Unterhaltung beitrugen nahm sie gerne mit, aber sobald es darum ging, aktiv zu werden und etwas selbst auf die Beine zu stellen, wartete man vergebens darauf.

Und dennoch hatte ich meine Freude an ihr - ich war halt immer noch verknallt.

Mit der Zeit veränderte sich auch mein Verhalten Emma gegenüber. Ich gab jedem Menschen eine Chance - oder auch zwei.

Wenn er aber überhaupt nichts von mir annehmen wollte, dann „hat er schon gehabt" und ich nahm es zur Kenntnis und stellte meine Bemühungen ein.

Also ließ ich sie auch gewähren, wie sie wollte...

Amtsgericht 1

Meiner ersten Frau gefiel mein Treiben gar nicht. Ich war schon seit längerem mit den Unterhaltszahlungen im Verzug, und so zerrte sie mich vor Gericht, um den Unterhalt einzuklagen.
Natürlich bekam sie Recht und ich musste zehntausend Mark an sie bezahlen. Natasha begleitet mich zur Verhandlung und ich muss zusehen, wie sie von Barbara im Gang des Gerichtes angespuckt wurde - Eifersucht nach vier Jahren?

Die Geschichte 25

Nach knapp einem Jahr bekamen wir die erste Neben-
kostenabrechnung. Sie ließ uns keine andere Wahl, als
uns eine neue Wohnung zu suchen. Zu sehr fühle ich
mich vom Vermieter übervorteilt.
Das empfanden noch zwei weitere Mietparteien so
und zogen ebenfalls aus.
Also nahmen wir 1994 eine kleinere Wohnung in Isny.

Emma hatte in der Zwischenzeit ihre Liebe zu Männern entdeckt und trieb sich weiterhin - oft schon
nächtelang - herum. Ihrer Mutter schien auch das
egal zu sein, obwohl die Tochter erst knapp 12 Jahre
alt war. Manchmal dachte ich, dass die Tschechen da
andere Maßstäbe ansetzten als wir Deutsche - aber
wahrscheinlicher war wohl, dass Schneewittchen andere Maßstäbe ansetzte, als alle anderen.

Im Mai 1996 kam unsere Tochter Elisabeth zur Welt.

Trotz der gelegentlichen Streitigkeiten, in dessen Verlauf mir Natasha besonders attraktiv vorkam, gab es
auch lustige Erlebnisse.
Während einer Italien-Urlaubsreise beschlossen wir
Venedig zu besuchen. Es war ein herrlicher Augusttag
als wir mit dem Auto in der Schlange vor einem großen Parkhaus standen. Die Parkgebühr sollte zehntausend Lire pro Stunde kosten, was damals ca. 14,00
DM waren.

Das erschien Natasha zu viel.

Außerdem hatte sie sich in ihrem Leben wohl noch nicht so recht mit Italien auseinandergesetzt. Sie wollte unbedingt mit dem Auto ins Zentrum von Venedig fahren und begann mit dem Parkhauswärter zu diskutieren.

Der arme Mann wiederholte immer wieder: „No centro! No centro! Aqua, aqua - tutte aqua!", was sie natürlich nicht verstand.

Erst als ich ihr sagte, dass das Zentrum von Venedig unter Wasser läge und wir deswegen ein Boot nehmen müssten, ließ sie ihren Gedanken fallen, sich innerhalb der Stadt, mit dem Auto, vor einem Cafe' absetzen zu lassen.

Ich selbst war bis dahin auch noch nicht in Venedig gewesen. Von Bildern her kannte ich diese netten Brücken, die über die Kanäle führten. Ich nahm immer an, dass es sich dabei um gewölbte, ebene Übergänge handelte. Aber dem war nicht so.

Die Brücken hatten Treppen, die auf der einen Seite anstiegen und auf denen man auf der anderen Seite wieder heruntersteigen musste.

Das bedeutete für mich, dass ich den Kinderwagen ständig Brücke auf und Brücke abschleppte. Es war ohnehin eine Scheißidee, einen Kinderwagen mit in die Stadt zu bringen, da die Menschenmassen uns schier zu erdrücken drohten.

Außerdem war es August. Das Wetter war schön - nein, es war verdammt heiß an diesem Tag und die Luft und ein merkwürdiger Gestank stand in den engen Gassen von Venedig.

Emma und Peter beschwerten sich über stark zunehmende Kopfschmerzen. Mir ging dieses ganze Treppauf Treppab mächtig auf die Nerven und Natasha befiehl ein Anflug von Platzangst, zwischen all den Menschen, die sich Haut an Haut durch die engen Passagen schoben.

Noch lange bevor wir den Marcusplatz erreichten, beschlossen wir, so schnell wie möglich wieder aufs Festland zurückzukehren.

Venedig im heißen August, mit Kinderwagen und ohne Auto war nicht sehr prickelnd, musste ich damals feststellen.

Wieder in Isny angekommen, ergab sich ein Problem mit unserer kleineren Wohnung. Es hieß, dass der Besitzer irgendwie Geld unterschlagen hätte und verschwunden war. Das Haus sollte verkauft werden.

Also stand mein zweiundzwanzigster Umzug an. Dieses Mal ging es nach Kißlegg, einer kleinen Gemeinde im Allgäu, etwa 15 km von Isny entfernt.

Emma hat bereits einen festen Freund in Isny und wollte nicht mit. Ihrer Mutter war der Umzug auch zu viel. Dennoch es musste sein.

Die Kinder waren nun in einem Alter, da sie ein eigenes Zimmer brauchten und so kaufte ich, im Möbel-Mitnahmemarkt, neue Kinderzimmer ein.

Natürlich hatte niemand Bock darauf, mir beim Zusammenbau zu helfen

oder geschweige denn, mir zu sagen, an welchem Platz die Möbel zu stehen hatten.

Ich befand mich ebenfalls im Umzugsstress und es fiel mir ein neuer Schrank beim alleinigen Aufstellen um, sodass die billigen Spanplatten gleich in mehrere Stücke zerfielen.

Ich rief Emma zu mir, und forderte sie auf, mir zu sagen, wie sie ihr Zimmer gestalten wollte. Doch sie hatte überhaupt keinen Bock und wollte mit einem „Leck mich!" das Zimmer wieder verlassen.

Ich hielt sie am Arm zurück, damit sie mir bei wenigsten sagte, wo die Möbel hinsollten. Doch sie drehte sich nur um und versetzte mir einen gewaltigen Tritt in die Weichteile. Reflexartig gab ich ihr mit der flachen Hand eine Ohrfeige, traf sie aber so unglücklich, dass ihr unterhalb vom Auge sogleich ein kleines Horn wuchs.

Daraufhin rannte sie aus dem Haus und trampte zurück nach Isny, wo sie in der Familie ihres Freundes erzählte, dass ich sie ständig schlage und dass sie deshalb nicht zurück nach Kißlegg wollte.

Es gelang uns dann doch, sie wieder zurück nach Kißlegg zu holen. Der Kontakt zum Freund blieb weiterhin bestehen und sie tagelang weg.

Wir merken, dass sie durch den Kontakt zu ihrem Freund mit Drogen in Berührung kam und zudem schwanger war.

Mutter und Tochter beschlossen sogleich das Kind
abtreiben zu lassen.

Emma bekam etwa zeitgleich das Abschlusszeugnis
der Hauptschule und beendet diese.

Die Noten waren natürlich so, dass sich jeder Ausbildungsbetrieb um sie reißen sollte - denn es gab ja
noch schlechtere Mitschüler und auch solche, die den
Abschluss gar nicht geschafft hatten.

Doch sie hatte Glück. Weil sie einmal einen Ferienjob
als Kindermädchen bei den Betreibern eines Hotels
gemacht hatte und die Eltern mit ihr zufrieden waren,
erhielt sie einen Ausbildungsplatz zur Hotelfachfrau.

Außerdem nahm sie sich gleich ein kleines Zimmer in
Kißlegg und zog bei uns aus, um ihre Ausbildung zu
beginnen.

Wir aber wollten wieder nach Isny zurück, da es uns
in Kißlegg überhaupt nicht gefiel.

Fanden im September 1999 zunächst aber nur eine
Wohnung im Ortsteil Beuren am Badsee und richteten
uns dort, nach meinem dreiundzwanzigsten Umzug
ein.

Der Kontakt zu Emma wurde spärlicher und riss
plötzlich ganz ab.

Als wir sie in Kißlegg besuchen wollten, war ihr Zimmer verschlossen und sie nicht aufzufinden.

An ihrer Ausbildungsstelle erfuhren wir, dass sie die
Ausbildung geschmissen hatte, weil sie von einem
Mitarbeiter des Hotels angeblich sexuell belästig
wurde (ein Argument übrigens, dass sie in der Zukunft

immer wieder zum Einsatz brachte, wenn sie keine
Lust auf Arbeit hatte) und nun eine Stelle in Ravensburg angenommen hatte.
Wir gingen zurück zu ihrer Wohnung und ließen diese
vom Vermieter aufschließen. Es war offensichtlich,
dass diese schon länger nicht mehr bewohnt war. Außerdem fanden wir Drogenutensilien.
In Ravensburg erfuhren wir von der türkischen Ge-
schäftsführerin, dass sich Emma offenbar mit deren
Mann eingelassen hatte und deshalb von ihr entlassen
worden war.
Ihr Mann hatte sich aber, entgegen ihrer Annahme
nicht von Emma getrennt, sondern ihr ein Zimmer im
Keller eines türkischen Lokals besorgt, in dem sie nun
lebte.
Wir sind natürlich direkt dorthin gefahren und Emma
wurde uns auch sogleich, nachdem wir mit der Polizei
drohten, herausgegeben.
Also wohnte sie zunächst wieder bei uns in Beuren...

Natasha hatte reichlich mit den Kindern zu tun und
ich versuchte mein Konstruktionsbüro weiterzuführen.
Trotz der ganzen Querelen mit Emma hielt ich zu
Natasha und liebte sie nach wie vor.
Peter war inzwischen sechs Jahre alt und wurde in
Beuren eingeschult.
Wir lebten nun auf dem Lande in Beuren am Badsee.
Für unseren zweiten Italienurlaub wollte Natasha
besser gerüstet sein.
Also kauften wir einen Sprachkurs und lernten die

Grundlagen der italienischen Sprache, wie z.B. „Ciao"
oder „Grazie".
Überzeugt davon, dass sie nun für Italien gut gerüstet sei, wollte sie am Empfang der Ferienanlage die
Verhandlungen selbst führen. Doch die Angestellte
schien sie überhaupt nicht zu verstehen. Also brachte
ich noch meinen gesamten, gesammelten italienischen
Wortschatz in die Unterhaltung ein und fragte, ob sie
Italienisch sprach? „No italiano!" kam als Antwort.
Was so viel hieß, dass die Empfangsdame einer italienischen Ferienanlage kein italienisch sprach.
„Sprechen sie deutsch?", war meine zweite Frage.
„Nein, keine deutsch!"
„But English - do you speak English?" - Aber Englisch, das konnte sie doch bestimmt sprechen, oder?
„No!"
Nein, auch das konnte sie nicht. Also hörte ich Natasha irgendetwas auf Tschechisch fluchen, worauf die
Empfangsdame sofort in fließendem tschechisch erklärte, dass sie zum Austausch aus Prag hier in Italien
war, um zu lernen.
„Ah, tschechisch, war also die Lösung unserer
Sprachprobleme!", ist doch klar, hier in Italien. Warum waren wir da nicht gleich draufgekommen?
Sei's drum die Damen verstanden sich prächtig und
wir kamen während dieses Urlaubs in alle Genüsse,
welche die Anlage zu bieten hatte - French Connection? - oh nein, Entschuldigung - Tschechisch Connection, musste es an dieser Stelle wohl heißen.
Wir hatten einen schönen Urlaub. Immer dann, wenn

die Mitglieder meiner Familie unterhalten wurden,
konnte man gut mit ihnen auskommen.

Wieder zuhause angekommen, setzte ich mich zur
Entspannung von der Fahrt in den Garten, wo ich
auch sogleich beobachtet wurde.

Krähe 2

Ihr Gefieder war sehr gleichmäßig und sauber, gerade
so, als ob ihr die Launen der Natur nichts anhaben
könnten. Ein blauer, merkwürdiger aber zugleich fas-
zinierender Glanz durchbrach das tiefe Schwarz ihrer
Federn und durchdringende Augen schienen mich zu
beobachten, nein, sie schienen durch mich hindurch
zu blicken. Meine Anwesenheit beunruhigte sie in
keiner Weise. Stolz und selbstbewusst hüpfte sie nur
ein paar Schritte von mir entfernt durch den Garten.
Hin und wieder pickte sie ins Gras, um irgendetwas
aufzunehmen. Dann hielt sie kurz inne, drehte den
Kopf und beobachtete mich weiter. Sie schien Informationen zu sammeln, hellwach, aber so tuend, als ob
das alles, um sie herum, sie nichts anginge.

Dann ein scharfes Krächzen, das plötzlich aus einer
Baumkrone zu uns hinunter schallte. Wie auf Kom-
mando stieß sie sich vom Boden ab und schwang sich
hinauf in die Bäume, um dann gemeinsam mit den
anderen von dannen zu fliegen.

Die Geschichte 26

Hier auf dem Lande schien es sehr idyllisch. Nur die Idylle war trügerisch, wie so oft.

Unser neuer Vermieter war sehr herrschsüchtig und hielt sich offenbar für etwas Besseres. Dennoch bot er Natasha die Gelegenheit etwas zu unserem Haushaltsgeld hinzu zu verdienen.

Mich plagten die Schulden, die sich seit Beginn meiner Selbständigkeit angesammelt hatten und stets mehr wurden.

Natasha belastet das eher wenig - sie hatte noch nie so richtig für ihr Geld selbst arbeiten müssen. Während der sechs Jahre, in denen wir jetzt schon zusammen waren, hatte sie sich sehr geschickt herausgehalten, wenn es darum ging, einer Arbeit nachzugehen.

Mir fiel das nicht auf, weil ich der Meinung war, dass sie mit den drei Kindern genug zu tun hatte. Und mir machte es nach wie vor Spaß mich um alles zu kümmern. Alle Aktivitäten, die, die Familie gemeinsam unternahmen, waren von mir geplant.

Hin und wieder besuchten wir ihre Geschwister in der Tschechoslowakei.

Komischerweise lernte ich dabei nie ihre Eltern kennen. Sie sagte dann immer, dass ihr Vater die Mutter schlagen würde und ständig betrunken sei - ein Besuch würde sich da nicht lohnen. Sie hielt es Jahre später auch nicht für nötig, der Beerdigung ihres Vaters beizuwohnen.

Dieser wurde fern ab von seinem Wohnort tot auf

einer Bank aufgefunden. Niemand konnte sagen, wie er dorthin gekommen war oder was er dort wollte.

Aber auch der Rest der Familie, war dem Alkohol nicht abgeneigt und so musste ich gelegentliche Wodkaattacken über mich ergehen lassen, obwohl ich normalerweise Biertrinker war.
Die damaligen Grenzüberschreitungen gerieten ebenfalls jedes Mal zur Tortur. Die Zöllner kamen stets mit unserer zusammengewürfelten Wohngemeinschaft durcheinander.
So hatte die Mutter einen tschechischen Pass, aber einen deutschen Namen. Die älteste Tochter hatte ebenfalls einen tschechischen Pass, aber den tschechischen Namen ihres tschechischen Vaters. Peter, der, der ursprünglich illegal in Deutschland war, hatte mittlerweile einen deutschen Pass, aber eine tschechische Mutter und den Namen eines Deutschen, der nicht sein Vater, sondern der letzte Ehemann seiner Mutter war. Elisabeth, unsere gemeinsame Tochter wiederum, hatte einen deutschen Pass und meinen deutschen Namen, der keinerlei Bezug zu den anderen hatte. Und zuletzt ich, mit meinem deutschen Pass und demselben Nachnamen, wie die jüngste Tochter einer Tschechin.

Nicht zuletzt, um diesem Durcheinander ein Ende zu machen und - natürlich auch aus Liebe - heirateten wir also im Jahre 2002 nach fast zehn Jahren gemeinsamen Wirrwarrs und Durcheinanders.

Auch Emma, die sich bis dahin mit Gelegenheits-
jobs ein wenig Geld dazu verdient hatte, fand den
Mann ihres Lebens. Der hieß Branko, war Serbe oder
Jugoslawe, langzeitarbeitslos, drogenabhängig und
kriminell (Er brach auch schon mal in die Apotheke
ein, in der seine Mutter arbeitete, um an Drogen zu
kommen).
Doch Emma stand auf ihn und wurde auch sogleich
wieder schwanger. Auf Drängen von Brankos Eltern -
und aus Liebe, natürlich, heirateten auch die beiden.
Zu diesem Zeitpunkt war noch nicht klar, wer den
besseren Fang gemacht hatte, Emma mit ihrem Branko oder ich mit meiner Natasha?

Ich auf jeden Fall war froh, dass Emma unsere gemeinsame Wohnung verließ um mit Branko zusam-
menzuziehen. Nach einem halben Jahr trennten sich
die zwei, um dann auf Jahre hinweg, immer wieder
zusammen zu kommen und um gemeinsam immer
wieder das Sozialamt zu beglücken!
Branko holte jeden Mittwoch auf Rezept seine Ersatz-
droge Methadon, um dann tagelang mit verdrehten
Augen auf dem Sofa zu sitzen.
Emma ging hin und wieder arbeiten, um sich dann,
erfundener Massen, sexuell von irgendeinem Arbeitskollegen belästigt zu lassen - damit sie kündigen
konnte, weil ihr die Arbeit nicht passte.
Sie würde all die Jahre hinweg keinen Fuß mehr auf
den Boden bekommen, stand damals schon für mich
fest. Außerdem hatte sie ja nun auch einen Sohn, den

man geschickt auf dem Arbeitsamt einsetzen kann, wenn es darum ging einen Job anzunehmen oder nicht!

Von da an klagte Emma ständig über Geldmangel, suchte aber keine Arbeit - warum auch?

Ihr kleiner Sohn Drago wurde nicht in den Kindergarten gebracht, weil er dort angeblich geschlagen wurde. Der Hauptgrund war aber wohl der, dass sie morgens nicht aus dem Bett kam!

Der Junge wurde tagsüber hauptsächlich vor die Playstation gesetzt, wo er einen Rekord nach dem anderen brach - und das als Vierjähriger!

Genau wie die Tochter, hatte auch Natasha keine Lust mehr, bei unserem Vermieter zuarbeiten. Von heute auf morgen schmiss sie den Job und verhielt sich bei ihrer Kündigung noch ziemlich wirsch und unfreundlich. Der Vermieter war über ihr Verhalten so sehr erbost, dass er uns die Wohnung kündigte.

Dennoch ich hielt zu meiner Frau, denn es hatte sich bei mir nichts geändert. Sie gefiel mir nach wie vor und wenn man sie machen ließ, war sie eine sehr liebe Ehefrau.

Also waren wir 2002 wieder auf der Suche nach einer anderen Wohnung.

Ich bekam das mit dem Geld nicht mehr unter Kontrolle. Selbst die Umstellung auf den Euro Anfang 2002 half mir nicht dabei. Obwohl viele einfach den Euro im Verhältnis 1:1 zur Mark umrechneten, wurden meine Stundensätze um fast die Hälfte gekürzt.

Die Banken leiteten meine Steuern nicht mehr an
das Finanzamt weiter und so drohte dieses mir den
Betrieb einzustellen. Ich sah keinen anderen Ausweg
mehr, als beim Insolvenzgericht in Ravensburg vorstellig zu werden.
Wir fanden trotz meiner Insolvenz in Isny eine neue
Wohnung und waren froh, dass wir wieder hier wohnen konnten.
Das war mein vierundzwanzigster Umzug und einer,
der mir eine neue Erfahrung bringen sollte.

Peter kam nun in die Hauptschule in Isny und ließ
ähnliche Züge, wie seine große Schwester erkennen.
- Keine Lust auf Hausaufgaben - keine Lust auf Mitarbeit im Haushalt - nur Fernsehen und Computerspiele.
Wenn man ihn in Ruhe ließ, ließ auch er einen in
Ruhe, doch wenn man etwas von ihm wollte, reagierte
er über und wurde pampig.
Außerdem kam auch hier die Nummer, dass ich ja
nicht sein Vater sei und ich ihm deshalb nichts zu sagen hätte. Er versuchte innerhalb der Familie mir den
Platz als Führer streitig zu machen.
Natasha reagierte auch hier nicht und ließ ihn machen! - Ich ließ ihn auch in Ruhe, weil ich keine Lust
auf eine Wiederholung der Ereignisse hatte.
2002 wurde dann Elisabeth in Isny eingeschult.
Ich schaute, dass alles innerhalb der Familie einigermaßen funktionierte.
Ich stand jeden Morgen auf, ging zum Bäcker, machte
das Frühstück für alle und brachte die Kinder täglich

zur Schule - und wenn es meine Zeit erlaubte, holte ich sie auch wieder ab. Dann erledigte ich meine Arbeit im Büro.

Jeden Abend machte ich von nun an dann auch noch die Küchenarbeit, weil ich morgens saubere Tassen und Teller zum Frühstück haben wollte. Wenn Natasha morgens einmal rechtzeitig aufstand, kochte sie sich einen Kaffee und rauchte am Küchentisch, um mir bei der Arbeit zuzusehen, wenn ich die Kinder zur Schule richtete.

Sie hielt es nicht für nötig, Frühstück für die Kinder zu machen, weil sie ja auch keines brauchte.

Peter schottete sich immer mehr ab - er schaute nur noch Fernsehen in seinem Zimmer und aß auch dort - nicht einmal das schmutzige Geschirr brachte er in die Küche.

Seine Mutter duldete dies alles und bedeutete mir immer wieder, dass ich schlechte Schwingungen in die Familie trage, wenn ich ihm sage, dass es sein Zeug aufräumen sollte.

Wenn ich einmal keine Zeit hatte, wurden die Kinder auch nicht zur Schule gebracht.

Wir wohnten nun seit knapp einem halben Jahr an der Stadtmauer in Isny.

Dem Fachgeschäft im Erdgeschoss des Hauses, in dem wir nun wohnen, ereilte dasselbe Schicksal wie mich. Er meldete Konkurs an und die Räume standen fortan leer.

Eines Tages wurde uns die Teilnahme an einer sogenannten Isnyer Rock- und Kneipennacht angetragen,

weil sich die Räume für ein Musikevent geradezu
anboten.

Wir bauten also eine provisorische Theke und ließen
eine Band auftreten. Der Abend wurde ein voller Erfolg und uns hatte er sehr viel Spaß gemacht.

Kaum zwei Monate später klingelte es unverhofft an
unserer Wohnungstür. Ein mir, bis dahin unbekannter
Herr, stellte sich als Initiator des Isnyer Opern-Festivals vor.

Da klassische Musik nicht gerade mein Ding war, war
mir nicht bekannt, dass es so etwas überhaupt in Isny
gab. Herr Kirchner war Dozent an der Musikhochschule in Berlin und führte jedes Jahr, eine Woche
lang, eine Oper auf.

Die Sängerinnen und Sänger waren Studenten an seiner Hochschule und das Orchester bestand aus Teilen
der rumänischen Staatsoper.

Die Oper wurde bei gutem Wetter an historischen
Plätzen in Isny aufgeführt, oder aber im Kurhaus,
wenn es regnete.

In jenem Jahr war angedacht, die Oper direkt vor
unserer Haustüre, im Schatten der Stadtmauer aufzuführen. Aus diesem Grunde war er nun hier, um zu
fragen, ob wir das als Lärmbelästigung empfinden
würden und mit Widerstand zu rechnen sei.

Es war nicht mit Widerstand zu rechnen.

Ganz im Gegenteil - die unten leerstehenden Räume
boten sich gerade dazu an, ein Opern-Cafe' für die
Zeit der Aufführungen zu eröffnen.

Also trat ich dem Isnyer Opern-Verein bei und wurde sofort als technischer Leiter gekürt. Ich half nun mit, das Opernfestival auf den Weg zu bringen. Durch meine zeichnerische Tätigkeit und der Gabe auch grafisch Dinge gut darzustellen, entwarf ich zusammen mit Herrn Kirchner die Plakate, überlegte mir, wie die Bühne und die Tribüne aufzustellen wären, gestaltete das Programmheft - kurz um, ich befand mich urplötzlich in einer anderen Welt, die interessant war und sehr viel Spaß machte.

Das Festival war genauso erfolgreich, wie all die Jahre zuvor. Was aber wirklich sensationell war, war der Erfolg des Opern-Cafe's.

Es stellte sich wieder heraus, dass die Räumlichkeiten geradezu danach schrien, mit neuem Leben gefüllt zu werden.

Also entstand die Idee, ein Tagescafe' in den leerstehenden Räumen zu eröffnen, oder besser gesagt ein Szenenlokal zu schaffen.

Geplant war, dass ich weiterhin meiner Arbeit nachging und meine Frau, sowie deren älteste Tochter Emma, das Cafe' umtreiben könnten.

Die Besitzerin des Geschäftes fand diese Idee ebenfalls gut. Von da an planten wir die Einrichtung des Cafe' und kauften immer wieder Inventar dafür.

Ich machte weiterhin meine Arbeit und sorgte für die Familie.

Außerdem gefiel mir meine Frau wie am ersten Tage. Ihr tschechischer Akzent ließ mich hin und wieder

schmunzeln, konnte sie doch kein „ü" sprechen.
Zuweilen lag sie auf dem Sofa und rief in mein Büro:
„Ginni kannst du mal die Tiere zu machen, mir zieht
es an den Fießen!"
Und Günni unterbrach seine Arbeit, schloss die Türe,
damit es ihr nicht mehr an den Füßen zog - und war
glicklich, dass er sie hatte.
Darüber hinaus begannen wir in Eigenleistung gegen
Ende 2003 mit Putz- und Aufräumarbeiten in dem
ehemaligen Laden.
Ich machte Zeichnungen und Skizzen für den Ausbau
und verhandelte mit dem Isnyer Bauamt und dem Ge-
sundheitsamt in Leutkirch wegen der Umbauarbeiten,
damit eine Genehmigung erfolgen konnte.
Jede freie Minute verwandte ich nun auf die Planung
des Cafe's.
Trotz der hohen Belastung hatte ich mächtig Spaß dabei - das Leben rockte, würde mein Sohn Thilo dazu
sagen.
Im März 2004 erlitt ich aber bei meiner Arbeit als
Konstrukteur, bei einem Kunden, einen schweren
Kreislaufkollaps und wurde ins Krankenhaus eingeliefert.
Unsere kleine, nun fast acht Jahre alte Tochter Elisabeth hatte Angst um ihren Vater. Sie musste wohl
während meines Krankenhausaufenthaltes jeden Tag
irgendwelche Bilder für mich gemalt und Sprüche
formuliert haben.
Als ich aus dem Krankenhaus nach Hause kam, waren
alle Wände meines Büros mit kleinen Bildern verhan-

gen, auf denen unter anderem zu lesen war:
„Papa arbeite nicht mehr so viel!"
Ihre Verlustangst machte wiederum mir Angst.
Ich suchte nach einer vernünftigen Erklärung, ihr beizubringen, dass ich wohl schon noch ein paar Jahre zu leben hätte, aber dass der Tod auch zum Leben gehörte.

Indianer 2

Diese Sache ließ mich nicht mehr los und so stellte
ich mir vor, ein Indianer zu sein, der eine Antwort auf
diese Frage darin suchte, indem er sich mit Drogen
betäubte und in Trance singend um das Lagerfeuer
tanzte.
Mit Drogen hatte ich, wie bereits berichtet, nichts am
Hut, außer dass ich zuweilen ein paar Bierchen trank.
Und ein Lagerfeuer war auch nicht möglich mitten in
der Stadt.
Also verkroch ich mich in mein Dachzimmer, das sich
über dem Wohnzimmer befand, legte ein paar Schallplatten auf und begann nach einer Lösung zu suchen,
um einem kleinen Kind beizubringen, dass der Tod
einmal uns alle holen wird, ohne dass wir davor Angst
haben sollte.
Ich glaubte nicht, dass ich selbst Angst vor dem
Sterben hatte, das, was mir Angst machte, war, die
Menschen, die ich liebe, alleine zurück zu lassen. Ich
wollte ihnen zur Seite stehen und für sie da sein, so
lange es ging. Dieses Stück Freiheit könnte ich mir
nach meinem Tod nicht mehr nehmen - und das machte mir Angst und raubte mir meinen inneren Frieden.

Davon wussten schon Kris Kristofferson oder Janis
Joplin in ihren Lied Bobby MacGee zu singen: „Frieden ist nur ein anderes Wort dafür, dass es einem
an nichts fehlt oder dass man nichts zurücklassen
muss…“

Und mit dem Tod würde ich mein Leben verlieren und alle anderen ihre Freiheit mit mir zu reden oder mich um Rat zu fragen.

Es bedurfte einiger Flaschen Bier, um mich in die Vergangenheit, zurück in meinen Wilden Westen, in einen Leutkircher Kellerraum zu versetzen.

Ich versuchte mir vorzustellen, wie es wohl sein würde, einst dem hellen Licht, von dem so oft gesprochen wurde entgegen, in eine andere Welt, zu gehen.

Ich glaubte in jener Nacht, dass dies mir in meinem Rausch gelang. Also machte ich mir Notizen auf kleinen Zetteln, um meiner Tochter später zu erklären, wie schön es in jener anderen Welt sein wird. Ja, ich glaubte tatsächlich sie zu sehen und jemand schien mir zu helfen, die Worte zu finden, die ich am nächsten Tage meiner Tochter sagen wollte.

Krähe 3

Doch dann schlug auf einmal die Stimmung um. Das helle Licht vernebelte sich und die Umgebung wurde grau und leer. Ich sah mich am Boden liegen und um mich herum tanzten einige schwarze Krähen, die mir Böses wollten. Ich merkte, dass ich nicht mehr in der neuen schönen Welt, sondern in einer anderen war.

Etwas schien sagen zu wollen, dass ich mich vor diesen schwarzen Kreaturen in Acht nehmen sollte - nur, ich konnte sie niemanden zu ordnen - in jener Nacht zumindest nicht. Die Symbolik dieser Nacht sollte mir erst ein paar Jahre später richtig bewusstwerden. Und erst ein paar Jahre später nahmen diese Krähen die Gestalt von Menschen an, die mir sehr, sehr schadeten.

Die Geschichte 27

Nach meinem Kreislaufkollaps bekam die Cafe'-Idee
für mich eine, neue zusätzliche Gewichtung.
Ich dachte, dass durch den Betrieb des Cafe's, die
Verantwortung für unsere Familie auf mehreren
Schultern verteilt werden konnte.
Also renovierten wir während des ganzen Jahres 2004
das Cafe'. Zudem übernahmen wir Anfang 2005 mehr
oder weniger die Bauaufsicht.
Da die Vermieterin und ihr Partner in München wohn-
ten, wies ich die Bauarbeiter immer öfter ein.
Wir rissen alte Fliesen von den Wänden, verputzen,
glätten und verfliesen wieder neu. Meine Frau, sowie
die Emma und ihr Mann halfen mit. Der Gedanke des
Familienunternehmens scheint zu fruchten. Ich war
stolz, dass alle so super mitmachen. Ich war mir sicher, dass wir einer besseren Zukunft entgegensahen.
Doch ich sollte mich täuschen.
Bereits Anfang 2005 erkannte ich eine Veränderung
an meiner Frau.
Irgendwie versuchte sie mich zu isolieren. Der Aus-
spruch von ihr, dass sie mich nicht mehr brauchte,
wenn sie für ihren Lebensunterhalt nun selber, durch
die Arbeit im Cafe' sorgen musste, ging mir nicht
mehr aus dem Kopf. Außerdem behandelte sie mich
von da an gemäß ihres Ausspruches.
Ich ersuchte durch meinen Anwalt, ihr die Wichtigkeit
des Projektes sfür unsere Familie darzulegen, außerdem wollte ich an unserer Beziehung festhalten.

Das ganze Jahr 2005 über halfen uns Freunde beim
Ausbau des Cafe's, ohne dafür Geld zu nehmen.
Auch mein Freund Jakob, ein selbständiger Schreiner,
stellte uns kostenlos seine Geräte zur Verfügung und
berechnete für seine Arbeitskraft nur einen geringen
Freundschaftspreis.
Im Oktober 2005 hielt uns unsere Vermieterin dazu
an, nun endlich zu einem Ende der Umbauarbeiten zu
kommen. Also wir setzten wir alles daran, damit das
Cafe' Anfang November eröffnet werden konnte.
Da wir dazu aber noch einige Sachen brauchten, die
richtig viel Geld kosteten, willigte die Vermieterin ein,
die Miete für die Wohnung für einige Monate auszu-
setzen.
Doch auch sie schien die Veränderung bei meiner Frau
bemerkt zu haben und so wollte sie den Pachtvertrag
für das Lokal nur mit mir machen.
Da aber meine Frau die Konzession für das Lokal
hatte, bestand sie auf eine Unterschrift ihrerseits -
schließlich sei sie ja nun die Chefin!
Und so ergänzte sie den Mietvertrag um ihren Namen
und unterschrieb mit!
Ich arbeitete ab der Eröffnung im Cafe' mit und ver-
nachlässigte meine Arbeit dadurch ein wenig. - Wie in
den Jahren zuvor, hatte ich allerdings über die Winter-
monate nicht so viel zu.
Trotz der Hektik und dem wahnsinnigen Stress hing
ich noch sehr an meiner Frau und liebte sie wie am

ersten Tage unserer Begegnung - doch sie hat anderes
vor!

Und so begann ein Alptraum für mich, Günni, der aus
dem Ruhrgebiet kam, wie er dramatischer in keinem
Film hätte dargestellt werden können.

Das Lokal lief vom Tage der Eröffnung hervorragend
an. Wir waren das erste und einzige Cafe' in Isny, dass
ein Kinderspielzimmer besaß. Und so gab es Tage, an
denen Kinderwagen, ähnlich wie Autos, in Reih und
Glied vor dem Haus parkten. Während die Eltern ent-
spannt im Lokal Kaffee und Kuchen zu sich nahmen,
spielten die kleinen nebenan mit anderen Kindern.

Im Nebenzimmer spielte der Vater mit seinem Sohn
eine Runde Billard, während im Lokal angenehme
Musik im Hintergrund lief.

An manchen Abenden spielte eine Live-Band auf der
kleinen Bühne am Ende des Raumes, der sich am
anderen Tag wieder in das gemütliche Familien-Cafe'
verwandelte.

Einige Gäste waren von der Einrichtung begeistert
und fragten welcher Innenarchitekt bei der Ausstattung der Räume geholfen hätte. Sie wollen mir kaum
glauben, dass alles, was sie hier zu sehen bekamen
meiner Phantasie entsprang. Genau wie in meinem
Beruf, hatte ich einen irrsinnigen Spaß, das Lokal
nach meinen Vorstellungen einzurichten. Die At-
mosphäre, die der Gastraum ausstrahle, war einfach
genial. Und die gute Akustik steuerte ihren Teil zum
Gelingen der Szenenkneipe abends und des Familien-Cafe's tagsüber bei.

Von Woche zu Woche stieg der Umsatz, nicht zuletzt deshalb, weil wir eine Kinderkarte mit niedrigen Preisen hatten, die es auch kinderreichen Familien erlaubte, einen Nachmittag bei uns zu verbringen, ohne den Eindruck zu haben, dass sie abgezockt wurden. Der Rentner von nebenan trank gerne sein Gläschen Wein bei uns, da der Preis sein Budget nicht sprengte.

Ich selbst begann Torten zu backen - oder besser gesagt, zu gestalten, die innerhalb kürzester Zeit eine kleine Fangemeinde bekommen sollten.
Einmal gab mir ein älterer Herr, der mit seiner Familie über längere Zeit bei mir im Cafe' war, fünfzig Euro, weil er sich noch nie so wohl in einem Lokal gefühlt hatte. Ich wollte das Geld nicht nehmen, aber er drängte es mir förmlich auf.
Während ich das Cafe' wachsen sah und meine Freude daran hatte, dass auch die Kinder Gefallen daran fanden, schien meine Frau mit der neuen Aufgabe nicht zurecht zu kommen - oder anders formuliert, sie schien nicht damit zurecht zu kommen, dass sie von nun an arbeiten sollte.
Insgeheim traf sie Vorbereitungen, die den Untergang des Cafe's zur Folge haben sollten, noch ehe es richtig zu blühen begann.
So dressierte sie im privaten Bereich ihren Sohn Peter regelrecht auf mich ab.
Er suchte von nun an vermehrt die Konfrontation - doch ich hatte zu viel zu tun, um mich darauf einzulassen.

Also scharte sie andere Menschen um sich - begann ein Rudel zu bilden, das sich gegen mich verschwören sollte. Sie gründete eine Bande, die sich von da an immer freitagabends zum Stammtisch in unserem Lokal traf, um irgendwelche Dinge gegen mich auszuhecken.

So kam es im November zu einer ersten gewalttätigen Konfrontation.

Natasha war mit ihrer neuen Clique unterwegs und ich trieb das Cafe' an diesem Abend alleine um.

Gegen 23:00 Uhr erhielt ich einen Anruf von meiner Schwester, die mir mitteilt, dass unsere Oma im Alter von 99 Jahren überraschend verstorben sei. Nun, wird so mancher sagen, mit 99 Jahren da kann man schon mal sterben. Aber unsere Oma, war bis ins hohe Alter ziemlich fit und deshalb traf mich ihr Tod doch sehr und wie gesagt überraschend.

Sofort fielen mir alle schönen Erlebnisse ein, die ich mit ihr erleben durfte. Sie war es, die uns im Grunde bis zu unserem Umzug nach Leutkirch betreut hatte.

Da ich keine Gäste mehr hatte, schloss ich die Eingangstüre, um in die Wohnung zu gehen. Von dort aus rief ich meine Schwester zurück um mehr Informationen über Omas Tod zu erfahren.

Natürlich stand mir in diesem Augenblick der Sinn nicht danach, das Lokal aufzuräumen. Auch hatte ich vergessen das Licht zu löschen.

Während ich in meinem Arbeitszimmer saß, traf Natasha in unserer Wohnung ein. Hysterisch machte sie mir Vorwürfe, dass es im Lokal wie in einem Saustall aussah und dass das Licht noch brannte.

Selbst die Nachricht vom Tod meiner Oma brachte sie nicht dazu normal zu reagieren. Um das Gespräch mit meiner Schwester jedoch in Ruhe weiterzuführen warf ich sie aus dem Zimmer und schloss ab.

Sie aber machte weiterhin Theater. Durch die kleine Durchreiche zwischen Küche und Arbeitszimmer begann sie nun mit Tassen und Tellern nach mir zu werfen. Also musste ich das Gespräch beenden und versuchte meine Frau zu beruhigen, da die Gefahr bestand, dass die Kinder durch ihr Verhalten geweckt würden.

Das geschah aber dennoch und sogleich begannen Natasha und Peter mich zu attackieren. Da ich keine Gewalt gegen sie anwenden wollte, schloss ich mich in der Toilette ein. Doch das war ein Fehler. Mit einem Besenstiel schlug sie die Glasscheibe an der Türe ein und bewarf mich weiter hin mit Geschirr. Also flüchte ich ins Schlafzimmer, wo die Türe keine Glasscheibe hatte und befand mich für diese Nacht in Sicherheit.

Als ich am nächsten Morgen beim Frühstück saß, kam Natasha, bewaffnet mit einem Schlagring, in die Küche. Eine ihrer Schwestern aus Tschechien hatte den mal mitgebracht, damit wir ihn in Deutschland vertreiben sollten. Natürlich kam so etwas für mich nicht in Frage und ich hatte schon längst vergessen, dass er noch irgendwo in unserer Wohnung herum lag.

Als sie ihn mir gegen die Schläfe hielt, schaute ich ihr tief in die Augen und bog ihre Finger, die im Schlag-

ring steckten, soweit nach hinten, dass sie begriff, nun
doch einen Schritt zu weit gegangen zu sein. Bevor
das Eisen ihre Haut zu verletzen begann, ließe ich
ab, worauf sie aus der Küche verschwand und in den
nächsten Tagen Ruhe gab.

Als ich später einmal bei der Polizei über diesen Vorgang berichte, bestritt sie, jemals so einen Schlagring
gesehen zu haben - und ihre Schwester würde niemals
mit solchen Dingern Handel treiben.

Bundesbahn 1

Der Tod meiner Oma ließ mich eine weitere Erfahrung in meinem Leben machen: Bahnfahren in
Deutschland
Ich beschloss zur Beerdigung meiner Oma mit dem
Zug von Isny nach Gelsenkirchen zu fahren. Da der
Fahrpreis allerdings sehr hoch war, wollte ich sogenannte Ländertickets verwenden. Also ging ich in Isny
zur Bahnauskunft ins Kurhaus und ließ mich dort be-
raten. Für die Reise benötigte ich drei Ländertickets,
wird mir dort gesagt wurde: Baden Württemberg,
Hessen und Nordrhein-Westfalen.
Bei dem Versuch mir das Hessenticket auszudrucken
stürzte das komplette Computersystem ab und legte
den ganzen Betrieb lahm.
Der arme Bahnbedienstete musste daraufhin alle
Kunden nachhause schicken und einen Computerspe-
zialisten der Bahn bestellen, der das System wieder in
Ordnung brachte.
Ich sollte am nächsten Tag wiederkommen, um meine
Fahrkarten abzuholen. An diesem Tag erklärte der
Bahnangestellte mir, dass sein Computer zwar wieder
laufe, es ihm jedoch nicht möglich sei, ein Hessen-Ticket heraus zu lassen. Ich könnte dieses ja noch auf
der Reise z.B. in Ulm oder Stuttgart kaufen, da es dort
jeweils einen längeren Aufenthalt gäbe.
Also trat ich die Fahrt mit dem Bus von Isny in Richtung Gelsenkirchen an. Leider war mir entgangen,
dass ich nach dieser Busfahrt bereits nach 22 Kilome-

tern in Wangen im Allgäu einen längeren Aufenthalt hatte. Von dort ging es mit dem Zug nach Kißlegg weiter, wo ich in den Zug nach Ulm umsteigen musste. Nach zwei Stunden Fahrt war ich in Kißlegg, das etwa 17 km von Isny entfernt ist. Das konnte ja heiter werden, dachte ich mir und fieberte meinem Aufenthalt in Ulm entgegen, wo ich das Hessen-Ticket besorgen wollte.

Die halbe Stunde Aufenthalt sollte doch ausreichen, den Kauf zu realisieren.

Also stellte ich mich an einem Fahrkartenschalter in einer langen Reihe Reisender an und sah die Minuten verrinnen, ehe ich schließlich den Schalter erreichte. Der großzügige Aufenthalt von dreißig Minuten war mittlerweile auf zehn Minuten geschrumpft, als ich meinen Wunsch dem Bahnhofsangestellten mitteilen konnte. „Ländertickets von Hessen, gibt es am benachbarten Schalter", gab er mir zu verstehen, er könnte dieses nicht an seinem Computer ausdrucken. „Danke für dieses Gespräch", war meine Antwort, mit gleichzeitigem Blick auf die Uhr und der Reihe von Fahrgästen, die nebenan eine ebenso lange Schlange bildeten, wie ich sie zuvor in zwanzig Minuten durchwartet hatte.

Also war es nichts mit meinem Hessen-Ticket, denn der Zug den es nun im Eiltempo zu erreichen galt, würde ganz gewiss nicht auf mich warten.

Der nächste Halt meiner langen Reise war Stuttgart. Dort hatte ich etwas mehr Glück, wie in Ulm. Die Schlange an der Fahrkartenausgabe war nur kurz und

das Glück leuchtete in meinen Augen, als die Verkäu-
ferin sagte:
„Hessen-Ticket, ist kein Problem!“. Doch kaum hatte
sie diesen Satz zu Ende gebracht, rief ihre Kollegin
vom Nachbarschalter: „Mach' das bloß nicht - da stür-
zen immer alle Computer ab, weil die in Hessen eine
andere Computer-Maske wie wir verwenden!“
„Gute Reise“, hörte ich sie noch sagen, derweil
in meinem Gehirn der Satz: „Leck mich doch am
Arsch!“, seine Runden zog.
Meine nächste Chance hieß Karlsruhe.
Dieses Mal versuchte ich es an einem Fahrscheinautomat. Wenn sie wissen, was böhmische Dörfer sind,
dann wissen sie auch, was ein Fahrscheinautomat ist!
Ich kannte beides nicht. Ich musste wohl auffallend
ratlos vor dieser Kiste gestanden sein, denn es ergab sich, dass mich eine Bahnbedienstete ansprach:
„Kann ich ihnen helfen!“ Wohlwissend, dass sie mir
nicht helfen konnte, sagte ich dennoch ja. Sie fragte
mich nach meinem Reiseziel und was ich an diesem
Automaten vorhatte. Auf meine Antwort hin, dass ich
seit zuhause vergeblich ein Hessen-Ticket erwerben
wollte, kam zur Antwort: „Ein Hessen-Ticket können
sie an diesem Automaten nicht lösen, da sonst das
gesamte Computersystem der Bahn abstürzen würde.
Aber“, sprach sie nach einer kurzen Pause, „wenn
sie nach Gelsenkirchen fahren möchten, brauchen sie
kein Hessen-Ticket!“
Wir fahren nämlich ab Karlsruhe links rheinisch und
somit durch Rheinland-Pfalz. Und um ein Rhein-

land-Pfalz-Ticket zu lösen, drücken sie hier mal die vier Tasten und los geht's!"

„Danke für dieses Gespräch und leck mich doch am Arsch!" kreiste es wiederum in meinem Hirn, derweil ich mit dem Gefühl kämpfte, ihr einen Kuss zu geben und gleichzeitig sehr, sehr dankbar für die gute Beratung war, die mir bei der Bahnauskunft im Isnyer Kurhaus zuteil geworden war!

Auf dieser Reise gab es dann nur noch einen kleinen Aufreger, als ich in Essen versuchte umzusteigen. Ich musste wohl ebenso ratlos vor dem Essener Hauptbahnhof auf der Straße gestanden sein, wie in Karlsruhe vor dem Fahrscheinautomaten, denn es sprach mich ein älterer Herr an.

„Du suchst doch bestimmt deinen nächsten Bahnhof. Guck mal dahinten, da ist doch dieser Bahndamm. Da musst du da unten im Halbschatten die Treppen hoch und dann sind da ein paar Gleise. Das ist dein Bahnhof - aber fang schon mal an zu rennen, denn der Zug kommt schon gleich!" Ich bedanke mich und erreichte tatsächlich meinen Anschlusszug nach Gelsenkirchen, wo ich nach einer elfstündigen Reise ankam.

Nur der Vollständigkeit halber:

Die Beerdigung unserer Oma war eine sehr traurige Angelegenheit. Ich hatte niemals zuvor so viele Männer um eine Frau weinen sehen. Aber wir waren eine große Familie und alle meine Cousins durften natürlich, genau wie ich, die Warmherzigkeit und Güte dieser Frau erleben. Und da war es kein Wunder, dass wir alle heulten wie die Schlosshunde.

Bereits am nächsten Tage trat ich die Zugfahrt nach Hause zurück ins Allgäu an. Beruhigt stieg ich in Gelsenkirchen am Hauptbahnhof ein, wohlwissend, dass ich nun mit den richtigen Fahrkarten ausgestattet war.

Fußball 14

Dieses Mal musste ich in Duisburg umsteigen und
hatte auch hier einen relativ langen Aufenthalt. Zu
meinem Glück entschloss ich mich ziemlich bald in
den wartenden Zug einzusteigen, denn kaum saß ich
dort, fiel eine riesigen Horde Duisburger Fußballfans
in genau diesen Zug ein und besetzten alles, was es zu
besetzen gab.
Neben den üblichen Fanartikel führten sie auch Bier-
kisten und sogar Bierfässchen mit sich. Als fußball-
liebender Mensch gefiel mir ihr Treiben zunächst sehr
gut, nicht zuletzt, weil sie weißblaue Farben trugen
- genau wie die meines Vereins, Schalke 04.
Weil die Jungs alle gut drauf waren und sichtlich ihren
Spaß hatten, schien sich eine kurzweilige Bahnfahrt
nach Mainz anzukündigen, wo der MSV Duisburg
an diesem Samstagmittag spielen sollte. Unter den
Fußballfans wurde gelacht, wurde geschrien, wurde
gesoffen.
Und an jedem Bahnhof, an dem der Zug hielt, stiegen
immer mehr Fans ein. Und es wurde weiter gelacht,
geschrien und gesoffen. Und es wurde gepisst.
Das viele Bier suchte sich natürlich seinen Weg aus
den Körpern der grölenden Menschen. Und so kam
es, dass der Behälter der Zugtoilette regelrecht überflutet wurde und der Urin begann aus den Toiletten in
den Gang des Zuges zu laufen. Daraufhin schloss das
Personal die Toiletten, was den Harndrang der Blau-
weißen nicht stoppen konnte.

An der nächsten Haltestelle stiegen die Fans aus dem
Zug und gaben ihrem Bedürfnis nach. Dabei pinkelten
einige Übermutige über das Geländer der Treppenauf-
gänge der Gleiszugänge auf andere Reisende hinunter.
Die Kollegen hielten derweil die Zug Türen besetzt
und warteten, bis alle wieder an Bord waren.
Keiner gab der Aufforderung des Zugführers nach, die
Türen frei zu geben, damit er weiterfahren konnte.
Und so kam es, dass wir mit rund zwei Stunden Ver-
spätung in Mainz ankamen, wo die Duisburger von
der Mainzer Polizei erwartet und zum Stadion geleitet
wurden.

Bundesbahn 2

Dieses den Fußball begleitende Highlight brachte
mich um die Möglichkeit überhaupt einen Zug zu
finden, den ich mit dem Länderticket befahren konnte
und überhaupt um die Möglichkeit mit meinen Ländertickets an diesem Tage noch nach Hause zu kommen.

Also löste ich für teures Geld eine Fahrkarte, die bis
Ulm reichen sollte, so war die Auskunft am Fahrkartenschalter, damit ich den Heimweg mit überregiona-
len Zügen fortsetzen konnte.

Kurz nach Stuttgart allerdings versuchte ein Schaffner
mir zu erklären, dass ich auch mit der neu erstandenen
Fahrkarte nicht in diesem Zug sitzen dürfte. Trotzdem
ich ihn von meinem Missgeschick mit den Fußballfans und der Unfähigkeit der Bahn, ihre Fahrgäste
ordentlich durch die Republik zu kutschieren berichtete, war er knapp davor, mich wegen Schwarzfahrens
anzuzeigen.

Erst als andere Fahrgäste, denen es an diesem Tag
ähnlich wir mir ergangen war, für mich Partei ergrif-
fen und sehr aggressiv auf ihn einredeten, ließ er von
diesem Gedanken ab und alle, die seiner Ansicht nach,
keine gültige Fahrkarte hatten, weiterfahren. Ich muss
gestehen, dass meine Nerven auch blank lagen, weil
ich bereits über neun Stunden unterwegs war.

Dieses Mal wollte ich für die kurze Strecke von Kißlegg nach Isny keine zwei Stunden brauchen. Also rief
ich nach meiner elfstündigen Reise bei meiner Frau

an, damit sie mich in Kißlegg abholen sollte.

Sie kam natürlich nicht, weil sie angeblich im Lokal
so viel zu tun hatte. Also blieb mir nichts anderes übrig, als doch den Zug nach Wangen und dann den Bus
nach Isny zu nehmen, wo ich nach dreizehn Stunden
zuhause ankam.

Die Geschichte 28

Im Februar 2006 ereignete sich die zweite offene Konfrontation zwischen meiner Frau und mir, als unser gemeinsamer Freund Franz aus Essen zu Besuch kommt.

Er hatte in Beuren ein Ferienhaus, wohin er Natasha und mich zum Essen einlud. Ich schlug Natasha vor, dass Emma an diesem Abend das Lokal alleine führen könnte.

Sie wollte aber nicht mit, da an diesem Freitag wieder ihr Rudel Stammgäste (sechs Männer) kam und sie deshalb im Cafe' sein musste.

Unter den Stammgästen war auch ein gewisser Pimpel, der einen guten Kopf kleiner wie Natasha war und ganz offensichtlich einen Blick auf sie geworfen hatte.

Also ging ich alleine zu Franz.

Zwerg 1

Gegen 1:30 Uhr brachte die noch nüchterne Freundin von Franz mich nachhause. Wir hatten an diesem Abend zu viel getrunken. Die Ruhrpottler tranken nämlich sehr gerne einen Schnaps zum Bier – wahrscheinlich, weil es sonst zu trocken war?

An dieser Stelle sollten sie nun eigentlich an das De'ja' Vu erinnern, welches ich ihnen vor einigen Seiten angekündigt hatte, das mit dem trocknen Bier! Ich hingegen zählte mich, wie bereits bekannt, zu den Biertrinkern, die keinen Schnaps dazu brauchten und die ihn auch nicht sehr vertrugen. Also ließ ich den üblicherweise weg - nicht so an diesem Abend, denn schließlich war ich Günni, der aus dem Ruhrpott!

Im Lokal war noch Licht, obwohl wir samstags um 23:00 Uhr schlossen. Ich ging hinein und sah Natasha, Emma, Margot, Pimpel und Alfred in fröhlicher Runde am Tisch sitzen. Ich setze mich dazu und trank auch noch ein Bier.

Aber wegen des Schnapsgenusses fielen mir bald die Augen zu und ich bemerkte, wie die anderen sich über mich lustig machten und sich hinter meinem Rücken verabredeten.

Kurz darauf warf Natasha die zwei Kerle und die Margot raus, um danach aber sofort zusammen mit Emma unter einem Vorwand zu verschwinden.

In dieser Nacht kam sie nicht mehr nachhause - auch ihre Tochter Emma nicht, das hatte ich in derselben Nacht noch bei ihrem Mann nachgeprüft!

Auch der war natürlich außer sich, da er gemeint hatte, dass Emma bei uns arbeitete.
Für diese Nachforschungen, versuchte Emma dann am anderen Tag mit einer Flasche auf mich loszugehen!
Ich ging aber nicht auf ihre Aggression ein und da sie wohl merkte, dass sie mit mir keinen Streit anfangen konnte, ist sie dann nachhause gegangen.
Ich stellte Natasha zur Rede und fragte, was da zwischen ihr und Pimpel lief - doch sie stritt alles ab, ganz im Gegenteil sagte sie - ich werde mich doch nicht mit so einem Zwerg einlassen!
Ich stellte auch den Zwerg zur Rede, sagte ihm, dass er meine Frau in Ruhe lassen sollte. Während dieses Gesprächs, sagte er mir, dass ihm sehr viel an diesem Cafe' gelegen sei - und als ihm meine Frau noch in Schutz nahm, war mir klar, was er damit meinte!
Also hielt er von diesem Tag an, die Geschicke meiner Frau und die meines Cafe's in seiner Hand.

Die Geschichte 29

Zusammen mit der Nachbarin Margot, und einiger
anderer, wurden von nun an immer mehr Pläne gegen
mich geschmiedet!

Meine Frau hatte diese Gruppe um sich geschart, mit
deren Hilfe sie gegen mich vorging - außerdem waren
sie mir zahlenmäßig überlegen - sodass sie bei künf-
tigen Vorkommnissen genügend Zeugen gegen mich
hatte. Sie startete immer wieder Intrigen gegen mich,
hauptsächlich an Wochenenden, wenn der Zwerg in
Isny war.

Zudem wurde meine Frau hinter meinem Rücken bei
meiner Hausärztin vorstellig und erzählte dieser, dass
ich Gespenster und Geister sehe. Die Ärztin sollte
mich doch einmal auf meinen geistigen Zustand unter-
suchen lassen soll. Am besten soll sie mich gleich zur
Kur schicken oder einweisen lassen!

Zum Beweis meiner Unzurechnungsfähigkeit legte
sie die Notizen vor, die ich mir in jener Nacht gemacht hatte, in der ich versuchte einen Weg zu finden,
meiner kleinen Tochter zu erklären, dass das mit dem
Sterben gar nicht so schlimm war, wie wir Menschen
es empfanden. Sie hatte sozusagen den Indianerfried-
hof entweiht, um Material gegen mich zu sammeln,
würde Winnetou wohl dazu gesagt haben!

Ich stellte meine Hausärztin zur Rede und es bedurfte
einer umfassenden Erklärung, dass mich meine Frau
loswerden wollte und deshalb dieses Gerücht in die
Welt setzte.

Dies tat sie jedoch so überzeugend, dass es tatsächlich
der Vorlage eines Gutachtens durch einen Neurologen
bedurfte, bis die Hausärztin mir Glauben schenken
wollte, dass bei mir noch alles in Ordnung war.
Meiner Frau einen Oscar für diese schauspielerisch
gute Leistung zu übergeben, wurde später jedoch von
der amerikanischen Jury abgelehnt.
Damit war aber ihr erster Versuch, mich elegant loszuwerden, gescheitert.
Doch der zweite Streich, um es einmal mit Wilhelm
Busch zu sagen, folgte sogleich:
In aller Öffentlichkeit wurde nun von den Mitgliedern
dieses ominösen Stammtisches erzählt, dass ich meine
Kinder schlage und misshandle!
Und um diese Vorwürfe zu untermauern wurde Peter
auf mich ab dressiert.
Pünktlich zur Stammtischzeit im März 2006 provo-
ziert er mich. Gegen 22:00 Uhr sagte er, dass er noch
ins Cafe' gehen wollte.
Als ich es ihm verbat, sagte er wieder einmal, dass
ich nicht sein Vater wäre. Dann nahm er seine kleine
Schwester mit und verschwand nach unten ins Cafe',
wo der Superstammtisch seiner Mutter schon auf ihn
wartete.
Ich hatte keinen Bock auf eine Auseinandersetzung
und ließ die beiden gehen.
Natasha bauschte die Sache am Stammtisch auf und
nahm den Vorgang als Beweis, dass ich zu dumm sei
auf die Kinder aufzupassen, während sie ihrer schweren Arbeit nachging!

Dann schickte sie die beiden Kinder zu Peter ins Zimmer und befiehlt ihm im Beisein einer Stammtischschwester, dass Zimmer abzuschließen, damit er vor meinen Schlägen sicher sei!
Abermals eine Oscar reife Inszenierung, die am Stammtisch und besonders beim Zwerg großen Eindruck hinterließ.
Während dessen räumte ich die Küche auf, setzte mich zum Ausklang des Tages mit einem Bierchen an den Küchentisch und hörte noch etwas Musik.

Doch gegen Mitternacht schrie Elisabeth plötzlich auf, sodass ich versuchte in das verschlossene Kinderzimmer zu gelangen.
Da Peter nicht öffnen wollte, gelang es ihr mir aufzuschließen, damit ich mich um sie kümmern konnte.
Sie sagte, dass sie schlecht geträumt und sich im Schlaf erschrocken hätte.
Da ich überhaupt nicht einsehen wollte, dass ich in meiner eigenen Wohnung vor verschlossenen Türen stand, zog ich den Schlüssel aus dem Schloss und wollte ihn mit in die Küche nehmen.
Aber Peter versperrte mir den Weg, um mir seinen Schlüssel wieder abzujagen.
Natürlich hatte ich ihm den Schlüssel nicht gegeben, denn es konnte ja wirklich etwas mit den Kindern sein, sodass ich ins Zimmer musste. Ich packte ihn leicht an den Armen, warf ihn nur auf das Sofa und ging zurück in die Küche - für mich war die Aktion damit beendet! - Für Peter nicht.

Er drückte sich die Tränen in die Augen, rannte laut-
stark brüllend ins Lokal und behauptete dort, dass ich
ihn schlagen und misshandeln würde.
Darauf hatte Natasha und die Stammtischrunde nur
gewartet.
Sofort wurde die Polizei gerufen, um diesen brutalen
Kinderschänder verhaften und wegsperren zu lassen.

Polizei 3

Glücklicherweise war in der Streifenwagenbesetzung ein ehemaliger Fußballkamerad, der mich aus alten Zeiten kannte. Er mochte der Darstellung meiner Frau nicht ohne weiteres Glauben schenken.
Auf meinen Vorschlag hin, setzte er sich zu mir und Elisabeth in die Küche und ließ sich von ihr den Vorfall schildern. Sein Kollege nahm Peter mit ins Wohnzimmer und befragte ihn.
Nach kurzer Zeit kam er in die Küche und erklärte seinem Partner, dass Peter sich in Widersprüche verwickelte und keinerlei Anzeichen von Gewalt an seinem Körper zu finden seien - er, der Polizist sei davon überzeugt, dass hier irgendein Theaterspiel im Gange sei.
Das sah mein Freund aus alten Zeiten ebenso, denn Elisabeth hatte ganz klar erzählt, dass ich Peter nur übers Sofa geschupst hatte, um aus dem Kinderzimmer heraus zu kommen.
Also wurde es nichts mit dem 2. Versuch meiner Entsorgung bzw. meiner Verhaftung!
Da meine Frau sich aber sicher war, dass ich mich für dieses Ereignis grausam rächen würde, war es ihr nicht möglich, in dieser Nacht, in der ehelichen Wohnung zu übernachten.
Unter Polizeischutz, sozusagen, packte sie ein paar Sachen zusammen und floh mitsamt den Kindern zu ihrer älteren Tochter - denn sie roch förmlich das Gewaltpotenzial, das von mir ausginge, erklärte sie den

verdutzten Polizisten.

Obwohl die Beamten Elisabeth und mir geglaubt
hatten, gingen Natasha und Peter am nächsten Tag auf
die Polizeiwache und zeigten mich wegen Körperver-
letzung und Kindesmisshandlung an.

Ein paar Tage später teilte mir die Staatsanwaltschaft
Ravensburg mit, dass dieses Verfahren gegen mich,
aufgrund des Polizeiberichtes, eingestellt worden war.

Die Geschichte 30

Natasha und die Kinder wohnten nun also bei ihrer Tochter Emma. Elisabeth wurde nicht mehr zur Schule gebracht und schwänzte wochenlang den Unterricht!

Ein weiterer, dritter Versuch mich loszuwerden, bzw. mich aus dem Cafe', dass meine Frau nun zusammen mit ihrem Zwerg und den Verbündeten vom Stammtisch umtrieb, rief unsere Vermieterin auf den Plan. Denn hinter meinem Rücken suchte Natasha einen Anwalt auf. Sie ließ in einem Schreiben erklären, dass sie sich von mir, wegen meiner Gewalt gegen ihre Kinder und wegen meiner Unzurechnungsfähigkeit, die durch meine Hausärztin bestätigt werden könne, trenne werde.

Das Lokal, für das sie ja ohnehin die Lizenz hätte, wolle sie in Zukunft alleine weiterführen. Außerdem mischte ich mich zu sehr in ihre Geschäfte ein, das ohnehin nicht nötig sei, weil sie sehr gut wisse, wie ein Cafe' zu führen sei.

Auch hier kam sie sehr überzeugend an, obwohl unsere Hausärztin in keiner Weise dazu bereit war, mich für verrückt erklären zu lassen. Aber das konnte meine Vermieterin ja nicht wissen.

Also fand an einem Sonntag im März ein Treffen mit der Vermieterin und deren Verwalter statt. Die Vermieterin legte uns eine Eheberatung ans Herz und war der Meinung, dass ich mich zu viel in das Cafe' einmischen würde, weil ich ganz offensichtlich meiner

Frau den Umtrieb des Cafe's nicht zutraute.
Außerdem sollte ich mich nun wieder vermehrt meiner Arbeit widmen, da doch schon enorme Mietrückstände für die Wohnung entstanden waren.
Meiner Frau wurde aufgetragen die anfängliche stetige Umsatzsteigerung fortzuführen und zu beweisen, dass sie das Cafe' führen könne!
Doch bereits zwei Tage später zeigte sie mir, dass sie dazu nicht in der Lage ist. Es war Ruhetag im Cafe' und so hielt sie es nicht für nötig zu erscheinen, als Handwerker vor dem Lokal warteten, um an der Eingangstür Reparaturen vorzunehmen.
Da sie ja nicht mehr im gleichen Haus wohnte versuchte ich sie zunächst telefonisch zu erreichen. Aber sie nahm nicht ab. Also machte ich mich auf, um sie zu holen, damit sie die Arbeiten kontrollierte. Anstatt zu kommen hetzte sie ihren Schwiegersohn auf mich, der mir Schläge androhte. Erst als ihm mit der Polizei drohte und ihn auf seine vielen Vorstrafen aufmerksam machte, ließ er von mir ab und verschwand in seine Wohnung.
Die Handwerker zogen unverrichteter Dinge wieder ab.
Ich hatte unterdessen einen lukrativen Auftrag in Wangen erhalten, wo ich nun tagsüber arbeitete.
Natasha und ihr Zwerg überlegte, wie sie mit dem Lokal das schnelle Geld machen konnten.
Um den Umsatz zu steigern wurden auf Anraten ihrer Stammtischbrüder die Preise im Lokal erhöht.
Außerdem verschwanden gewisse Biersorten von der

Karte und es wurden hauptsächlich Biere angeboten,
die Pimpel gerne trank!
Alle von mir ausgewählten Bedienungen wurden entlassen und dafür u.a. die dauerarbeitslose Tochter Sabine unserer Nachbarin Margot eingestellt. Die stand
dann auch gleich bauchfrei und zigarettenrauchend
hinter der Theke, als die neue super tolle Bedienung!
Aufgrund des nun eingestellten „edlen Personals" und
der erhöhten Preise sank der Umsatz plötzlich und
unaufhaltsam. Und es fanden vermehrt geschlossene
und private Umtrunke mit Pimpel, dessen Sohn und
Freunden, Sabine, deren Freund und Mutter und Natasha statt - auch zu Zeiten, an denen das Lokal schon
längst geschlossen sein sollte.
Und die Intrigen gegen mich liefen weiter.
Nachdem ich mich nun, aufgrund des Treffens mit
der Vermieterin aus dem Lokal heraushielt, erzählte
meine Frau überall, dass ich zum Alkoholiker geworden sei und mich deshalb nicht mehr im Cafe' sehen
lassen durfte! Ich sei mein bester Gast gewesen und
sie müsste mich zu meiner eigenen Sicherheit und
der ständigen Gefährdung mit Alkohol in Kontakt zu
kommen, schützen.
Von ihrer Gruppe wird diese These nun gerne aufge-
nommen, hatte man doch den Beweis in jener Nacht,
als mein Freund Franz zu Besuch da war, selbst
miterlebt! Sie sorgten dafür, dass in ganz Isny geglaubt wurde, dass ich dem Alkohol verfallen sei und
körperlich so sehr abgebaut hatte, dass es nicht mehr
möglich sei, zu arbeiten.

Im April traf ich zufällig eine Bekannte von Natasha
und mir. Sie begrüßte mich mit den Worten, dass ich
ja richtig gut aussähe, dafür, dass ich ein Säufer sei
und tablettenabhängig. Das hatte ihr Natasha gerade
eben in einem Vorstellungsgespräch erzählt, von dem
sie jetzt kam - sie wollte als Bedienung in Natashas
Cafe' arbeiten.
Ich ließ mich nun, auf Anraten eines Freundes, öfter
im Lokal sehen. Er war der Meinung, dass ich wirklich nicht wie ein Säufer aussah und dieses auch prä-
sentieren sollte. Also trank ich öfter mal einen Kaffee
im Lokal und beobachte die Szenerie. Das passt Natasha gar nicht und sie wollte mir Lokalverbot geben.
Aber ich blieb!
Dann, Mitte April wollte Elisabeth bei mir schlafen,
weil sie mich vermisste. Es war Mittwoch und das Lokal hatte bis 20:00 Uhr geöffnet. Also holte ich sie um
kurz vor acht aus dem Lokal nach oben. Das Lokal
war leer.
Um ca. 20:15 Uhr überlegte es sich Elisabeth aber
anders und wollte jetzt doch bei ihrer Mutter schlafen.
Ich schickte sie nach unten, in dem Bewusstsein, dass
Natasha das Lokal nun zugeschlossen hatte und mit
ihrer Tochter nachhause ging. Dann schaute ich Fußball im Fernsehen. In der Halbzeit hörte ich Geräu-
sche im Cafe'. Ich ging nach unten, um nachzusehen,
wer da noch war. Am Tisch saßen Natasha, Peter ihr
Sohn, Pimpel mit seinem Sohn und noch ein Freund
des Sohnes, wie sich später herausstellte.
Natasha weigerte sich mir die Tür zu öffnen.

Ich holte meinen eigenen Schlüssel und ging ins
Lokal, um Zigaretten zu holen - darauf macht mich
Pimpel blöde an: „Brauchst du noch Stoff für dein
krankes Hirn!" Ich sagte zu ihm, dass er Lokalverbot
bekommt, wenn er mich hier blöde anmacht.
Daraufhin standen alle vier Kerle auf und wollten auf
mich los. Ich schloss jedoch die Türe von außen ab
und rief die Polizei!

Polizei 4

Die wollte zunächst nicht kommen, da man sich aus Familienstreitigkeiten heraushielt, hieß es am Telefon. Ich bestand aber darauf, damit sie zumindest die Personalien der Typen aufnahmen, die mir in meinem Lokal Schläge angedroht hatten.

Also kamen sie doch noch und nahmen die Personalien auf. Danach ermahnte mich einer der Polizist nicht mehr ins Lokal zu gehen, da alle Gäste ihm aus seiner polizeilichen Tätigkeit bekannt waren.
Meine Frau hatte sich da wohl mit der Creme della Creme der Isnyer Unterwelt verbündet, verriet er mir.

Schneewittchen und der Zwerg

Ich befolgte den Rat und ging zurück in meine Wohnung - die Gesellschaft unten im Lokal zechte bis 1:00
Uhr weiter.
Die zwei jüngeren Burschen waren so betrunken, dass
sie beim Verlassen des Lokals sich nicht mehr auf
den Beinen halten konnten, und mehrmals zu Boden
fielen. Pimpel und Natasha schwankten Arm in Arm
davon.
Elisabeth erzählte mir am nächsten Tag, dass ihre
Mutter so betrunken war, dass sie ihr ins Bett gekotzt
hatte.
In den folgenden Tagen versuchte das Drecksaupär-
chen, wie ich die beiden inzwischen nur noch nannte,
das Lokal nach ihren Vorstellungen umzugestalten.
Die Idee des Zwerges war, ein Jugendlokal aus dem
Cafe' zu machen. Die Jugendlichen saufen ganz
ordentlich und bei denen sitzt das Geld sehr locker,
so war seine Version. Mein Schneewittchen (in An-
lehnung an Schneewittchen und die sieben Stammtischbrüder) war derselben Meinung, wie ihr Zwerg,
der nicht nur klein von Gestalt, sondern auch klein an
Charakter und Klugheit war. Und so kam es, dass, sie
die Musik ganz laut machten, wenn normale Gäste das
Lokal betraten. Wenn ältere Menschen kamen, wurden die Türen und Fenster aufgerissen, sodass sie zu
begannen zu frieren und freiwillig wieder gingen.
Es kamen tatsächlich eine Handvoll Jugendliche,
hauptsächlich Freunde des Sohnes vom Zwerg.

Die soffen und schlugen sich und hatten auch keinen
Respekt vor der Bedienung, die auch etwas abbekam.

Die Umsätze fielen ins Bodenlose und es wurden keine Rechnungen mehr bezahlt.

Die Geschichte 31

Es gelang meiner Frau nicht, die Vermieterin zu über-
zeugen, dass sie das Lokal führen konnte. Außerdem
berichtete ich von den Schlägereien und von dem
ausgewählten Publikum im Lokal, das keine normalen
Gäste mehr vorweisen konnte.
Ende April 2006 kam es erneut zu einem Treffen mit
der Vermieterin, die noch retten wollte, was zu retten
war. Aber Natasha ließ nicht mit sich reden. Ganz im
Gegenteil, sie wurde ziemlich pampig und drohte der
Besitzerin mit einem Anwalt, da die sich nicht aus
ihren Angelegenheiten heraushalten wollte.
Die Vermieterin teilte ihr mit, dass sie ihre Chance
bekommen hätte und sie nicht genutzt hatte. Ganz
im Gegenteil, das Cafe' schien ihr aus dem Ruder zu
laufen - mit ihren neuen „noblen Gästen".
Natasha wurde aufgefordert, das Lokal wieder mit
mir, im ursprünglichen Zustand als Familien Cafe' zu
betreiben, was sie aber ablehnt.
Zudem wurde sie immer unverschämter der Haus-
besitzerin gegenüber. Diesen Umgangston hatte sie
freilich nicht verdient und warf Natasha mitsamt
den wenigen betrunkenen Gäste aus dem Lokal und
schloss es augenblicklich.
Damit war Natashas Plan, zusammen mit ihrem neuen
Super-Partner das Lokal zu einer Goldgrube zu machen geplatzt!
Doch wie gewonnen so zerronnen, schien sie sich zu
denken und das Lokal ging sie von einer auf die ande-

re Sekunde nichts mehr an.

Selbst die Tatsache, dass hier über 120 000 Euro auf unser Wort hin für den Umbau eingebracht wurden, interessierte sie nicht mehr. Die Mietrückstände gingen sie ganz offensichtlich auch nichts mehr an, hatte man sie doch durch den Rauswurf um die ihre Möglichkeit gebracht, Geld zu verdienen. Da waren doch die anderen selber schuld, wenn sie auf ihre geniale Mithilfe verzichten wollten.

Sie hatte zu mindestens ihre neue Liebe und alles andere interessierte sie nicht mehr. Sie kümmerte sich nicht um das Finanzamt, nicht um die Rechnungen, die für ihr Lokal ständig eintrudelten und nicht mehr um ihre Tochter Elisabeth, die ihrem Zwerg ohnehin im Wege war. Peter war offenbar von dem neuen begeistert und tanzte auch gleich nach dessen Pfeife. Nur Elisabeth funktioniert nicht so richtig - und sie wollte auch nicht funktionieren.

Und so geriet sie zwischen die Fronten. Und ihre Mutter erkor sie als ein weiteres Feindbild, das es galt los zu werden! Elisabeth hatte von da an bei gemeinsamen Unternehmungen ihrer Mutter mit dem Zwerg nichts mehr zu suchen.

So auch am langen Wochenende vor dem 1. Mai 2006. Elisabeth wurde am Samstag von meiner Frau mit einer Hose verprügelt, sodass sie noch Tage später Schmerzen am Kopf hatte. Außerdem flüchtete sie zu mir, wo sie seit diesem Vorfall wohnte. Damit war sie für meine Frau vorerst „gestorben" und die hatte ihre Freiheit für sich und ihren Zwerg Pimpel.

Als ich bemerkte, dass Elisabeth Schläge von ihrer Mutter bekommen hatte, wollte ich die bei der Polizei anzeigen. Aber Elisabeth wollte nicht gegen ihre Mutter aussagen und so unterließ ich es, aus Rücksicht auf das Kind.

Wenn ich damals nicht so viel Rücksicht genommen hätte, waren die Dinge vielleicht anders gekommen, wer weiß?

Zwei Wochen später hatte Elisabeth ihren zehnten Geburtstag.

Natürlich wurde der von ihrer Mutter vergessen. Erst als Elisabeth sie anrief und sie bat zu ihrer Feier zu kommen, gratulierte die Mutter und willigte ein, nachmittags in die einst eheliche Wohnung zu kommen, um mit ihrer Tochter zu feiern. Ich hatte ein paar Schulfreunde eingeladen, damit es eine nette Feier für Elisabeth werden sollte.

Doch meine Frau interessierte sich wenig für die Party und nutzte stattdessen die Gelegenheit Geld und Ding, die sie noch brauchen konnte aus den Schubladen zu räumen. Ich warf sie nach einer halben Stunde raus.

Elisabeth war sauer auf ihre Mutter und selbst deren Geschenk, interessierte sie nicht mehr.

Natasha fand im selben Haus, in dem ihre Tochter Emma wohnte, eine Wohnung.

Während ich bei der Arbeit war, drang sie mit ihren Stammtischbrüdern in die eheliche Wohnung ein und räumte diese fast komplett aus. Lediglich die Einrichtung meines Büros verblieb in der Wohnung.

Durch die Ereignisse schienen meine Vermieter das

Vertrauen in mich verloren zu haben. Gegen die Absprache, dass ich nun das Lokal weiterführen konnte, kündigten sie mir alle Verträge und beschlagnahmten die komplette Cafe'-Einrichtung. Die aufgelaufenen Rechnungen des Cafe's blieben an mir hängen, denn meine Frau nahm wieder einmal ihre Buddha-Stellung ein.

Buddha

Es war schier unglaublich, wie diese Frau, sich in ihrer Buddha-Haltung durchs Leben gemogelt hatte. In diesem Falle sprach ich von den Buddhas, die breitbeinig herumstehen - die leeren Handflächen in Kopfhöhe nach außen gedreht. So nach dem Motto „Unten bin ich für jede Schandtat bereit, aber oben könnt ihr bei mir ohnehin nichts holen - da sind meine Hände leer!"

Oh - Verzeihung, ich wollte niemanden zu nahetreten.

Ich hatte nichts gegen Buddhas - nein ganz im Gegenteil! Ich mochte diese Buddhas, die in jedem China-Restaurant breitgrinsend in der Ecke hockten und ihre blank geriebenen Bäuche freimütig zur Schau stellten.
Die kamen meiner Statur schon rein optisch mehr entgegen. Denn obwohl ich eigentlich ganzkörperlich ziemlich schlank war, erinnerte mein Bauch doch sehr an einen solchen Buddha.
Und jedes Mal, wenn ich seitlich vor einem Spiegel stand, stellte sich die Frage, ob ich wirklich abnehmen mochte oder ob der Bauch nicht noch ein wenig gepflegt werden sollte. Das hätte in der Kneipe den Vorteil, dass ich mich nicht um einen Thekenplatz bemühen müsste, sondern mein Bierglas, einfach auf meinem Bauch, angelehnt an den Brustkorb, abstellen könnte - um dann jeden breitgrinsend anzulachen, der

nicht in den Genuss dieses Komforts käme.

Aber vielleicht war ja gerade das, das Geheimnis meiner Exfrau. Sie war ein wenig schlanker wie ich und konnte sehr gut auf „Mitleid" machen. Das breite Grinsen hielt sie eher zurück, um im Stillen in sich hinein zu lächeln, wenn sie wieder einmal jemanden reingelegt hatte.

Die Geschichte 32

Anfang Juni hatten Schneewittchen und ihr Zwerg an zwei aufeinander folgenden Tagen jeweils Geburtstag, aber Elisabeth wurde dazu nicht eingeladen.
Sie wollte aber unbedingt zum Geburtstag ihrer Mutter, um ihr zu gratulieren!
Doch ihr Besuch bei der Mutter endete für das Mädchen mit einem Weinanfall.
Sie war dort nicht erwünscht und musste offenbar dort weg sein, bevor Pimpel nachhause kam! Also schlug sie ihr Bruder und die Mutter schrie sie nur an, sodass sie nach einer knappen Stunde wieder bei mir vor der Türe stand. Zudem war sie außer sich, da ihre Mutter ihr noch hinterhergerufen hatte, dass sie gar nicht mehr kommen brauchte.
Es tat mir in der Seele weh, wenn ich daran dachte, was aus meiner Frau geworden war! Oder war sie immer schon so - und ich, ich hatte nichts bemerkt?

Alptraum 1

Es war still.

Dort drüben auf der Lichtung stieg der Morgennebel
auf.
Raureiftropfen rollten an den Zweigen hinunter und
verharrten starr, um sich zu sammeln und um dann
wieder ein Stückchen weiter hinunter zu rollen.
Dahinten flog eine Nachtigall ihr Nest an, um den
Kleinen das Futter zu bringen.
Und obwohl sie sich schreiend um das Fressen strit-
ten, war es still - zu still, wie Josef der Förster meinte.
Täglich streifte er hier durch seinen Wald. Jedes Eck
war ihm bekannt - und jeder Laut.
Stumm standen die Bäume, ragten schier endlos in
den Himmel. Anmutig wogen sich die Kronen in dem
sanften Wind - obwohl kaum ein Lüftchen heute Morgen ging.
Und dennoch, es war irgendwie anders still als sonst,
irgendwie sonderbar.
Die ersten Sonnenstrahlen blitzten mal hier, mal dort
durch die dünnen, zarten Zweige oder an den knorri-
gen Stämmen der alten Bäume vorbei. Die Nachtigall
flog wieder fort von ihrem Nest - unermüdlich auf der
Suche nach Futter für ihre Jungen.
Josef bog in einen kleinen Nebenweg ein. Die Bäume
warfen ihre ersten Schatten - lang, unendlich lang,
da die Sonne noch nicht sehr hochstand. Und noch
durchbrach kein Laut diese seltsame Ruhe hier.

Doch plötzlich, fuhr es ihm - wie von einem Blitz
getroffen, - durch Mark und Bein.
Vor seinen Füssen breitete sich ein langer, unendlich
langer Schatten einer Menschengestalt aus. Sein Blick
glitt von dem Kopf des Schattens über den Waldbo-
den hinüber zu dessen Beine - und dann hinauf - am
Baumstamm einer riesigen Tanne hinauf von den
Beinen dieses Schattenwerfers zu dessen Kopf, der in
der Schlinge eines Kälberstricks hing.

Totenstille, dachte Josef, ja Totenstille begegnete ihm
heute in seinem Wald, das kam mir doch gleich so
unheimlich vor!
Die Nachtigall kehrte abermals zu ihrem Nest zurück
- an nichts anderes während der Brutzeit denkend, als
daran, ihre Kinder groß zu bekommen - und sie zu
beschützen. Mein Gott, ging es dem Förster durch den
Kopf - der da, der da hängt, der wird doch hoffentlich
keine Kinder haben, so wie die Nachtigall dort drü-
ben...
Und warum, warum tat sich einer so etwas an? Was
trieb einen Menschen nur dazu?
Ein kleines Gebet kam ihm über die Lippen, ehe er die
Polizei anrief.
„Der Tote trug ein Handy bei sich - wir haben ihre
Nummer angerufen, weil sie gleich mehrmals im
Anrufverzeichnis aufgetaucht sind. Kennen sie diesen
Mann?“, fragte der besorgte Polizist.

„Ja“, sie konnte die Tränen nicht zurückhalten - „er ist mein Vater.“
Und nach einer kurzen Pause: „Jetzt haben diese Leute es doch noch geschafft, ihn mir, und zwar für immer, zu nehmen - diese Mörder!“
Der Polizist schien sie nicht zu verstehen. Als er nachfragte, was sie denn meinte, blieb sie stumm und verließ das Polizeigebäude.
Jessica hatte ohnehin schon eine Wahnsinnswut auf diese Frau und ihre Helfer, doch nun gesellte sich noch tiefer Hass dazu...

Die Geschichte 33

Es dauert gut zwei Monate, bis ich für Elisabeth und
mich ein neues zuhause fand. Mein Jubiläumsumzug,
der fünfundzwanzigste, führte mich in ein kleines
Häuschen, am Stadtrand von Isny. Elisabeth und ich
fühlten uns dort wirklich wohl. Das Häuschen hatte
einen Garten und einen kleinen Stall.
Über uns wohnte eine alleinerziehende Mutter mit
ihren beiden, fast erwachsenen Kindern, zu denen wir
bald ein herzliches Verhältnis hatten.

Diakonie 1

Nach all den schrecklichen Ereignissen war ich der Meinung, dass Elisabeth professionelle Hilfe benötigte, um die Dinge zu verarbeiten. Auch ich war mit der neuen, plötzlichen Situation des alleinerziehenden Vaters ein wenig überfordert und ratlos zugleich. Also suchte ich Hilfe bei der Diakonie in Wangen und fand in Herrn Schneider einen äußerst kompetenten Kinderpsychologen. Zunächst traf ich mich mit ihm, um ihm unsere Geschichte zu erzählen und auch Elisabeth fand ihn sehr sympathisch und so trafen sie sich einmal in der Woche.

Die Geschichte 34

Als ich meine letzten Sachen aus der alten Wohnung
holte, spürte ich, dass ich mich von dieser Sache nicht
mehr so leicht erholen würde. Das einstige Steh-auf-
Männchen hatte Schlagseite erlitten. Hatte ich mich
doch nach der Eröffnung des Cafe's und der überstan-
denen Insolvenz auf dem aufsteigenden Ast gesehen,
so saß ich, wie vor sechszehn Jahren, nach meinem
Führerscheinentzug, auf dem kalten Boden meines
Büros und schwor mir, schon alleine wegen meiner
Tochter, stark zu bleiben. Ich wollte mich nicht durch
dieses kriminelle Pack niedermachen lassen.
Also verpackte ich die letzte Stehlampe und die
Kleinmöbel unter Tränen ins Auto und verließ den Ort
meiner großen „Hoffnung alles wieder auf die Reihe
zu kriegen".

Nun galt es meiner Tochter eine gewisse Regelmäßigkeit in ihrem Leben zu geben und darauf zu achten,
dass ich aus lauter Frust nicht zur Flasche griff und
wieder abstürzte.

Diakonie 2

In den Gesprächen mit Herrn Schneider lernte ich
zum ersten Mal den Begriff der Borderlinerin kennen.
Er erklärte mir, dass es Menschen gab, die sich über
Jahre hin verstellen konnten. Solange die Bedingungen in denen sie lebten zu ihrer Zufriedenheit waren,
blieben sie liebende Ehepartner und freundliche Menschen. Wenn jedoch die Bedingungen umschlugen,
dann machten sie eine Kehrtwende und bekämpften
die Menschen, die sie einst scheinbar liebten, als
Feinde. Dabei bildeten sie Gruppen um sich, sogenannte Mitstreiter, und beendeten eine Beziehung auf
eine Art und Weise, die kein Zurück mehr zuließ. Das
Ende, das sie heraufbeschworen, war dann endgültig.

In meiner Naivität fragte ich ihn, ob es dann nicht feige sei, sie gewähren und mit dieser Eigenart im Stich
zu lassen. Schließlich hätte man sich ja irgendwann
einmal geschworen;" ... in guten und in schlechten
Zeiten...".
„Wenn sie ihr ganzes Leben lang mit einer kranken
Frau zusammen sein möchten, dann dürfen sie es gern
versuchen - aber diese Frau wird ihnen immer wieder
alles kaputt machen, wenn sie aktiv mitarbeiten soll."

Für ihn war es klar, dass ich in den Augen meiner
Frau „ihren" Vertrag gebrochen hatte. Sie war der
Meinung, dass sie durch die Heirat ein schönes Leben
ohne Arbeit führen konnte. Meine Absicht, sie, wenn

auch als Chefin, in dem Cafe' arbeiten zu lassen,
musste bei ihr die Sicherungen durchbrennen lassen,
sodass sie mich ab da an, als ihren Feind betrachtete.

Ich wollte ihm gern Glauben schenken, denn eine
andere, für mich fassbare Erklärung für ihr Verhalten,
konnte ich nicht finden oder gelten lassen.

Herr Schneider konnte sich in Bezug auf Elisabeth gut
vorstellen, dass man ihre Tierliebe für die Therapie
gut einsetzen könnte. Pferde z.B. würden oft in der
Kinderpsychologie verwendet. - „Pferde - oh ja!", fiel
sie gleich ein - „und ein wenig Musik vielleicht?",
schließlich träumte sie, wie alle Teenager, davon irgendwann ein großer Star zu werden. „Musik, ist auch
nicht schlecht", fanden Psychologe und Vater.
Also beides ...

Die Geschichte 35

Von nun an ging sie jeden Samstag zum Reiten und
am Dienstagabend zum Musikunterricht.
Nebenbei richtete sie sich einen kleinen Zoo im Gar-
ten des kleinen Häuschens ein, in dem wir nun wohn-
ten.
Mit der Zeit kamen da, ein Meerschweinchen, zwei
Katzen, zwei Hasen, zwei Wellensittiche und ein
Hamster zusammen.

Ihre Mutter ließ sich die ganze Zeit über kein einziges
Mal mehr bei uns sehen, d.h. sie kam noch einmal
vorbei, als ich bei der Arbeit war, um Elisabeth zu
besuchen. Ich bemerkte dies, als ich die leergeräum-
ten Regale unserer Vorratskammer sah. Sie hatte fast
alles mitgenommen, da sie von ihrem Zwerg finanziell überhaupt nicht unterstützt wurde und kaum noch
etwas zu essen zu Hause hatte. Elisabeth sagte, dass
sie ihr die Lebensmittel geschenkt habe - ich fand das
natürlich ganz toll von ihr, wobei ich es mir allerdings
verkniff von Diebstahl zu sprechen.

Die Konsequenz aus den zurückliegenden Ereignis-
sen, war für mich, dann natürlich, das Einreichen der
Scheidung.
Von da an gesellte sich eine schwarze Krähe zu uns,
die vom Dach des kleinen Hauses aus, das lustige
Treiben der anderen Zoobewohner und der Tochter
Vater - Familie, beobachtete.

Psychotherapeutische Praxis 1

„Psychotherapeutische Praxis"

„Äh ... ja äh, ich habe hier eine Überweisung von
meinem Hausarzt.
Der meint, es könnte mir nicht schaden, wenn ich mal
bei ihnen einen Termin ausmache."

„Tut mir sehr leid, aber meine Praxis ist ziemlich
überfüllt - ich kann eigentlich niemanden mehr annehmen."

„Ja, schade, aber ich glaube ich hätte sie sehr nötig.
Haben sie nicht ein paar Minuten für mich, nur eine
vielleicht ... bitte?"

„Also gut, eine viertel Stunde. Sie wissen wo ich bin?
Kommen sie doch gleich vorbei."

Die viertel Stunde genügte, um ihn davon zu überzeu-
gen, dass ich ihn wirklich nötig hatte.

Es sollten weitere Stunden folgen...

Die Geschichte 36

Ja, auch ich begab mich in psychotherapeutische Behandlung.

Ich konnte den Wandel meiner Frau nicht fassen, nicht begreifen. Hatte wir noch am Freitagabend miteinander geschlafen, so präsentierte sie mir am Montagmorgen ihren neuen und schoss mich in den Wind, schneller noch als meine Gedanken folgen konnten.

Dazu fiel mir eine Zeile aus Kenny Rodgers Song Lucille ein, der da hieß:" … I had some bad times, lived through some sad times, but this time your hurting won't heal…"

Was ungefähr so viel heißt wie: … ich hatte meine schlechten Zeiten, durchlebte einige traurige, doch dieses Mal wird deine Kränkung nicht mehr heilen

Ich spürte die Wirkung ihres Giftes, dass sie nun versprühte und ahnte nicht, dass mir meine traurigsten Jahre noch bevorstanden.

Außerdem hatte ich einen riesigen Hass auf diesen Zwerg - auf gut deutsch „Little Man" - und dessen Spießgesellen. Ich konnte es nicht glauben, dass er mir einfach so meine Frau, aber was noch viel schmerzlicher war, mein Cafe' gestohlen hatte.

War das wirklich die Realität in unserem so gepriesenen Rechtsstaat, dass sich einige Lumpen zusammentaten und mir die Existenz zerstören konnten, ohne dass dic Polizei auch nur ein Finger krümmen wollte.

„Die sind immer zu viert", hieß es da nur. „Wenn es

zu einer gerichtlichen Auseinandersetzung kommen
würde und die zusammenhalten, dann haben sie keine
Chance. - Zudem halten wir uns aus Familienangele-
genheiten heraus." - „Ja, danke für dieses Gespräch -
ihr Arschlöcher, ihr!"
Ich glaubte in mir kamen Mordgedanken gegen diesen
Feigling auf, den ich nicht zu fassen bekam. Denn oft
fuhr er in seinem BMW-Cabrio mit erhobenem Stin-
kefinger an mir vorbei und schrie:" Ich ficke deine
Frau!" Oder er beschimpfte mich aus dem Fenster des
dritten Stocks, sodass ich keine Gelegenheit fand, ihn
zu fassen. Ein anderes Mal floh er in einem Super-
markt durch die Hintertür des Lagers, als er mich den
Laden betreten sah. Er war einer dieser Kerle, die ihre
Manneskraft über die Schnelligkeit und PS-Zahl ihrer
Autos definierte, auf dessen Kofferraum zudem ein
kleiner Aufkleber mit der Aufschrift „Klein aber oho!"
klebte.
Dennoch es blieb bei den Gedanken und dem virtu-
ellen Versuch einen Baseballschläger zu kaufen, um
diesen Zwerg ungespitzt in den Boden zu schlagen.
Ich stellte mir vor, dass es kopfüber leichter wäre, da
Zwerge ja immer diese spitzen Mützen trugen…

Auf der anderen Seite galt es unserer Tochter ein
harmonisches Zuhause zu geben. Sie war noch so jung
und konnte einen starken Vater wohl besser gebrauchen, als einen Mörder, an ihrer Seite.

Die Mutter kümmerte sich weiterhin nicht um sie.
Und so kam es, dass Elisabeth für etwa vier Stunden
am Nachmittag alleine zuhause war, da ich wieder
regelmäßig zur Arbeit ging!
So ganz alleine war sie nicht, da wie gesagt, über uns
noch jemand wohnte, sodass eigentlich immer einer
nach ihr sah.

Familiengericht 1

Es waren nun gut sechs Monate vergangen, da Elisabeth von ihrer Mutter geschlagen worden war.
Mir erschien es an der Zeit das Umgangs- und Aufenthaltsrecht für sie gerichtlich zu klären, da von Seiten der Mutter eigentlich nichts mehr zu erwarten war.
Am Familiengericht war man der Meinung, zunächst eine Art Schlichtungsprozess führen zu müssen.

Zwei Wochen davor meldete sich Elisabeths Mutter bei ihr. Sie erzählte dem Mädchen, dass sie, sie sehr vermisste und sich ab jetzt mehr Zeit für sie nehmen wollte. Dann schlug sie vor, dass Elisabeth wieder bei ihr wohnen sollte.
Unter Vorsitz der Richterin „Von ihren Gnaden" wurde also der erste Termin einberufen.
Auf dem dunklen Gang des Gerichtsgebäudes begegnete mir mein Vetter Hansi, der hier als Gerichtsdiener tätig war: „Schon wieder mal eine Scheidung?", fragte er mich im Vorbeigehen und ich sagte „Ja" und zog müde die Schultern nach oben.
Vor der Verhandlung wurde Elisabeth zunächst alleine von der Richterin befragt, wo sie denn leben wollte. Elisabeth r sagte ihr, dass sie beim Vater wohnen bleiben, aber auch die Mutter öfter besuchen wollte, da diese versprochen hatte, sich nun mehr um sie zu kümmern.
Danach konnte Elisabeth mit ihrer großen Schwester nachhause fahren.

Die Richterin, die nach eigener Aussage gerne das Sagen hatte, unterrichtete die Parteien über das Gespräch mit Elisabeth.

An mich gerichtet, stellte sie die Frage: „Womit beeinflussen sie das Mädchen? Ich habe noch nie ein Kind erlebt, das sich so eindeutig für ein Elternteil ausgesprochen hat!"

„Ich kümmere mich halt um sie ..., erwiderte ich. Doch das schien die Richterin nicht hören zu wollen.

Auch die Tatsache, dass uns Leute auf der Straße ansprachen, um uns zu sagen, dass wir beide, Elisabeth und ich, gemeinsam sehr viel Harmonie ausstrahlten, schien sie nicht zu interessieren.

In der Folge wurde festgestellt, dass der Vater eigentlich keine Zeit für das Kind hätte, da er als selbständiger Konstrukteur tätig war. Außerdem erdreistete er sich seiner Arbeit weiterhin nachzugehen und ließ das Kind unbeaufsichtigt alleine in der Wohnung zurück!

So etwas konnte nicht geduldet werden, stellte die Richterin fest!

In der großen deutschen Politik dagegen, war man sich in diesem Jahr gerade einig geworden, dass man z.B. alleinerziehenden Müttern sehr wohl zutrauen konnte, dass sie einer Arbeit nachgingen und ihre Kinder ab einem gewissen Alter alleine zuhause lassen konnten.

Ganz Deutschland beschäftigte zu dieser Zeit diese Diskussion - nur bis zum Richterstuhl am Familienge richt, schien das noch nicht durchgedrungen zu sein.

Die Mutter hingegen war arbeitslos und den ganzen Tag zuhause und so konnte sie sich doch um die Tochter kümmern.

Sehr geschickt argumentierte die Mutter, dass sie dem Willen des Kindes nachgeben wollte, weiterhin beim Vater zu wohnen.

Also kam die Richterin von ihrem Vorschlag ab, das Kind zur Mutter zu geben. Aber die Mutter sollte sich nun mehr als bisher um die Tochter kümmern.

Deshalb kam die Mutter auf die Idee, dass Elisabeth von Montagmittag bis Donnerstagmittag bei ihr wohnen sollte und von Donnerstagabend bis Montagmorgen beim Vater.

Dass dieser Vorschlag, dem Diktat ihres neuen Freundes entsprang, hielt sie natürlich verborgen. Der arbeitete nämlich als Monteur und kam immer Donnerstagabends von der Montage nachhause und reiste Montagmorgens wieder ab.

Diese Regelung fand ich nicht gut, da ich der Meinung war, dass das Kind einen „richtigen" Wohnort haben und nicht ständig hin und her geschoben werden sollte.

Außerdem sah ich nicht ein, dass die Mutter sich durch diese Regelung die Wochenenden freihielt, um sie mit ihrem neuen Lover zu verbringen und ich kein freies Wochenende mehr haben sollte.

Dass ich im Übrigen schon jetzt kein freies Wochenende mehr hatte, war mir eigentlich egal, da Elisabeth ja ohnehin bei mir wohnte und deshalb ständig um mich herum war.

Aus diesem Punkte machte die, die gerne das Sagen hatte, ein großes Drama! Sie könnte beim besten Willen nicht verstehen, warum ich mit dieser Lösung ein Problem hätte - besser gesagt, dass ich ein Problem damit hatte, meine Tochter am Wochenende zu mir zu nehmen.

„Ich habe kein Problem damit, das Kind am Wochenende zu haben - ich habe es ja seit Monaten am Wochenende und unter der Woche auch - sie wohnt nämlich bei mir - schon vergessen?"

Das Problem hatte meine Noch-Frau. Die bekam nämlich Stress mit ihrem Zwerg, weil der nur Zeit am Wochenende und mit Kindern eh nichts am Hut hatte. Doch sie hörte mir gar nicht zu und blieb bei ihrer Meinung und ließ ins Protokoll schreiben, dass ich ein Problem damit hatte, das Kind am Wochenende zu mir zu nehmen. Außerdem erschien ich ihr, nicht kooperativ zu sein.

Nach langem Hin und Her kam die Richterin schließlich an diesem ersten Schlichtungstermin zu folgendem Beschluss:

Elisabeth durfte weiterhin beim Vater wohnen. Da dieser aber erst gegen 17:00 Uhr nachhause kam, sollte sie jeden Nachmittag für zwei Stunden zur Mutter gehen, um dort Mittagessen zu bekommen und um die Hausaufgaben zu machen.

Und da ja nun, nach ihrem Beschluss, sich beide Elterntcilc um das Kind kümmerten, brauchte auch niemand Kindesunterhalt zu zahlen.

Das Kindergeld jedoch ging an die Mutter, da diese Elisabeth regelmäßig für zwei Stunden am Tage habe. Ein Beschluss, der jeder Praxis in Deutschland widersprach! Und der in meinen Augen zum Himmel stank!

Aber ich nahm es so zunächst hin, obwohl ich fand, dass dieser „Beschluss zum Wohle des Kindes", eher zum Wohle der Mutter ausgesprochen wurde.
In den darauffolgenden Tagen versuchte Elisabeth täglich zur Mutter zu gehen.
Doch da gab es kein Mittagessen und sonst verhielt sich die Mutter ihr auch ziemlich gleichgültig gegenüber. Immer wieder kam es zum Streit zwischen Elisabeth und ihrem älteren Halbbruder Peter, der ebenso wie sie haltlos und ohne Führung zwischen irgendwelchen Stühlen hing.
Also ließ sie es nach ein paar Tagen sein und trieb sich lieber mit ihren Freundinnen in der Stadt herum, oder verbrachte ihre Freizeit im Garten des kleinen Häuschens.
Hier hatte sie ihre vielen Tiere, mit denen sie sich wohlfühlte.

Die Geschichte 37

Ich litt unter der Trennung von meiner Frau, aber mehr noch machte mir der Verlust des Cafe's zu schaffen.

War ich doch nun fast zwanzig Jahre selbständig und hatte kaum etwas für meine Altersversorgung getan. Das Cafe', so bildete ich mir damals ein, konnte ich noch im hohen Alter betreiben und somit die Familie so über Wasser halten.

Außerdem war es als Szenen-Cafe' mit kulturellen Veranstaltungen konzipiert, bei deren Organisation auch die Kinder Spaß haben könnten. Zumal Emma und Peter keine großen Leuchten in der Schule waren und wenig Aussicht auf einen Ausbildungsplatz hatten, konnten sie hier Arbeit finden.

Aber nun - aus und vorbei!

Das schmerzte sehr und in der Nacht oder in Momenten, in denen ich mich von der Tochter unbeobachtet fühlte, floss die eine oder andere Träne.

Doch ich konnte mich jetzt nicht einfach gehenlassen - da war dieses zehnjährige Mädchen, das mich brauchte.

Ich war mir sicher, dass wenn es sie nicht gäbe, ich einen Totalabsturz hätte, mich der Sauferei ergeben und über kurz oder lang meinen Job verlieren würde.

„The first cut is he deepest!“, gab Rod Stewart zu bedenken. Aber er irrte - dies war nicht meine erste Niederlage, die ich erlitt, aber eine, die sich gewaschen hatte.

Ich musste einfach stark bleiben - koste es so viel Energie, wie es wolle.

Psychotherapeutische Praxis 2

„Nach ihren Erzählungen entspricht ihre Frau dem typischen Bild einer Borderlinerin", versuchte mein Psychotherapeut, mir bei meiner ersten Sitzung bei ihm zu erklären.

„Als Borderliner werden in der Psychologie Menschen beschrieben, die andere Menschen dazu brauchen oder auch ausnutzen, finanziell und gefühlsmäßig versorgt zu sein. Sie können über Jahre hinweg ihre Interessen in den Hintergrund stellen, nur um das Gefühl zu haben versorgt zu sein, ohne selbst groß etwas für ihren Lebensunterhalt beitragen zu müssen.

In dem Moment, in dem sie dieses Ziel nicht mehr als erfüllt ansehen, führen sie abrupt eine Trennung herbei. Dieser Trennungsprozess wird dann dermaßen gemein und heftig geführt, dass es kein Zurück mehr gibt.
Sie scharen andere Menschen um sich, um den plötzlichen Gegner klein zu kriegen und um ihn fertig zu machen. Dabei kennen sie keine Tabus oder gar ein wenig Fairness. Und genau das ist das, was der ehemalige Partner dann nicht verstehen kann - es ist geradezu unfassbar für ihn!
Und genau deswegen, Herr Barowski, sind sie heute hier bei mir.
In dem Moment, in dem sie ihre Frau aufgefordert haben, durch ihre Mitarbeit im Cafe' zum Unterhalt der

Familie beizutragen, in dem Moment hat sie, sie als
potenziellen Feind ausgemacht, der seinen Ehevertrag,
nämlich für sie zu sorgen brechen will!
Der Vertrag war in ihren Augen der, dass sie als
Mutter und Hausfrau ein unbeschwertes Leben führen
konnte, während der Partner seiner Arbeit nachging
und sie mit Geld und Liebe versorgte."

„Aha", dachte ich bei mir. „Der Begriff „Borderliner"
scheint also in der Psychologie bekannt zu sein. Davon hatte mir doch schon der Kinderpsychologe von
Elisabeth erzählt. Und außerdem schien dieses Symp-
tom leicht erkennbar zu sein?"

Landratsamt

So zog ein weiteres Jahr ins Land. Elisabeth und ich hatten uns arrangiert und gut eingerichtet. Einzig schlecht an der Geschichte war, dass das Kind nachmittags oft alleine zuhause war. Zwar kümmerten sich die Nachbarn ein wenig um sie, aber optimal war dies sicherlich nicht. Dennoch, es lief, wenn auch mit einigen Kleinigkeiten, die noch besser zu organisieren gewesen wären, ziemlich gut zwischen uns beiden.

Die Mutter kümmerte sich nun kein bisschen mehr um das Kind. Auch die vielen Simse, die ich, mit der Aufforderung an die Mutter, sich mehr um die Tochter zu kümmern, schrieb, blieben ohne Erfolg.
Sie bezog weiterhin das Kindergeld, bezahlte keinen Unterhalt für die Tochter und hielt sich nicht an die Vorgaben des Gerichts.
So ging die Zeit dahin, bis zu dem Tage, als ich eine Vorladung vom Landratsamt in meinem Briefkasten fand. Ich sollte mich dort umgehend melden.
Auf dem Landratsamt erklärte man mir, dass meine Noch-Ehefrau Geld von der Vorschusskasse beantragt hatte, da ich nicht bereit war, Unterhalt für die gemeinsame Tochter zu bezahlen.
Sie hatte den Bescheid vorgelegt, nach dem das Kindergeld an sie ging und das Amt musste davon ausgehen, dass Elisabeth tatsächlich bei der Mutter lebte. Denn es war ja üblich, dass das Kindergeld immer dahin ging, wo das Kind lebte. Dies war in ganz

Deutschland so Gang und Gebe.

Außerdem hatte sie ein altes Gerichtsurteil vorgelegt, aus dem hervor ging, dass ich in früheren Jahren auch schon keinen Unterhalt für meine Kinder aus erster Ehe bezahlt hätte.

Dieses Miststück besaß nicht nur die Unverschämtheit, Unterhalt von der Vorschusskasse einzufordern, für ein Kind, das nicht bei ihr wohnte, nein, sie hatte auch schon während unsere Ehe Material gegen mich gesammelt, welches ihr eines Tages zu Gute kommen konnte.

Erst als ich glaubhaft versicherte, dass Elisabeth bei mir lebte, erntete der Beschluss der Familienrichterin nur ein müdes Kopfschütteln des Beamten, weil die Regelung des Kindergeldes genauestens gesetzlich definiert und daher ein solcher Beschluss ungültig war. Er teilte mir mit, dass das Landratsamt sich aufgrund der gesetzlichen Bestimmungen über diesen Beschluss hinwegsetzen und ab sofort das Kindergeld an den Vater überweisen werde. Eine solche Dreistigkeit, wie sie meine Noch-Ehefrau an den Tag legte, war ihm in seiner langen Tätigkeit noch nicht begegnet, obwohl er schon viel gesehen hatte.

Also bekam sie in den darauffolgenden Tagen ein Schreiben, in dem sie aufgefordert wurde, das Kindergeld für das zurückliegende Jahr dem Landratsamt wieder zu erstatten. Dabei ging es um ca. 1500 Euro, die eingefordert wurden.

Die Tatsache, dass sich die Mutter nicht um das Kind
kümmerte und auch nicht davor zurückschreckte,
Unterhalt für ein Kind einzufordern, das nicht bei ihr
lebte, schockierten mich ein weiteres Mal. Es kam
einfach nichts Gutes mehr von dieser Frau rüber.
Außerdem ärgerte es mich, dass die Richterin mich
dermaßen über den Tisch gezogen hatte.
Nachdem sich das Landratsamt über den Richterspruch hinweggesetzt hatte, befahl mir mein Gefühl,
die Sache noch einmal vor Gericht zu bringen, da ich
nun endlich die Dinge richtig geregelt wissen wollte.
Für mich ging es im Prinzip darum, den derzeitigen
Status Quo zementieren zu lassen - nämlich den, dass
Elisabeth bei mir wohnte und sowohl das Kindergeld,
wie auch der Unterhalt für das Kind seinen korrekten
Gang gingen.

Doch die Dinge sollten sich ganz anders entwickeln...

Psychotherapeutische Praxis 3

Die psychotherapeutische Praxis war in einer kleinen
Nebenstraße.
Sie befand sich in einem Vierfamilienhaus in einer
Einzimmerwohnung. Es gab keine Sekretärin oder
Arzthelferin, und demzufolge auch keinen Empfangs-
bereich. Das Wartezimmer war der kleine Flur, in dem
ein alter abgefetzter Sessel stand. Wenn man im Sessel
saß, war zur rechten die Toilette mit Dusche und zur
linken die ehemalige Küche, die nun als Büro diente.
Mehr als ein kleiner Schreibtisch mit Computer hatte
auch hier keinen Platz.
Das eigentliche Behandlungszimmer, oder besser
gesagt das Therapiezimmer, war etwa drei auf vier
Meter groß. Ein paar Regale reihten sich an der Wand.
Die aus Filmen, wohlbekannte Liege stand links
vom Eingang. Kein einziges Mal würde ich im Laufe
meiner Termine auf ihr liegen müssen. Ich war etwas
enttäuscht, weil ich tatsächlich dachte, dass ich dort
zu liegen käme, derweil der Herr Doktor neben mir,
erhaben, sitzend seine Fragen stellte.
Aber mein Herr Doktor tat so etwas nicht, zumindest
nicht bei mir. Er wies mir einen von zwei Fernsehses-
seln zu, auf dem ich gemütlich Platz nehmen konnte.
Er selbst lümmelte sich in den zweiten. Der war in
der Liegeposition eingestellt, sodass der Herr Doktor
unterhalb von mir zum Liegen kommt.
Ich vermutete, dass das ein Trick von ihm war, damit
die Patienten, schneller Vertrauen zu ihm fanden.

Hier galt nicht: der Herr Doktor dort oben und der
Patient dort unten.

Die Geschichte 38

Derweil ereigneten sich im Zoo meiner Tochter tragische Dinge. Fast täglich hatte ich ihr gesagt, dass sie die Käfigtüren der Wellensittiche geschlossen halten sollte, wenn sie nicht zuhause ist.

An diesem Tag hatte sie es wohl vergessen oder aber absichtlich nicht getan, weil sie fand, dass Vögel fliegen müssten und nicht eingesperrt im Käfig vor sich hinvegetieren sollten.

Ich wusste nicht mehr aus welchem Grund ich in ihr Zimmer ging, während sie in der Schule war. Weder hatte ich bemerkt, dass Kitty, unsere Killer Katze, an meiner Seite ins Zimmer huschte, noch dass beide Wellensittiche nicht in ihren Käfigen waren. Blitzschnell hatte sie sich einen gekrallt und verschwand sogleich unter dem Bett. Sofort schob ich das Bett zur Seite und sah, wie der halbe Vogel bereits in ihrem Mund verschwunden war. Irgendwie aber konnte ich ihn ihr entreißen. Er war ein wenig zerzaust, hatte aber sonst keine Verletzungen aufzuweisen. Also setzte ich ihn in seinem Käfig ab und jagte die Katze aus dem Zimmer. Es schien, als hätte er noch einmal Glück gehabt.

Natürlich berichtete ich Elisabeth von diesem Ereignis und sie war genauso froh wie ich, dass ihrem Vogel nichts passiert war. Am nächsten Morgen jedoch, lag der andere Wellensittich, der welcher den Vorgang aus sicherer Entfernung beobachtet hatte, tot in seinem Käfig.

Mein Vater, der einstige Vogelzüchter und Pokalträger, war sich sicher, dass er einen Herzinfarkt erlitten hatte, vor lauter Schreck.
Aus Gram über den Tod seines Spielgefährten oder aber, weil er vielleicht doch irgendwelche Verletzungen abbekommen hatte, lag auch der zweite Wellensittich vier Tage nach der Katzenattacke tot in seinem Käfig.

Am selben Tag vermissten wir den Hamster, der nicht in seinem Käfig war. Doch der hatte wohl mehr Glück als die Vögel. Wir fanden ihn hinter der Kommode im Flur, wo er auf halber Höhe zwischen der Schrankrück- und der Hausflurwand eingeklemmt stecken geblieben war. In einer Höhe, die für die Katzen unerreichbar war.

Familiengericht 2

Die Richterin bekam natürlich nichts von den tragischen Ereignissen mit. Sie setzte einen neuen Termin an, bei dem sie uns zunächst klar machte, dass sie die von mir eingereichte Scheidung nicht verhandeln werde, solange das Umgangs- und Aufenthaltsrecht von Elisabeth nicht geklärt sei.
Dann berichtete der Anwalt meiner Frau, dass sie das zu Unrecht erhaltene Kindergeld wieder an das Landratsamt zurückzahlen sollte. Da sie aber seit unserer Trennung kaum über finanzielle Mittel verfügte, sie dazu nicht im Stande sei. Er forderte mich auf, eine Bescheinigung auszustellen, dass meine Frau das Geld an mich weitergeleitet hätte, um es dann nicht mehr an die Kindergeldkasse zurückzahlen zu müssen.
Ich machte die Richterin darauf aufmerksam, dass sie bei der Zuweisung des Kindergelds wohl einen Fehler gemacht hatte. Im Übrigen war ich nicht bereit eine solche Bescheinigung auszustellen, da meine Frau mich beim Landratsamt angezeigt hatte, weil ich keinen Unterhalt für Elisabeth bezahlte. Außerdem war sie so dreist und wollte darüber hinaus Unterhalt von der Vorschusskasse erschwindeln, wodurch die ganze Sache ja überhaupt erst aufgeflogen war.
Diese Dreistigkeit schien der Richterin sozusagen am Arsch vorbei zu gehen und sie behauptete nun, dass es ja bei dem Durcheinander nicht mehr möglich sei, festzustellen, bei wem Elisabeth denn nun überhaupt wohnte.

Ich gab ihr zu verstehen, dass es da überhaupt kein
Durcheinander gäbe, weil Elisabeth das vergangene
Jahr ausschließlich bei mir gewohnt und die Mutter
sich nicht um sie gekümmert hatte. Das konnte ich
sogar beweisen.
„Sie können überhaupt nichts beweisen!“ fuhr sie mir
übers Maul.
„Natürlich kann ich das, Sie brauchen ja nur die
Nachbarn fragen“, gab ich zur Antwort.
Aber auch das schien sie nicht hören zu wollen.
Anstatt ihren Fehler einzusehen, beschloss sie, so,
aus dem Blauen heraus, dass ich meiner Frau für das
zurückliegende Jahr 1500,00 € Ehegattenunterhalt zu
zahlen hätte.
Genau den Betrag, den sie an die Kindergeldkasse
zurückzahlen musste.
Dann berichtete ich, dass sich meine Frau wieder
nicht das ganze zurückliegende Jahr um Elisabeth
gekümmert hatte. In zig sms hatte ich sie, wenn auch
zugegebenermaßen nicht sehr höflich, aufgefordert,
Elisabeth einmal zu sich zu nehmen oder sie zu besuchen - aber erfolglos.
Der Anwalt meiner Frau legte diese sms so aus, als ob
ich meine Frau stalkte und immer wieder etwas von
ihr wollte. Als ich deshalb anmerkte, dass er wohl ein
Lügenbaron wäre, fielen Richterin und sogar meine
eigene Anwältin über mich her. Sie wollten es nicht
wahrhaben, dass er das Blaue vom Himmel log.
Das ermutigte ihn dergestalt, dass er weiter behaupte
te, dass ich Elisabeth nur aus dem Grunde beim Reit-

und Musikunterricht angemeldet hatte, damit sie keine
Zeit fand, zur Mutter zu gehen. Die wollte ihr Kind
natürlich bei sich haben, aber ich würde dies ständig
zu verhindern wissen.

Außerdem versuchte seine Mandantin sich gütlich
mit mir zu einigen, aber ich sei ihr immer feindselig
gegenüber und sie wissen überhaupt nicht warum.
Schließlich sei sie mir immer eine gute Ehefrau gewesen und wollte nun, obwohl ich sie ja wohl mehrfach
geschlagen hätte, eine friedliche Trennung.

Als er dann noch behauptete, dass ich Elisabeth unbeobachtet im Internet surfen ließ - und dort vorwiegend
auf pornografischen Seiten, weil das meinem Naturell
entsprach, forderte ich meine Anwältin auf, eine Anzeige wegen Verleumdung gegen ihn zu stellen. Aber
sie antwortete nur, dass sie doch einen Kollegen nicht
anzeigen würde.

Mir schien, in diesem Moment, als flogen ein paar
schwarze Krähen draußen am Fenster des Sitzungs-
saals vorbei.

Der Richterin hingegen schien dies alles ziemlich egal
zu sein. Sie wollte natürlich auch nichts davon wissen,
dass die Mutter jetzt endlich mal Unterhalt für ihre
Tochter zahlen sollte und auch nichts davon, dass das
mit dem Kindergeld nicht richtig geregelt war.

Sie schlug vielmehr vor, einen Gerichtspsychologen
zu Rate zu ziehen, dessen Aufgabe es war, zwischen
den beiden Elternteilen zu vermitteln und herauszufinden, bei wem es die Elisabeth besser haben würde.

Mein Antrag, doch einmal die beiden anderen Kinder
meiner Frau zu fragen, was die denn meinten, wo es
Elisabeth besser hätte, wehrte sie mit den Worten ab:
„Wir verhandeln hier nicht die anderen Kinder, sondern Elisabeth!"
Außerdem verurteilte sie uns sozusagen dazu, bei der
Diakonie ein Elterngespräch zu vereinbaren. Alles
andere interessierte sie nicht!
Ich spürte, dass hier nun etwas ganz gewaltig in die
falsche Richtung lief. Meine Argumente blieben völlig
ungehört und zudem verdonnerte sie mich noch dazu
1500,00€ an meine Frau zu bezahlen, als Belohnung
dafür, dass die versucht hatte, das Landratsamt zu
bescheißen!
Elisabeth sollte zunächst weiterhin bei mir wohnen.
Aber so bestimmte sie noch, nur unter Aufsicht des
Jugendamtes.
Noch am selben Tag stellte ich einen Befangenheits-
antrag gegen die Richterin.
Es dauerte allerdings keine zwei Tage, als die Nachricht vom Amtsgericht bei mir eintraf, dass die Richterin alles richtig machen würde und somit mein Antrag
abzulehnen sei.
Und auf dem Dach unseres kleinen Häuschens, hörte
ich den Aufschrei der schwarzen Krähe.

Alptraum 2

Jessica konnte es nicht glauben, dass ihr Vater nun tot
vor ihr auf diesem Tisch gelegen hatte.
Ihre Erinnerung fing an zu schweifen. War er nicht
immer stark gewesen und hatte er ihr nicht immer gesagt, dass das Leben weitergehen wird, komme was da
wolle. So oft hatte er es ihr vorgelebt. Immer wieder
stand er nach schweren Rückschlägen auf. Du musst
dir selber in die Augen schauen können, mein Schatz,
hatte er immer gesagt.
Und Freunde und Bekannte sagten über ihm, dass er
einem Aufstehmännchen gleichkam, oder sie sprachen
vom Super Power Magic Daddy.
Ihr fielen die schönen Tage mit ihm ein, die Ausflüge,
die er mit ihr unternommen hatte und seine Bereit-
schaft immer für sie da zu sein. Alle seine lockeren
Sprüche, die sie stets zum Lachen brachten und seine
Träne, wenn er mit ihr weinte, als sie traurig war.

Jugendamt 1

Mittlerweile schrieben wir das Jahr 2007. Es war kurz vor Weihnachten, als Frau „Alleinerziehende Mutter" vom Jugendamt an meiner Haustüre klingelte. Ich konnte mich nicht erinnern, dass sie so etwas wie Guten Tag oder Grüß Gott gesagt hätte. Schnurstracks steuerte sie an mir vorbei in mein Wohnzimmer und setzte sich unaufgefordert an den Tisch. Noch bevor ich ein Wort sagen konnte, begann sie damit mir zu erklären, was für ein schlechter Vater ich sei. Es sei doch unerhört, Elisabeth gegen ihre Mutter aufzuhetzen. Und unglaublich zugleich sei ja wohl meine Herzlosigkeit, dem Kind kein Geld zu geben, damit es keine Weihnachtsgeschenke für ihre Geschwister und die Mutter kaufen konnte.

Sofort merkte ich, dass sie zuvor bei meiner Frau gewesen sein musste und die, ihr sicherlich eine Oscar reife Vorstellung abgeliefert hatte. Es gelang ihr immer wieder, die Menschen in ihren Bann zu ziehen und es war geradezu selbstverständlich, dass man ihr glaubte.

Da nutzte es auch nichts, dass ich ihr den Wunschzettel von Elisabeth präsentierte, auf dem alle draufstanden, die sie beschenken wollte. Angefangen über die toten Wellensittiche, bis hin zu der Killerkatze, Elisabeths Halbgeschwister, natürlich ihre Mutter und selbstverständlich auch ich,

Dic Vorurtcilc, dieser alleinerziehenden Mutter von zwei Töchtern, die ihren Männerhass unter dem Deck-

mantel des Jugendamtes auslebte, konnte ich auch
nicht widerlegen, als ich ihr alle Geschenke zeigte,
die bereits schön säuberlich gestapelt, in Elisabeths
Zimmer lagen.
Aber sie fand mich immer noch scheiße als Vater und
dabei blieb es auch nach dieser Aktion. Sie warnte
mich noch, dass sie wiederkommen würde - und dann
wollte sie Elisabeth sehen, die gerade mit ihrer Freundin unterwegs war.
Ich rief ihr noch hinterher, dass sie sich bitte anmelden sollte - aber das schien sie nicht mehr zu hören.

Die Geschichte 39

Und so feierten Elisabeth und ich unser zweites Weihnachtsfest ohne ihre Mutter. Elisabeth besuchte sie zwar, aber es war kein fröhliches Weihnachten für sie. Peter ärgerte sie nach wie vor ständig und schien auch sonst recht planlos herum zu hängen. Emma suchte Trost im Alkohol und in Drogen. Ihre Mutter blieb weiterhin arbeitslos und folgte nur noch den Anweisungen ihres Zwerges, der sie ziemlich kurzhielt. Sie machte keine Anstalten, sich um ihre große Tochter zu kümmern, die immer tiefer in den Abgrund rutschte.

Peter, der von der Schule aus, ein Berufsvorbereitungspraktikum in einem Lebensmittelladen machte, nutzte die Gelegenheit und klaute so ziemlich alles, was er kriegen konnte.
Natürlich flog er raus, als er aufflog. Aber auch das ließ seine Mutter kalt.

Diakonie 3

Irgendwann im Januar 2008 mussten meine Immer-Noch-Frau und ich, in den Nachbarort, zur Diakonie. Das von der Richterin angeordnete gemeinsame Elterngespräch stand an. Herr Schneider, unser Kinderpsychologe hatte es abgelehnt, den Vermittler zu spielen, da für ihn die Sache ohnehin klar war. Er zählte uns zu den zwei Prozent geschiedener Menschen, die nach der Trennung auf keinen Fall mehr irgendwie zusammenkamen. Außerdem schien er der einzige zu sein, der die Unternehmungen meiner Frau durchschaute und sehr wohl ihr großes Potenzial an Kriminalität erkannt hatte.

Also stellte man uns eine Vermittlerin zur Seite, die genauso wie alle anderen, auf meine Frau hereinfiel. Sie nahm fast alle Thesen auf, die meine Frau damals benutzt hatte, um mich los zu werden. Sie versuchte mir einzureden, dass ich wohl als Säufer und Versager damit begonnen hatte, die Kinder zu misshandeln und meine Frau zu schlagen. Ich dachte ich bin im falschen Film und verließ nach einer knappen viertel Stunde das Gespräch. Ich ließ mich doch nicht von dieser blöden Kuh zum Schläger und Kinderschänder abstempeln! In ihren Akten sollte dann später stehen, dass ich nicht kooperativ war!

Gerichtspsychologe 1

Ein paar Tage später tauchte, dann auch noch zu allem Überfluss, der Gerichtspsychologe bei mir auf. Er hatte den Auftrag vom Familiengericht bekommen heraus zu finden, wo Elisabeth denn besser aufgehoben wäre - bei mir oder bei ihrer Mutter.

Nur das sollte schwierig werden, denn Elisabeth hatte nach all der Zeit, in der sich ihre Mutter nicht um sie kümmerte, keine Lust mehr zu ihr zu gehen, nur damit dieser Mensch seine Arbeit machen konnte.

Also schaffte er sofort an, dass ich ihr den Haustürschlüssel abnehmen sollte, damit die gezwungen war, zu ihrer Mutter zu gehen, wenn ich nicht zuhause war.

Psychotherapeutische Praxis 4

„Hat dieser Mensch überhaupt einen Doktortitel!“
schoss es aus meinem Psychologen heraus. Blitzschnell sprang er aus seinem Fernsehsessel nach oben!
„Was soll denn das Kind von ihrem Vater denken,
wenn da ein wildfremder Mensch daherkommt und
dem Vater befiehlt, der Tochter den Schlüssel abzunehmen! - Soll die Tochter ihren Vater denn in Zukunft als Waschlappen ansehen?“

Er schäumte fast vor Wut, über die Inkompetenz
seines Psychologen-Kollegen! Ach was, das war doch
kein Kollege, der hatte ja noch nicht einmal den be-
sagten Doktortitel.

Fast schien es mir, als sei ich der Psychologe. Nur
mit Mühe gelang es mir ihn wieder zu beruhigen. Ich
erzählte ihm erst gar nicht, dass mich dieser Su-
per-Gerichts-Psychologe einen Feigling genannt hatte,
weil ich mich weigerte meiner Tochter den Schlüssel
abzunehmen.

Gerichtspsychologe 2

Ja, dieser Gerichtspsychologe, war in meinen Augen wirklich nicht ganz sauber. Das bemerkte ich sofort und ließ mich deshalb nicht von ihm provozieren, als er Feigling zu mir sagte. Hätte ich ihm eins dafür in die Eier getreten, so hätte in seinem Bericht gestanden, dass ich gewalttätig sei. Aber auch meine passive Haltung veranlasste ihn, in seinen Bericht zu schreiben, dass ich nicht ganz normal sein konnte, weil ich mich einfach so ohne Gegenwehr beleidigen ließ. Auf die Idee, dass er bei mir schon längst verloren hatte und unten durch war, kam dieser Typ nicht, weil er keinerlei Phantasie entwickeln konnte, wie sich immer wieder herausstellen.

Er führte ein Protokoll minutiös von seinen Vermittlungstelefonaten zwischen meiner Frau und mir. Es machte den Eindruck, als ob erwartete, dass das Leben auf den Punkt zu planen sei. Er konnte auch keinen normalen Satz formulieren, da er während des Redens schon überlegte, ob das, was er sagte nicht irgendwie zu seinem Nachteil ausgelegt werden konnte. In meinen Augen hatte dieser Mensch irgendwelche Komplexe, die ihn veranlassten, jeden Menschen einzuschließen, der nicht nach seiner Pfeife tanzte. Vielleicht kam das von seiner Tätigkeit als Gefängnis-Psychologe, die er auch noch ausübte.
Mir schien es unerklärlich, dass dieser Mensch auch noch als Dozent an irgendeiner Hochschule auf

Studenten losgelassen wurde, zumal er im Internet publizierte nur der Henker der Richter zu sein. „Er war fürwahr ein sehr, sehr angenehmes Bürschchen.“

Familiengericht und Gerichtspsychologe

Auf jeden Fall veranlasste die Richterin auf seinen Bericht hin, dass Elisabeth der Schlüssel weggenommen wurde.
Niemand dieser gescheiten Leute dachte je daran, einfach mal nachzuforschen, warum das so war, dass das Kind nicht zur Mutter wollte.
Und ob das, was ich ihnen berichtet hatte, nämlich dass die Mutter sich nicht um das kümmerte, vielleicht doch der Wahrheit entsprach. Nein, das wollten sie einfach nicht hören.
Elisabeth ging dennoch nicht zu ihrer Mutter. Sie setzte sich lieber über zwei Stunden zu ihren Tieren in den Stall und war ziemlich ausgekühlt, als ich abends nach Hause kam. Von da an ließ ich Richterspruch, Richterspruch und Gerichtspsychologen, Gerichtspsychologen sein und versteckte ihr den Haustürschlüssel im Hasenstall, sodass sie in die warme Stube konnte, wenn ich nicht zuhause war.
Wiederum sahen sich die Richterin und ihr Psychologe machtlos meiner Willkür ausgesetzt, was mir natürlich weitere Minuspunkte einbrachte.

Gerichtspsychologe 3

Seine Arbeit konnte der Henker seiner Richterin immer noch nicht machen. Elisabeth weigerte sich weiterhin zu ihrer Mutter zu gehen und sei es auch nur für ein paar Tage.

„Hören sie doch endlich damit auf, ihre Frau ständig zu diagnostizieren!" forderte er mich auf, als ich ihm von den Veränderungen meiner Frau erzählte. Für ihn war sie ganz normal und weit davon entfernt eine Borderlinerin zu sein.

Auf diesen Gedanken kam er nicht. Auch nicht als ich ihm davon erzählte, dass gleich zwei seiner Kollegen anderer Meinung wie er waren.

Und dass es doch ganz normal sei, dass Elisabeth deshalb nicht zu ihrer Mutter gehen wollte, weil sie dort nicht mehr erwünscht war.

Aber der Vergleich mit seinen Kollegen passte ihm gar nicht, denn schließlich war er der große Gerichtspsychologe und hatte alles fest im Griff.

Ich merkte schon, dass es weder der Richterin, noch ihrem Psychologen passte, dass sie so hartnäckig war. Sie sahen sich beide in ihrer Macht unterlaufen und das schien sie zu wurmen.

Die Gangart Elisabeth gegenüber wurde immer härter und ich bekam zunehmend das Gefühl, als ob das Kind für die Taten ihrer Mutter hinhalten sollte.

Außerdem schienen die beiden unserer Tochter den Willen brechen zu wollen - denn Kinder hatten das zu tun, was Erwachsene von ihnen verlangten!

Und Kinder, sowie andere Unterwürfige, hatten in ihren Augen das zu tun, was ein Richter und sein Henker ihnen befahlen!

Der Gerichtspsychologe unterstellte mir, dass ich nicht fähig war, ein Kind zu erziehen. Ich würde gesunde Härte, die man Kindern entgegensetzen müsste, als Züchtigung sehen.

Zu guter Letzt verlangte er von mir, dass ich Elisabeth mit Gewalt zu ihrer Mutter bringen sollte, damit er endlich seine Arbeit tun konnte. Außerdem empfahl er meiner Frau, Elisabeth einzuschließen, wenn sie dann einmal bei ihr wäre. Mit der Bemerkung, dass ich nicht vorhätte, meiner Tochter auf sein Geheiß hin, Gewalt anzutun, verweigerte ich eine weitere Zusammenarbeit mit ihm und schmiss ihn raus.

Es wäre an dieser Stelle wohl überflüssig zu sagen, dass ich in seinem Bericht an das Familiengericht nicht gut wegkam. Der Henker seiner Richterin schrieb mir eine vernichtende Beurteilung!

Genauso wie er für Elisabeth gefordert hatte, dass ihre Mutter sie einsperren sollte, empfahl er, dass man mich in eine psychiatrische Anstalt einweisen sollte!

Außerdem riet er, dass ich meine Tochter nur noch in Begleitung einer Amtsperson sehen sollte, die darauf achtete, dass seine Anweisungen und die des Gerichts eingehalten wurden. Er schien erkannt zu haben, dass ich nicht willens war, mich an seine aberwitzigen Vorschriften zu halten.

Der (All-)Mächtige stand mir hilf- und wehrlos gegenüber - und das musste bestraft werden!

Und so schlüpfte er in seine Rolle, als Henker seiner
unfähigen Richterin. Er lieferte ihr eine Lösung und
ein Urteil - dieser kleine Drecksack der.

Psychotherapeutische Praxis 5

„Dem sollte man seinen Auspuff mit Dämmschaum
aussprühen!" trieb es meinen Psychologen abermals
aus seinem Fernsehsessel, als ich ihm die Beurteilung
zeigte.
Der Gerichtspsychologe sah eine unerklärbare Ten-
denz bei mir, mich selbst zu zerstören! Wie konnte
ich es wagen, ihn rauszuschmeißen. Mir musste doch
bewusst sein, dass er am längeren Hebel saß.
Aber ich hatte nichts für solche machtgeilen kranken
Leute übrig, selbst auf die Gefahr hin, dass er eine
Empfehlung abgab, nach der ich, seiner Ansicht nach,
stationär einzuweisen sei.
Das trieb meinen Herrn Doktor natürlich auf die
Palme, sodass er sich sofort bereit erklärte, eine Ge-
gendiagnose und Beurteilung zu schreiben, aus der
hervorging, dass sich sein Möchte-Gern-Kollege doch
gewaltig in mir getäuscht hatte.
Außerdem konnte er nicht fassen, dass meine Frau in
dessen Beurteilung wesentlich besser wegkam - diese
Borderline-Schlampe!

Familiengericht 3

Diese Gegendarstellung wurde jedoch von der, „die gerne das Sagen hatte", ungelesen, unter ihren Aktenberg geschoben!

Ebenso blieben meine Briefe an sie ungelesen, in denen ich versuchte ihr klar zu machen, dass meine Exfrau ihre Liebe zur Tochter nur deshalb wiedergefunden hatte, weil es ihr ums Geld ging. Sie würde sich genauso wenig um Elisabeth kümmern, wie sie sich um Peter und Emma kümmerte.

Sie forderte, noch förderte sie ihre Kinder.

Selbst die Tatsache, dass Emma immer mehr den Drogen verfiel und Peter sich als Kaufhausdieb hervor tat, noch die Gleichgültigkeit seiner Mutter in diesen Sachen, oder die Bemerkung der Isnyer Polizei, dass sich meine Frau mit der Creme della Creme der Isnyer Unterwelt eingelassen hatte, interessierte sie nicht.

Wir verhandeln hier nicht das Umfeld von Elisabeth, sondern das Umgangs- und Aufenthaltsrecht. Möglicherweise hatte sie noch nie davon gehört, dass das Umfeld in dem Menschen leben, sie prägte. Vermutlich vertrat sie die Meinung, dass jeder, der aus einem schlechten Milieu kam, dieselben Chancen hatte, wie einer aus einer reichen Familie.

Meine Aufzählung, wie es den Mitgliedern meiner Patch-Work-Familie in Zukunft ergehen würde, deute der Gerichtspsychologe so, als ob ich mich aufspielen wollte und alle ohne mich nicht mehr zurecht kämen -

ich konnte, in seinen Augen, einfach nicht loslassen!
„Wenn ich das schon höre, ich kann nicht loslassen!
Da kommt mir ja das große Kotzen!" Es ging hier um
die Zukunft unserer Tochter und um ihre Weiterent-
wicklung - da gab es nichts loszulassen!
Und es ging darum, dass ihr all die Jahre vorgelebt
hatte, dass man für seinen Lebensunterhalt selbst etwas tun musste. Ich wollte nicht, dass sie sich so wie
ihre Mutter von anderen Menschen abhängig machen
würde.
Ich sah voraus, das Emma den Drogen total verfallen
würde, Peter sich als Dieb und Gelegenheitsjobber
durchs Leben mogelte, Elisabeth genau wie ihre große
Schwester an einen Mann geraten würde, der keinen
guten Einfluss auf sie ausüben würde und ihre Mutter,
deren Vater gleich, eines Tages, einsam und verlassen
in irgendeiner Absteige enden würde.
Leider hatte ich mit vielem davon Recht, wie sich
später herausstellen sollte - aber das wollten diese
hochdotierten Arroganzler nicht hören!

Jugendamt 2

Währenddessen suchte die Jugendamt Tante nach weiteren Gründen, die gegen einen Verbleib von Elisabeth bei mir sprachen. Ihr Hauptargument war nun das, das ich ja selbstständig war und schon alleine deshalb keine Zeit für ein Kind hatte.

Also gab ich meine Selbständigkeit auf und ließ mich für fünf Stunden am Tage, vormittags bei einer Maschinenbaufirma als Konstrukteur anstellen.

Das war 2007, knapp eineinhalb Jahre nach der Trennung von meiner Frau.

Die Geschichte 40

Zur selben Zeit suchte der Fußballverein unserer Gemeinde einen neuen Wirt für sein Vereinsheim.
Da das Geld aus dem Fünf-Stunden-Job nicht für den ganzen Monat reichen würde, erschien mir die Idee gut zu sein, abends das Vereinsheim umzutreiben, in dem eine Wohnung im ersten Stock freistand. Außerdem lag das Vereinsheim einen Steinwurf von Elisabeths Schule entfernt, sodass auch für sie dadurch Vorteile entstanden.

Also planten wir meinen sechsundzwanzigsten Umzug im Jahre 2007. Das war keine so gute Idee, denn der Kampf um das Aufenthaltsrecht unserer Tochter ging nun in die entscheidende Phase und ich war zu sehr abgelenkt, als das ich das Vereinsheim ordentlich führen konnte.

Staatsanwaltschaft 1

Zunächst stellte ich einen Strafantrag gegen den Gerichtspsychologen, wegen Anstiftung zur Gewalt gegen Kinder, Nötigung und Aufforderung zur Freiheitsberaubung. Davon bekam natürlich die Richterin Wind, was ihr gar nicht gut gefiel und mir weitere Minuspunkte einbrachte.

Jugendamt 3

Ich fand, dass mein neuer Halbtagsjob und die abendliche Betreuung der Fußballabteilung, die Lösung für mein Betreuungsproblem von Elisabeth waren. Selbstverständlich gehörten dem Verein auch Jugendmannschaften und sogar eine Mädchenfußballmannschaft an, wo Elisabeth eventuell mitspielen konnte. Außerdem befand sich die Wohnung im Haus, sodass sie auch abends immer die Möglichkeit hatte, zu mir zu kommen, wenn ihr etwas fehlte.

Ich dachte, dass es der Jugendamt-Tussi ein Dorn im Auge war, dass ein alleinerziehender Vater eine solch geniale Lösung aus dem Ärmel zog, um ein geregeltes Leben für seine Tochter aufzubauen und dabei die Finanzen auch noch geregelt bekam.

Irgendwie schien ihr selbst dies nicht zu gelingen. Denn nach meinem Auszug erkundigte sie sich nach der Miete des kleinen Hauses, in dem Elisabeth und ich zuvor gewohnt hatten. Aber selbst der relativ günstige Preis war ihr zu hoch, sodass sie sich das Häuschen nicht leisten konnte.

Also war ihr, alle Wirtsleute diskriminierender Kommentar: „Sie wollen doch das Kind nicht in einem Kneipen-Milieu großziehen?"

Was ich auch tat, mir gelang es nicht, Anerkennung bei ihr zu finden.

Deshalb wurde ich bei ihrem Chef vorstellig und beschwerte mich über ihr Verhalten mir gegenüber. Aber der wies mich mit den Worten ab, dass sie nun einmal für den Buchstaben „B" zuständig war und er nicht gewillt wäre, den Fall einer anderen Mitarbeiterin zu übertragen!

Zwerg 2

Elisabeth gefiel die neue Wohnung.

Gelegentlich kam sie abends in das Vereinslokal, wenn Mitschüler von ihr, die in unserem Verein Fußball spielten, zu Trainings- und Spielbesprechungen anwesend waren. Sie fand es cool, dass sie es morgens nur zwei Minuten zur Schule hatte und somit das Ausschlafen bis auf die letzte Minute ausreizen konnte. Außerdem befand sich im Dach der Wohnung ein kleiner Raum, den sie, ähnlich wie ich damals in Gelsenkirchen, zu ihrer Zufluchtsstätte auserwählte. Des Weiteren beherbergte das Gebäude die Räume der Jugendmusikschule. Sie liebäugelte damit, hier ihren Klavierunterricht fortsetzen zu können.

Elisabeths Mutter kümmerte sich weiterhin nicht um sie. Natürlich vermisste die Tochter ihre Mutter und äußerte oft den Wunsch einmal bei ihr zu übernachten. Doch die ließ sich nicht auf den Wunsch des Kindes ein.

An einem Sonntag erzählte Elisabeth, dass ihre Mutter eingewilligt hätte, dass sie bei ihr schlafen konnte. Ich verließ mich auf ihre Aussage und brachte sie mit dem Auto zum Haus der Mutter. Etwa zehn Meter davor ließ ich sie aussteigen, sodass sie zur Haustüre rüber rannte, weil es ein wenig regnete.

Ich überzeugte mich, dass sie ins Haus gelassen wurde und stellte das Auto vor meinem Haus ab. Das war seit Längerem ein Abend, den ich für mich alleine hatte und so beschloss ich mich mit ein paar Freunden auf ein Bier zu treffen. Ich dachte nicht daran, dass sich der Zwerg an diesem Abend, so wie an jedem Sonntagabend, von meiner Frau verabschieden wollte, da er wieder auf Montage musste.

Verabschieden - wie sie immer vor Gericht sagte, bedeutete nichts anderes, als dass er zum Bumsen kam. Aber zu seinem Entsetzen war heute Abend Elisabeth da und es war nichts mit dem erhofften Tête-à-Tête. Also holte er sich seinen Gig auf andere Weise an diesem Abend!

Er rief mich an, beleidigte mich und sagte, dass ich Elisabeth nie wiedersehen werde. Allein seine dämliche Stimme brachte mich auf die Palme. Ich verabschiedete mich von meinen Freunden und ging zur Wohnung meiner Frau, um Elisabeth nach Hause zu holen.

Doch man öffnete mir nicht und der Zwerg saß wieder einmal im dritten Stock am Fenster, von wo aus er mich provozierte und einen auf dicke Hose machte!

Polizei 5

Also rief ich bei der Polizei an, um die Entführung
meiner Tochter Elisabeth zu melden. Aber die kümmerte sich keinesfalls um mein Anliegen. Ich sollte
doch die Notruf-Leitung frei machen hieß es da nur.
Man hätte keine Lust sich um diese Angelegenheit zu
kümmern. Außerdem sei ich wohl betrunken
und ich sollte nun endlich auflegen. - Es war wie
immer, wenn man sie brauchte. Seit die Polizeistation
unserer Gemeinde geschlossen wurde und die Beamten aus der zwanzig Kilometer weiten Nachbarstadt
mit für uns zuständig waren, bekam man immer öfter
eine solche Antwort.
Natürlich hatte ich schon etwas getrunken, aber
schließlich versuchte ich ihnen eine Kindesentführung
zu melden....

Zwerg 3

Ich hatte keine Chance an Elisabeth heran zu kommen. Der Zwerg führte über die Haussprechanlage das Gespräch, in dem er mich ständig beleidigte - aus sicherer Entfernung wie immer.
Also gab ich auf und machte mich auf den Heimweg. Als ich am Parkhaus vorbeikam, lachte mich sein neu lackierter BMW förmlich an.
Sein Statussymbol stand da in der ersten Reihe und lud mich dringend dazu ein, mit dem Fahrradschlüssel einmal ums ganz Auto herum zu laufen und einen in sich geschlossenen Kratzer in den knallroten Lack zu ziehen.
Noch nie zuvor hatte ich in meinem Leben etwas absichtlich kaputt gemacht. Weder meine eigenen Sachen, noch die von anderen Leuten.
Aber das hier, das tat mir in der Seele gut! „I feel good" - „Ich fühle mich gut" - schien James Brown hinter einem der Parkhauspfeiler zu singen!

Danach ging ich heim und legte mich ins Bett.

Es mag wohl so gegen ein Uhr nachts gewesen sein, als mich der Zwerg erneut anrief. Er hatte den Schaden an seinem Auto bemerkt und schien sichtlich getroffen. Doch auch das hielt ihn nicht davon ab, mich weiterhin zu zutexten und in Rage zu bringen.
In meiner Wut schrie ich ins Telefon und hieß ihn alles Schlechte. Ich war so sehr in Rage, dass ich

nicht bemerkte, dass die Polizei, die nun, nachdem der Zwerg den Schaden an seinem Auto gemeldet hatte, in der Wohnung meiner Frau war.
Wegen eines Blechschadens waren sie hierhergefahren, wegen einer möglichen Entführung nicht!
Die Polizei hörte natürlich alles mit und schenkte der Aussage des Zwergs und der meiner Frau Glauben, dass ich ständig dort anrief und die beiden auf diese Art belästigen würde.

Jener Abend war also so richtig Scheiße für mich gelaufen.

Psychotherapeutische Praxis 6

„Das, mein lieber Barowski, das macht den Unterschied zwischen diesem kriminellen Gesockse und dir aus. - Ausgepufft sind die beiden, bis aufs Letzte!"
Und deiner Rechtsanwältin, sollte man auch links und rechts eins an die Backe hauen! Kein Mensch hätte dir beweisen können, dass du das Auto zerkratzt hast. Wie kommt die eigentlich dazu dir zu raten, dich selbst anzuzeigen?
Hat die überhaupt eine Vorstellung davon, was diese Borderline-Schlampe und ihr Zwerg dir angetan haben? Nicht nur, dass sie dir dein Cafe' gestohlen haben - nein die haben dich nun endgültig in den Ruin getrieben! Aus dieser Sache kommst du doch nie mehr raus! Dem Idioten hätte man komplett die Scheiben einschlagen sollen...
„Aber Herr Doktor...," versuchte ich ihm ins Wort zu fallen.
Doch das ließ er nicht zu. Schon lange hatte er wieder seinen Sessel verlassen und irrte in dem kleinen Zimmer umher.
„Was ist das nur für eine Gesellschaft heute. Die Richterin hat überhaupt keinen Plan und ihren Gerichtspsychologen, den kann man doch total in die Tonne klopfen. Die merken gar nicht, wie die von deiner Frau verarscht und eingeseift werden!"
Und der kleine, gutgläubige Junge aus der Bergmannssiedlung steht dieser tschechischen Mafia und diesem Mistzwerg machtlos gegenüber - und warum?

Weil er überhaupt nicht damit gerechnet hat, dass man ihm Böses tun will.

Und weil er schon gar nicht damit gerechnet hat, dass er ausgerechnet von der Frau, die er meinte zu lieben und für die und deren Kinder er alles getan hatte, so sehr aufs Kreuz gelegt zu werden!

In seiner behüteten Kindheit hatte er solche Hinterhältigkeit niemals zu spüren bekommen. Wie soll denn so einer üben, wie er sich gegen so viel Heimtücke schützen soll?

Nein, der geht hin, emotional geladen, bis an die Haarspitzen und wehrt sich auf die einzig richtige Art und Weise - weil er es nicht nur mit Verbrechern zu tun hat, nein, weil die auch noch feige sind und sich hinter verschlossenen Türen im 3. Stock eines Hauses verbarrikadieren", ergoss sich seine Analyse ohne Punkt und Komma über mich.

„Ich würde dich ja liebend gern in Bosheit trainieren, aber das wäre sicherlich kein Therapieerfolg. Warum sollte ich diesem sympathischen Menschen so etwas antun? Das passt doch gar nicht zu diesem Bergmannsbuben, der auszog, das große Glück zu finden und stattdessen, an diese Borderlinerin geriet.

Nein, boshaft musst du nicht werden, aber vielleicht etwas abgezockter..."

Amtsgericht 2

Nicht, dass mir meine Rechtsanwältin nur riet, mich
selbst anzuzeigen, nein,
sie sagte auch, dass ich zu dieser Verhandlung wegen
Sachbeschädigung nicht hingehen sollte.

Ich hätte damals nicht auf sie hören sollen. Vielleicht
wäre das meine Chance gewesen, einmal vor Gericht
zu schildern, was hier so mit Schneewittchen und
ihrem Zwerg abging. Aber das unterließ ich leider.

Im Urteil war dann zu lesen, dass ich dem Zwerg
eintausend Euro für die Neulackierung seines Wagens
zahlen musste.
Zu der mir auferlegten Geldstrafe von weiteren
achthundert Euros, kamen noch weitere vierhundert
wegen Stalkings dazu.
Ersatzweise konnte ich 28 Tage in Haft gehen oder die
Strafe in einer sozialen Einrichtung abarbeiten.

Ich entschied mich für Letzteres.

So kam es, dass ich wieder in meiner ehemaligen
Zivildienststelle landete und dort im Freizeitpädagogi-
schem Dienst als Busfahrer für Behinderte arbeitete.

Staatsanwaltschaft 2

Etwa zeitgleich bekam ich ein Schreiben von der Staatsanwaltschaft Ravensburg. Man teilte mir mit, dass das Verfahren gegen den Gerichtspsychologen eingestellt worden sei.
Meine Vorwürfe seien wohl gerechtfertigt gewesen. Aber nachdem ich mich geweigert hatte, mit Gewalt gegen meine Tochter vorzugehen, war ihr ja nichts geschehen.
Und die reine Anstiftung zur Gewalt gegen Kinder, Nötigung und Aufforderung zum Freiheitsentzug sei nicht strafbar, solange es nicht dazu käme.

Somit hatte ich diesen Idioten auch noch vor einer Strafverfolgung bewahrt, weil ich mich nicht auf seine Forderungen einließ.
Hier wurde mir sozusagen bestätigt, dass meine Auffassung von Erziehung wohl doch die richtigere war, als die seine, Kinder eine gewisse Härte spüren zu lassen.

„Ganz toll", dachte ich bei mir.

Und dieser Dreckskerl schreibt in seine Beurteilung über mich, dass ich nicht ganz bei Trost sei und eingesperrt gehöre!

Staatsanwaltschaft 3

Ein paar Tage später erhielt ich erneut Post von der Staatsanwaltschaft. In diesem Schreiben forderte man mich auf, neben einer Zahnbürste einige wichtige Dinge in mein Kulturtäschchen zu packen und mich binnen vier Tage in der Justizvollzugsanstalt einzufinden.

Irgendwie verstand ich die Welt nicht mehr - sollte das die Strafe dafür sein, dass ich diesen Gerichtspsychologen angezeigt hatte? Auf jeden Fall war ich erst mal ganz schön von den Socken.

Also rief ich beim ermittelnden Staatsanwalt an und fragte nach, was mir denn den bevorstehenden Freiheitsentzug eingebrockt hatte?

Er hatte in der sozialen Einrichtung angerufen, in der ich eigentlich meine Strafe wegen des Autos abarbeiten sollte. Doch dort kannte mich angeblich niemand, sodass er davon ausging, dass ich ihn täuschen wollte. Aber offenbar hatte er in der falschen Abteilung angerufen.

Mein Vorgesetzter rief noch am selben Tag beim Staatsanwalt an und bestätigte ihm, dass ich schon mehr als die Hälfte meiner Strafe abgebrummt hatte. Also durfte ich dieser netten Einladung fernbleiben!

Polizei 6

Kurz darauf erhielt ich aber eine neue Einladung.

Dieses Mal kam sie von der Polizei. Meine Frau hatte
mich wegen Beschädigung ihres Autos angezeigt.

Der Zwerg hatte ihr einen alten Ford Escort Caprio
geschenkt, in den jemand eindringen wollte. Das
Schiebedach wurde mit einem Messer bearbeitet und
so lautete die Beschuldigung Diebstahl und Beschädigung ihres Fahrzeuges. Auf meine Frage hin, wieso
denn gleich noch Diebstahl, wurde mir gesagt, dass
ich in das Auto eindringen wollte, um etwas zu stehlen.
Ich protestierte gegen diese Aussage, weil ich weder
etwas stehlen wollte, noch mit dieser Straftat etwas zu
tun hatte.
Dennoch trieb man mich in ein Zimmer zum Verhör.
Ich hatte wirklich nichts mit der Sache zu tun, aber
das wollte man mir nicht glauben, „weil ich in den
letzten Monaten" vermehrt auffällig geworden war!
Wieso vermehrt?
„Ja ihre Frau hat sie doch wegen Kindesmisshandlung, Stalking, Sachbeschädigung am Auto ihres
Freundes, Schläge gegen sie und, und, und... angezeigt", gab man mir zu verstehen.
„Entschuldigung, sie wissen doch, was da gerade
abläuft. Außerdem haben ihre Kollegen doch ganz
klar feststellen können, dass ich kein Kind geschla-

gen oder misshandelt habe. Gut - das mit dem BMW, das war ich wohl. Aber dazu stehe ich ja auch, durch meine Selbstanzeige und meinem sozialen Dienst, den ich gerade ableiste!"
„Das ist uns egal, wir werden sie jetzt in unsere Verbrecherkartei aufnehmen!", sprach ,s, hielt mir eine Nummer an die Brust und zog aus irgendeiner Schublade einen Fotoapparat heraus, um mich abzulichten.

Erst als ich mich ganz massiv gegen sein Vorgehen sträubte, ließ er von seinem Vorhaben ab. „Also gut, dann will ich aber eine Speichelprobe, damit wir diese mit den Blutspuren am Fahrzeug vergleichen können - sie können ja dadurch ihre Unschuld beweisen! Widerwillig stimmte ich zu.
Ein Anwalt sagte mir später, dass die Herren von der Polizei wohl unrechtmäßig gehandelt hatten. Ein solch banales Vergehen rechtfertige niemals dieses Vorgehen der Polizei - ich sah von der Dienstaufsichtsbeschwerde ab, zu der er mir riet, weil mein Leben ohnehin schon voll genug war.

Familiengericht 4

Nach all dem Hin und Her wurde ein weiterer Termin beim Familiengericht angesetzt.

Es war gegen Ende 2007, als sich Emma, die älteste Tochter meiner Frau dazu durchgerungen hatte, gegen ihre Mutter vor Gericht auszusagen.

Das tat sie mit schweren Herzen, denn sie liebte natürlich ihre Mutter, so wie ein Kind sie eben liebte.

Dennoch war sie der Meinung, dass es Elisabeth bei mir besser ging, als bei ihrer Mutter.

Sie litt sehr darunter, dass Natasha sich kaum Zeit für sie nahm. Die Schließung des Lokals war auch für sie ein herber Rückschlag gewesen, weil es ihr sehr viel Spaß gemacht hatte dort zu arbeiten. Das war das erste Mal, dass sie überhaupt Spaß an einer Arbeit fand und zudem noch Geld dabei verdiente, sodass sie und ihr kleiner Sohn sich etwas mehr leisten konnten als zuvor. Doch auch das hatte ihr ihre Mutter zerstört und ließ sie nun, wie all die Jahre zuvor, im Regen stehen.

Es kam aber nicht dazu, dass Emma gehört wurde, da für die, „die gerne das Sagen hatte", bereits feststand, wie sie entscheiden würde.

Sie hatte keine Lust eine weitere Zeugin zu hören und tat dies auch nicht!

Und so geschah es, dass sie zu Beginn der Verhandlung, Anfang 2008, Elisabeth in einem Nebenzimmer des Gerichtes, mitteilte, dass das Kind von nun an bei der Mutter wohnen musste! Das gefiel Elisabeth überhaupt nicht, sie schrie die Richterin an: „Du blöde Kuh! - Lass mich doch in Ruhe!" und rannte aus dem Gerichtsgebäude.

Dieses Ereignis brachte mir eine heftige Rüge ein: „Was haben sie bloß mit dem Kind gemacht! Sie haben sie doch gegen mich aufgehetzt - noch vor einem Jahr hätte sie sich niemals eine solche Frechheit erlaubt!"

Sie kam nicht im Entferntesten darauf, dass ihre Entscheidung eine solche Reaktion bei unserer Tochter auslöste! Die, „die gerne das Sagen hatte", wurde ja durch das Supergutachten ihres Henkers darin unterstützt, dass sie im Recht war - und ohnehin am längeren Hebel saß.

So kam es also, dass sie entschied, dass Elisabeth ab sofort bei ihrer Mutter zu wohnen hatte. Sogleich wurde die Höhe des Kindesunterhalts festgelegt, den ich ab sofort an meine Frau zu zahlen hatte. Es interessierte niemanden mehr, dass Elisabeth nun ganze zwei Jahre seit der Trennung ihrer Eltern beim Vater gelebt hatte. Nicht einen Cent Kindesunterhalt hatte die Mutter während dieses Zeitraumes zahlen müssen!

Ebenso ging das Kindergeld ging nun endgültig auch an die Mutter!

Mir wurde ein Besuchsrecht eingeräumt, nachdem ich meine mittlerweile 12-jährige Tochter von nun an nur noch an jedem zweiten Wochenende und Mittwochnachmittags sehen durfte.

Dann vollzog sie endlich die Scheidung. Meinem
Antrag, wonach meine, nun Exfrau, meinen Familien-
namen ablegen solle, wurde nicht stattgegeben!
Ich beauftragte meine Anwältin sofort, dass sie Berufung gegen dieses Urteil einlegen sollte.
Das tat sie auch, jedoch ohne ein Gegengutachten
zu beantragen, obwohl sie es ebenso wenig fassen
konnte, was dieser Henker seiner Richterin in seinem
Gutachten verfasst hatte! Ich verließ den Gerichtssaal,
um meine Tochter zu suchen. Wir fuhren gemeinsam
zurück nach Hause und sie wohnte von da an weiter
bei mir - weil ich mich nicht um das Urteil dieser
unfähigen Richterin scherte!
Ebenso setzte ich mich ein weiteres Mal mit dem
Jugendamt in Verbindung, um nun endlich eine neue
Sachbearbeiterin zu bekommen. Denn die hatte einen
guten Teil dazu beigetragen, dass mir das Sorgerecht
für meine Tochter entzogen wurde. Als schwerwiegenden Grund fügte sie zuletzt an, dass ich mich
weigerte, jemals wieder ein Wort, in diesem Leben,
mit meiner Exfrau zu sprechen! Und dazu musste man
immer bereit sein, wenn man ein Kind gemeinsam
großziehen wollte. Ich war in ihren Augen einfach nur
unkooperativ und das gehörte bestraft! Auch bezahlte
ich keinen Kindesunterhalt an meine Exfrau, da Elisabeth weiterhin bei mir wohnte. Das Kindergeld jedoch
strich sie ein, ohne sich bei uns zu melden, damit
Elisabeth nun zu ihr ziehen sollte!

Die Geschichte 41

Ich ging meiner Arbeit nach, betrieb das Vereinslokal
am Abend.
Elisabeth hatte ihre Katzen, nicht weit zur Schule und
lebte an meiner Seite in Frieden und Zufriedenheit
weiter.
Die Mutter jedoch, kümmerte sich keine Minute um
das Kind!
Immer wieder machte ich das Jugendamt darauf aufmerksam, dass die Mutter sich immer noch nicht um
ihre Tochter kümmerte. Aber von dort kommt keine
Antwort.
Die versprochene Betreuung durch das Jugendamt
bleibt ebenso aus, wie ein Einschreiten dagegen, dass
sie immer noch bei mir wohnte.
Im Frühsommer unternahm ich mit Elisabeth eine
Radtour. Wir wollten einmal um den Bodensee fahren.
Doch diese Idee verwarf ich noch am Abend des
ersten Tages, an dem wir unterwegs waren. Ich hatte
nicht mit der Tierliebe meiner Tochter gerechnet. Bei
jeder Gelegenheit und an jedem Bauernhof, an dem
wir vorbeikamen, begrüßte sie jedes Tier einzeln und
„per Handschlag".
Katzen, Hunde, Pferde, Schweine, Kühe, ja verdammt, davon hatten wir hier im Allgäu reichlich...
Die Sonnen Veranda eines Einzelhofs kostete uns
geschlagene zwei Stunden. Wir entdeckten dort sage
und schreibe siebzehn kleine Kätzchen, die sich am
Sonnenschein erfreuten.

Ich hatte echt Mühe, Elisabeth dazu zu bewegen, dass wir weiterfuhren. Doch schon nach zweihundert Metern standen sechs wunderschöne Pferde auf der Weide, die natürlich alle einmal gestreichelt werden wollten!

Wir brauchten für die knapp fünfzig Kilometer von Isny nach Lindau vierzehn Stunden. Das Zelt bauten wir im Dunkeln auf dem Campingplatz auf.

Trotz aller Verzögerungen hatten wir einen tollen Tag und ich war sehr überrascht, mit welcher Leichtigkeit Elisabeth diese Radtour bewältigt hatte.

Wir blieben vier Tage auf dem Campingplatz und unternahmen Tagesausflüge im Bodenseegebiet. Danach waren wir uns einig, dass das eine sehr schöne Ferienwoche war.

Auch während der Schulzeit machten wir einige Ausflüge. Dabei passte ich die Ziele unserer Touren, den Themen des Erdkundeunterrichts an. Und so kamen wir auf die Schwäbische Alb, wo wir Tropfsteinhöhlen besuchten oder unternahmen eine Bootsfahrt in den imposanten Stromschnellen am Rheinfall bei Schaffhausen.

Immer hatten wir mächtig Spaß dabei und bei kurzen Ausflügen begleiteten uns auch schon mal Klassenkameraden von Elisabeth.

Bis Anfang 2009 ging es unbeschwert und lebendig bei uns zu. Ständig waren ihre Freundinnen bei uns zu Besuch.

Doch dann bekamen wir Besuch ganz anderer Art: Der Termin am Oberlandesgericht rückte immer näher. Urplötzlich drang die Tante vom Jugendamt, meine Ex und die Besatzung eines Streifenwagens in unsere Wohnung ein und forderten die Herausgabe von Elisabeth.

Ich saß gerade beim Frühstück - Elisabeth verbarrikadierte sich in ihrem Zimmer! Aber das nützte ihr nichts! Sie wurde mir, im Auftrag des Jugendamtes, mit Polizeigewalt aus der Wohnung geholt!

Keine Sau scherte sich darum, dass Elisabeth nun fast ein Jahr lang, nach dem Urteil des Amtsgerichts bei mir gewohnt hatte und dass die Mutter sich wiederum nicht um sie gekümmert hatte.

Der Termin am Oberlandesgericht stand an - und dort wollte man nun behaupten, dass Elisabeth bei ihrer Mutter lebte.

Ich riss mich zusammen, um nicht auf die Beamten und diese blöde Sau vom Jugendamt loszugehen - aber darauf hatten sie sicherlich nur gewartet.

Also unterließ ich es, was bei der Jugendamt Tante wohl den Eindruck erweckte, dass es mir nichts ausmachte, dass man mir mein Kind stahl und mich nun endlich als Vater entsorgte!

An anderer Stelle behauptete sie dann, dass es mir egal gewesen sei, als man mir Elisabeth wegholte. Ich hätte seelenruhig am Frühstückstisch gesessen und teilnahmslos in der Gegend herum geguckt!

Wenn sie auch nur geahnt hätte, dass ich kurz davor stand ihr den Schädel einzuschlagen...

Aber was würde das bringen. Irgendwann in diesem Leben würde Elisabeth meine Hilfe benötigen und ich konnte sie ihr nicht geben, weil ich im Gefängnis verrotten würde.

Außerdem wollte ich dem Kind keine solche Gewalttat zumuten - hatte sie doch sicherlich damit zu kämpfen, dass sie nun, gegen ihren Willen, mit Polizeigewalt aus ihrer geliebten Umgebung gerissen wurde. Nicht nur, dass sie nun zu ihrer Mutter ziehen musste, nein, auch ihre geliebten Tiere würde sie jetzt abgeben müssen, da ihre Mutter unter Katzenallergie litt und ohnehin kein Platz für irgendwelche Käfige in ihrer kleinen Wohnung hatte, wie sie behauptete.

Die Geschichte 42

Aber auch das stimmte nicht. Zu jener Zeit wohnte
sie in einem kleinen Häuschen, in dessen Garten sehr
wohl die Hasenkäfige aufgestellt werden konnten.
Und so stellte ich ihr sämtliche Käfige an dem darauffolgenden Tage vor die Haustüre, damit Elisabeth
zumindest ihre kleinen Freunde nicht verlor.
Sie sollte mir jedoch knapp eine Woche später berichten, dass ihre Mutter ihr einreden wollte, dass die
Tiere, mitsamt den Käfigen, abgehauen waren.
Obwohl sie das ihrer Mutter natürlich nicht glaubte,
ergab sie sich in ihr Schicksal, immer noch darauf
hoffend, dass man am Oberlandesgericht die Sache
noch einmal zu ihren Gunsten umdrehen würde.

Ich blieb alleine in der Wohnung zurück und fühlte
mich so leer, wie man sich nur fühlen konnte. In der
Luft schwangen die Klänge von Joe Cockers „Don't
let me be misunderstood!" - „Ich bin nur ein Mann
dessen Absichten gut sind - oh Gott lass es nicht zu,
dass ich so missverstanden werde!"
Doch auch der schien sich aus meinem Leben verab-
schiedet zu haben - er gab mir kein Zeichen.
Einige Tage später wurde ich abermals auf die Polizeiwache vorgeladen. Dort teilte man mir dann mit, dass
sie den wahren Täter, der versucht hatte in das Auto
meiner Ex einzubrechen, gefasst hatten. Das Verfahren gegen mich sei eingestellt - „Scheiß drauf!", dachte ich bei mir, das ist sowieso nicht mehr wichtig.

Elisabeths Mutter ging es finanziell sehr schlecht, weil sie sich auch in dem Zwerg getäuscht hatte! Der sah überhaupt keinen Grund sie irgendwie finanziell zu unterstützen. Sein Ziel, mir das Cafe' zu stehlen, war gründlich danebengegangen. Andererseits verlor Natasha dadurch aber ihre einzige Einnahmequelle, sodass sie gezwungen war, weiterhin bei ihm zu bleiben, da sie keine andere Alternative sah.

Natürlich liebte Elisabeth ihre Mutter genauso wie mich. Nur die nutzte das geschickt aus: In einer filmreifen Szene - Oscar, ließ grüßen - in der sie von ihrer finanziellen Notlage berichtete, beeinflusste sie Elisabeth so sehr, dass diese mir bei ihrem nächsten Besuch fünfhundert Euro aus dem Schlafzimmer- schrank stahl.

Ich wusste natürlich sofort, dass es Elisabeth war, da sonst niemand anderer Zugang zu meiner Wohnung hatte. Und schon war das passiert, wovor ich unsere Tochter schützen wollte. Genau wie ihr Halbbruder begann sie nun zu stehlen, da ihre Mutter keinerlei finanziellen Spielraum hatte.

Das war das, worauf ich in den letzten Jahren vor Gericht hingewiesen hatte - doch die, „die gerne das Sagen hatte", verhandelte ja nicht das Umfeld, in dem Elisabeth von nun an leben sollte - nein sie verhandel- te Elisabeth, wie sie sich immer ausdrückte.

Natürlich berichtete ich der Richterin von dem Vor- fall. Aber meine Ex stritt den Diebstahl ab und ließ durch ihren Anwalt mitteilen, dass die Richterin gut entschieden hatte, da ja nun endlich mein schlechter

Charakter zum Vorschein kam. Wie konnte ein guter
Vater nur solche Lügen über seine Tochter verbreiten?
Das sei ja geradezu widerlich!
Und die Richterin glaubte ihr abermals, da sie davon
überzeugt war, dass Elisabeth bei ihrer Mutter in einem guten Umfeld aufwachsen würde!
Es hatte auch keine Folgen, als Elisabeth, auf mein
Nachfragen hin, einige Tage später zugab, das Geld
genommen zu haben. Sie hatte sich davon, bei einer
gemeinsamen Shopping-Tour mit ihrer Mutter, ein
neues Handy gekauft. Ihre Mutter hätte den Rest des
Geldes für neue Klamotten auf den Putz gehauen.
Ich zeigte meine Tochter wegen des Diebstahls nicht
bei der Polizei an. Ich wollte nicht, dass sie irgendwelche Probleme bekam und ich wollte schon gar
nicht, dass es eventuell irgendwelche Einträge in ihr
Führungszeugnis gab. Sie befand sich, bei Gott, schon
genug auf diesem schwindelerregenden Karussell der
Gefühle, hervorgerufen, durch diese Scheidungsschei-
ße.
Wenige Tage später klingelte es in den Morgenstunden an meiner Haustüre.

Elisabeth kam vor Schulbeginn bei mir vorbei und
berichtete, dass sie gestern im Sportunterricht auf den
Rücken gefallen sei. Seitdem hatte sie große Schmerzen, die sich über Nacht noch verschlimmert hätten.
Ihre Mutter sah keinen Anlass, mit ihr zu einem Arzt
zu gehen. „Stell dich nicht so an!", war ihr einziger Kommentar, „Und schau, dass du zur Schule

kommst."
Doch zur Schule konnte sie nicht gehen, da sie sich kaum rühren konnte. Also suchte sie Hilfe bei mir. Natürlich setzte ich sie sofort ins Auto und fuhr sie zum Hausarzt.
Der berichtete mir, nach einer kurzen Untersuchung, dass er kein gutes Gefühl bei der Sache hatte. Es konnte unter Umständen auch die Wirbelsäule verletzt sein, wegen der großen Schmerzen und so überwies er uns sofort ins Krankenhaus zum Röntgen.
Es stellte sich zum Glück heraus, dass sie lediglich eine schwere Rückenprellung hatte und nun nach Hause gehen sollte, um sich zu erholen.
Doch Elisabeth wollte nicht nachhause gehen - „Die kümmert sich ja doch nicht m mich!", war ihr berechtigter Einwand, in Hinblick auf ihre Mutter.
Also beschlossen wir gemeinsam zum Jugendamt zu fahren, um zu berichten, wie es um die Fürsorge der Mutter wirklich bestellt war.

Auf halber Strecke zum Jugendamt klingelte mein Handy.

Polizei 8

„Hier spricht die Polizei - Herr Barowski wir haben
erfahren, dass sie ihre Tochter vom Schulbesuch abge-
halten haben und nun mit unbekanntem Aufenthalt mit
ihrer Tochter unterwegs sind."
Ich schilderte ihm die Ereignisse des Morgens und
gab an, dass wir auf dem Weg zum Jugendamt waren,
um davon zu berichten!
Doch das interessierte ihn überhaupt nicht: „Das
Jugendamt steht bereits vor ihrer Haustüre und die
Polizei auch. Wir fordern sie auf, sofort nachhause zu
kommen, oder wir leiten eine Fahndung und ein Verfahren gegen sie wegen Kindesentführung ein! - Und
glauben sie mir, das meine ich ernst!"

Die Geschichte 43

Es blieb mir also nichts anderes übrig als zu wenden
und wieder zurück zu fahren.
Es gab richtig Ärger, wegen dieser Aktion und die
Jugendamt-Tussi fuhr mich an, dass ich es in Zukunft
unterlassen soll, mich in Dinge einzumischen, die
mich nichts mehr angingen - schließlich wurde mir
das Sorgerecht aberkannt und solche Dinge seien nun
Sache der Mutter.
Sie wollte ums Verrecken nichts davon wissen, dass
sich die Mutter geweigert hatte, ihrer Tochter zu helfen. Außerdem, sagte ich ihr, dass sie sich ihre blöden
Ratschläge sonst wohin stecken konnte - ich werde
jedes Mal wieder, wenn sich meine Tochter in einer
Notsituation befand, Hilfe leisten - Sorgerecht hin
oder her!
„Das werden wir ja noch sehen", erwiderte sie und
machte sich auf den Weg.
Im Augenwinkel, sah ich, dass Elisabeth einen mit-
telgroßen Stein aus meinem Blumenbeet genommen
hatte. Ich konnte sie gerade noch daran hindern, dass
sie ihn in Richtung Jugendamtsautorität schleuderte,
wenngleich es mir gut gefallen hätte, dieser blöden
Gans einen vor den Kopf zu geben...

„Ich glaube, es ist unnötig zu sagen, dass ich bei
meinem anschließenden Besuch auf dem Jugendamt
wieder nicht erreichen konnte, dass Elisabeth eine
andere Betreuerin bekam."

„Sie werden das schon beim Oberlandesgericht richten, Herr Barowski“, war die plumpe Antwort, mit der
ich aus dem Zimmer befördert wurde.

Oberlandesgericht

Beim Oberlandesgericht, gab es aber nichts zu richten.
Zu gut hatten Jugendamt, Gerichtspsychologe und
Familienrichterin die Sache manipuliert.
Die Verhandlung, in der meine Tochter und ich so
große Hoffnungen gesetzt hatten, war noch schlimmer
als meine beiden Kriegsdienstverweigerungsverhand-
lungen Jahre zuvor.
Es dauerte lediglich zwanzig Minuten, dann war das
Urteil des Familiengerichts bestätigt!
Meine Anwältin sagte kein Wort, die Jugendamt-Tussi
durfte nochmals sagen, dass sie es lieber sähe, Elisabeth in ein Heim zu stecken, bevor man sie dem Vater
zusprechen würde.
Der Henker seiner Richterin musste darstellen, warum er empfahl, dass ich in Zukunft nur noch in Begleitung einer Aufsichtsperson meine Tochter sehen
sollte. Dabei räumte er, auf nochmaliges Nachfragen
des Richters ein, dass er nicht erkennen konnte, dass
Gefahr für Elisabeth durch mich bestand. Vielmehr
habe es sich herausgestellt, dass ich mich während
seiner Vermittlungsarbeit nicht an Vorgaben und Ab-
sprachen halten wollte und es deshalb notwendig sei,
mich zu maßregeln.
Ich selbst kam nicht dazu, mich zu rechtfertigen und
die Dinge so darzustellen, wie sie sich aus meiner
Sicht verhielten. Nach einem halben Satz, unterbrach
mich der Richter und zog sich mit seinen Schöffen zur
Urteilberatung ins Nebenzimmer zurück. Er ließ mich

einfach stehen...

Nach ein paar Minuten kam er zurück und bestätigte das Urteil, dass Elisabeth von nun an bei der Mutter wohnen musste.

Daraufhin rannte sie aus dem Gerichtsgebäude und war zunächst einmal in der Großstadt verschollen. Niedergeschlagen und enttäuscht verließ ich den Sitzungssaal. Als ich vor das Gerichtsgebäude auf die Straße trat, stürzte sich ein Schwarm von Krähen vom Dach des Hauses auf mich herab, um knapp über meinem Kopf nach oben zu ziehen, sodass sich die Sonne für einen Augenblick verdunkelte. Der Schreck stieß mir durch Mark und Bein und ich spürte, wie sich der dunkle Schatten der Vögel über meine Seele ausbreitete. Ich wusste sofort, dass ich ihn nie wieder loswerden würde.

Hinter mir lief Elisabeths Mutter aufgeregt aus dem Gerichtsgebäude.

Die Jugendamt-Tussi forderte mich auf, das Versteck von Elisabeth zu verraten, schließlich wollte man frühzeitig wieder zuhause sein.

Ganz abgesehen davon, dass ich nicht wusste wohin Elisabeth gelaufen war, sagte ich ihr, dass sie ja nun erreicht hatte, worauf sie so besessen hingearbeitet hatte - und „Im Übrigen geht mich das hier alles nichts mehr an - schließlich habt ihr mich ja jetzt erfolgreich entsorgt!" Schon vergessen?

Ich setzte mich in die Straßenbahn, um zum Parkplatz
außerhalb der Stadt zu gelangen. Elisabeth meldete
sich per Handy bei mir und wollte unbedingt mit mir
nach Hause fahren. Aber das ging nicht, zu frisch
waren die Erinnerungen daran, wie Polizei und Jugendamt über mich herfielen, weil ich ihr damals bei
ihrem Sportunfall geholfen hatte.
Ich hatte kein Sorgerecht mehr für meine Tochter und
die Hyänen waren ganz in der Nähe, um über mich
herzufallen, wenn ich abermals gegen ihre Beschlüsse
und Urteile verstieß!
Ich versuchte es ihr, so gut es ging zu erklären und
forderte sie auf, ihre Mutter anzurufen, um sich mit
ihr zu treffen und heim zu fahren.
Doch sie legte auf...
Bei meinem Auto angekommen, erhielt ich einen
Anruf meiner Ex, die mich anflehte, nach Elisabeth
zu suchen, aber da war mein Kopf schon so leer, dass
ich nur noch ins Telefon schrie: „Schau selbst, wie du
damit klarkommst, du und dein verlogener Anwalt!“
Dann legte ich auf.
Ich konnte mich nicht mehr an die lange Fahrt zurück
ins Allgäu erinnern.
Im Radio lief Rod Stewart:
„I Don‘t Want To Talk About It!“

Frei übersetzt...

„Ich kann es von meinen Augen ablesen, dass ich
wohl für immer weinen werde.
Und die Sterne am Himmel sagen nichts zu mir, sie
sind wie leere Spiegel.
Ich will nicht darüber sprechen, wie sie mir mein Herz
gebrochen haben.
Wenn ich nur ein kleines bisschen länger hier an deiner Seite bleibe, mein Kind, dann wirst du von meinem Herzen nichts mehr hören, außer, dass es bricht
- oh mein Herz...
Wenn ich ganz allein hier stehe, werden die Schatten
die Farben meines Herzens verdecken, traurig fallen
die Tränen, und es brechen die Ängste der Nacht über
mich herein.
Und die Sterne am Himmel sagen nichts zu mir, sie
bleiben fahle Spiegel.

Ich will nicht darüber sprechen, wie sie mir mein Herz
gebrochen haben.
Wenn ich nur ein kleines bisschen länger hier an deiner Seite bleibe, mein Kind, dann wirst du von meinem Herzen nichts mehr hören, außer, dass es bricht
- oh mein Herz...

Alptraum 3

Jessica war über den Tod ihres Vaters schockiert. Sie wusste wer dafür verantwortlich war. Von dem Tage an, da man sie mit Polizeigewalt aus seiner Wohnung geholt hatte, war sein Leben zum ersten Mal zu Ende. Seine lustigen Sprüche waren von heute auf morgen verstummt. Es gab kein Lächeln mehr in seinem Gesicht. Oft sagte sie zu ihm, dass er nicht so traurig schauen sollte - aber er konnte wohl nicht mehr anders.

Wenn sie telefonierten, sagte er immer wie sehr er sie vermisste. Dass sie ihn liebhatte, das wusste er wohl, aber das vermochte ihn auch nicht aus seiner Depression zu reißen.

Nur zu gut konnte sie sich an den Tag erinnern, als sie sich schwer verletzt hatte. Ihr Vater wollte ihr helfen, aber die Polizei drohte damit ihn zur Fahndung auszuschreiben, weil er sie angeblich entführen wollte.

Sie sah ihn noch ganz genau vor ihr stehen, als er versuchte sie vor den Gewaltandrohungen des Gerichtspsychologen zu schützen und diesen aus dem Haus jagte. Nein, das alles konnte nicht ungestraft bleiben.

Und so dachte sie darüber nach, wie sie es diesen Herrschaften heimzahlen konnte. Natürlich würde sie nicht Leben für Leben fordern. Aber einen gehörigen Schrecken sollte man dieser Bande schon einjagen, damit sie sich bewusstwurden, was sie da eigentlich verbrochen hatten...

Die Geschichte 44

Doch es blieb nicht nur bei der Entscheidung des Oberlandesgerichts.

Nein, meine Ex klagte unverschämt, wie sie war, auch noch den Unterhalt für das zurückliegende Jahre ein, in dem Elisabeth bei mir gewohnt hatte.

Elisabeth selbst war so sehr verunsichert, dass sie sich nicht traute, mich zu grüßen, wenn wir uns zufällig in der Stadt trafen. „Papa, ich darf erst wieder am Mittwochnachmittag mit dir reden oder am Wochenende, wenn ich bei dir bin!"

Ich versuchte ihr so gut es ging zu erklären, dass ich nach wie vor ihr Vater war und immer für sie da sein werde. Ich war nicht sicher, ob sie mit mir einer Meinung war, dass wir uns nicht an die Vorgaben das Gericht halten wollten. Aber sie grüßte mich von da an und gab mir sogar einen Kuss, wenn wir uns verabschiedeten.

In der Zeitung war zu lesen, dass in Italien ein Familienvater einen Richter erschossen hatte, weil der ihm die Kinder weggenommen hatte. Ich fragte mich, warum ich so viele italienische Freunde hatte, ohne dass ihr Temperament auf mich übergegangen war...

Mein einsames Leben ging weiter. Leben, tja, Leben konnte man das eigentlich nicht mehr nennen.

Das Finanzamt pfändete die Rückstände, die ebenfalls von meiner Exfrau hätten mitgetragen werden sollen. Aber sie blieb in ihrer Buddha-Haltung und konnte sich aus irgendwelchen Zahlungen heraushalten.

Die unfähige Richterin gab ihr bei den Unterhaltszahlungen Recht und meine Anwältin sagte auch zu dem
Beschluss nichts, dass sie mich bis unter die Selbster-
haltungsgrenze pfänden ließ!
Ich hatte den Eindruck, als ob die, „die gerne das Sagen hatte" aus dem Holz geschnitzt war, aus dem man
Amokläufer und Terroristen machte.

Von da an standen mir nur noch 760,00 Euro im Monat zur Verfügung und ich hing echt am Hungertuch,
da die Wohnung schon 480,00 Euro koste!
Da meine Anwältin weiterhin schwieg, entließ ich sie.
Irgendwie verzichtete sie danach auf die Begleichung
ihrer letzten Rechnung. Bei mir gab es ohnehin nichts
mehr zu holen...

Und so stand im März 2009 ein weiterer Umzug an.
Ich konnte die Wohnung und das Lokal nicht mehr
halten. Und so zog ich in eine Zweizimmer-Wohnung
in eine kleine Nachbargemeinde - Umzug Nr. 27.
Mit Elisabeth war die ganze Lebendigkeit aus meinem
Leben verschwunden. Es schien als hätte man mir,
einem Vogel gleich, die Flügel gebrochen, damit ich
nicht mehr für meine Familie sorgen konnte.

Und ich hatte nicht die Tugend einer Frau, die da hieß:
Frauen sind Engel. Aber wenn man ihnen ihre Flügel
bricht, dann fliegen sie einfach auf Besen weiter...Aus
dem CD-Player hörte ich die Klänge von Queen.

„Too much love will kill you!"
„Zu viel Liebe wird (dich) mich umbringen!":

Ich bin nur noch ein Teil des Menschen, der ich einmal war,
zu viele bittere Tränen prasseln auf mich ein.
Ich bin weit weg von meinem inneren Zuhause
und ich muss dies alles über eine lange Zeit allein
ertragen.
Ich fühle mich, als ob noch niemals jemand ehrlich zu
mir war.
Welches Gefühl beschleicht mich da und welchen
Kampf werde ich führen?
In meinen verwirrten Gedanken schaue ich zurück
und versuche
herauszufinden wo ich in den falschen Weg einge-
schlagen habe.
Zuviel Liebe wird mich umbringen.
Ich kann keinen klaren Gedanken fassen.
Zerrissenheit herrscht zwischen den Liebenden
und der Liebe die ich verlor.
Ich werde getrieben von der Katastrophe
denn ich habe die Zeichen nicht erkannt!
Zu viel Liebe wird mich auch dieses Mal umbringen!
Ich bin nur noch der Schatten des Menschen, der ich
einmal war
und ich finde keinen Weg aus all dem hier heraus.
Einst brachtest du mir Sonnenschein,
doch jetzt ziehst du mich nur noch runter.
Wie würdest du dich in meiner Haut fühlen

siehst du nicht, dass ich keine Wahl habe?
Nein, es macht keinen Sinn darüber nachzudenken
was ich auch tue, ich werde verlieren!

Zu viel Liebe wird mich umbringen, das ist so sicher
wie der Tod.
Sie hat mir die ganze Kraft entzogen, die in mir war.
Sie lässt mich einknicken, schreien und kriechen
und der Schmerz macht mich verrückt!
Ich bin das Opfer eines Verbrechens!
Zu viel Liebe wird mich auch dieses Mal umbringen!

Zu viel Liebe wird mich umbringen!
Sie macht mein Leben zu einer Lüge.
Ja, zu viel Liebe wird mich umbringen und ich verste-
he nicht warum.
Ich habe mein Leben dafür gegeben und meine Seele
auch -
doch am Ende ist es wie immer

Zu viel Liebe bringt mich um!

Die Dunkelheit hatte sich über den Tag gelegt.
Es war Herbst geworden und es begannen diese Tage,
wo du morgens im Dunkel aus dem Hause gehst und
am Abend kurz vor dem Dunkelwerden nachhause
kommst.
Schwermütigkeit und Einsamkeit verdrängten meinen
Lebensmut. Es blieb kein Platz für Kreativität und
Wärme.
Es war niemand da - und doch dachte ich immer und
immer wieder daran, wie lebendig es war, solange ich
mein Heim mit Menschen geteilt hatte, die ich gern-
hatte.
Ich dachte an meine Tochter, die gegen ihren Willen
bei ihrer Mutter wohnen musste und ich dachte an
den neuen Freund deiner Exfrau, der nur zum Bumsen
kam und dem meine Tochter so scheißegal, wie nur
irgendetwas war.
Die Mutter ließ ihn gewähren und kümmerte sich
einen Scheißdreck um das Kind - Hauptsache, die
Kohle vom Vater kam regelmäßig rein.
Mir fiel diese machtgeile Richterin ein, der es sicher
nicht um das Wohl meiner Tochter ging, nein, ihr ging
es nur um die Macht und darum, wer das Sagen hatte.
Warum sollte sie auch das Kind bei ihrem Vater wohnen lassen, der einer geregelten Arbeit nachging und
somit für das Kind bezahlen konnte!
Die arbeitslose Mutter war eh zuhause und würde
ihrerseits niemals für den Unterhalt ihrer Tochter aufkommen können - also ließ sie den Vater zahlen
ohne Rücksicht auf Gefühle und ohne Rücksicht auf

das Wohl des Kindes - Hauptsache der Staat musste
nicht für den Unterhalt, den die faule Mutter
nie aufbringen würde, einspringen.
Wut machte sich breit - ich hielte in Gedanken den
Baseballschläger in der Hand und hatte Mühe mich
zur Ruhe zu zwingen.
Die blanke Wut zehrte an meiner Seele und ließ nicht
zu, dass ich mich mit der Gitarre relaxt in die Ecke
setzte, um darauf ein wenig herum zu klimpern.
Ich spürte die Unruhe in meinem Körper aufsteigen
und das Blut durch die Adern schießen - es stieg mir
in den Kopf und ließ ihn unter diesem Druck schier
zerbersten.
Und so sehr ich mich auch mühte, wieder herunterzu-
kommen, es wollte mir nicht gelingen. - Was war aus
dem einst so ruhigen, besonnenen Menschen, der ich
einmal war, geworden?

4:53 Uhr Sonntagmorgen

Es war, als wäre alles in mir angeschwollen. Ich er-
wachte und rang nach Luft! Doch die kam nicht ... Mit
einem Satz war ich aus dem Bett, aber es wurde
nicht besser. Panik machte sich breit - ich hatte Angst
zu sterben. Dann endlich begann die Schwellung zurück zu weichen.
Verdammt, ich kam auf keinen positiven Gedanken
mehr - nein, das was die da am Familiengericht mit
mir und meiner Tochter gemacht hatten, war mittlerweile ein Angriff auf mein Leben geworden - und

ich, ich hatte ein Recht auf Notwehr ... doch am Ende blieb ich machtlos!
Denn so sehr es in mir nach Vergeltung schrie, ich durfte mich nicht strafbar machen!

Psychotherapeutische Praxis 7

In unserer letzten Sitzung hatte ich meinem Psychologen erzählt, dass ich nur da hockte ... und dass alles, was das Leben zu bieten hatte, zu mir kam.
Das war so tatsächlich so - ich musste mich nicht bemühen - ich war immer mitten drin.
Nur .... gestern Nacht kam nicht das Leben, sondern es kam der Tod zu mir!
Ich konnte keine Luft mehr bekommen und dachte wirklich, dass ich sterben würde.
Und ich war mir sicher, dass der Gram, der Kummer und das Empfinden, nicht nur ungerecht behandelt, sondern noch darüber hinaus auch noch verarscht geworden zu sein, mir diese schlimme Nacht beschert hatte! Und so gab es in meinen Augen kein Tabu mehr, kein Zögern!
Ich musste diese Idioten, die mich in diese Lage gebracht hatten dafür bestrafen - ich musste aus Notwehr, sozusagen, mich zur Wehr setzen.
Diese Schmach war ein ganz gezielter und geplanter Angriff auf mein Leben... Ich konnte nicht länger dastehen und jammern!
„Sie werden schon wieder ihre Mitte finden, ich glaube, dass sie nur ein wenig aus dem Lot gekommen sind. Das renkt sich bald wieder ein", hoffte mein Psychoanalytiker.

Psychologische Falscheinschätzung!!!

Die Geschichte 45

Denn ich kriegte mich nicht mehr ein!
Wie denn auch - tag täglich wurde ich von nun an damit konfrontiert, dass ich nichts mehr zu essen hatte und natürlich nicht genügend Geld. Die paar Kröten, die mir das Familiengericht zum Leben ließ, reichten gerade einmal bis zur Monatsmitte.
Da nutzten auch die beiden Kühlschränke nichts, die in meiner Küche standen.
Oh verdammt, hatte ich Magenschmerzen und Verstopfung noch dazu.
Es war Tag vier, an dem ich mich morgens von Haferflocken mit Kaba und einer Tasse Kaffee ernährte.
Zum Mittagessen gab es täglich tiefgefrorenen Seelachs, entweder mit Nudeln oder Reis.
Es waren noch drei Tage bis Monatsende und noch fünf, bis mein Gehalt auf dem Konto gutgeschrieben wurde.
In der letzten Ecke meines Gefrierfachs hatte ich noch eine angerissene Packung Marillenknödel gefunden.
Die aß meine Tochter immer so gern ... nur die war schon ewig lange nicht mehr hier. Ich hatte keine Ahnung aus welchem Jahr die Dinger stammten.
Der Rest harter Marmelade, kräftig mit dem Messer von der Glaswand gekratzt, verfeinerte mir die Knödel auch nicht so, wie ich es mir vorgestellt hatte.
Den ganzen Tag war ich bei der Arbeit, wo ich mir aus gegebenem Anlass zwei oder drei Tassen Brühe aus dem Kaffeeautomaten gönnte.

Die Marillen konnten meinen Hunger nicht wirklich stillen.

Also suchte ich im zweiten Kühlschrank nach mehr Essbarem.

Hier fand ich ein Glas Senf - extra scharf - der mit dem Löwen drauf. Ein Glas Peperoni - genauso scharf, als Snack, so, wie etwa Gewürzgurken, kaum zu genießen. Zwei Becher Halbfettmargarine - empfohlen von der ganz persönlichen Ernährungsberaterin meiner Krankenkasse.

Oh - Oliven, das wäre doch was, aber... seit wann waren die denn so grau und hatten Pflaum?

Oliven ala` Schimmel - ganz, ganz schlecht! Ich könnte ja den Ketchup drüber leeren, dann würde man den Schimmel nicht so sehen.

In Kühlschrank eins, das ist der, welcher zur wohnungseigenen Einbauküche gehörte, lagen noch zwei Fläschchen Bier. In Bayern Grundnahrungsmittel, für mich eher ungeeignet. Ich hatte wirklich noch richtigen Hunger.

Ah - da lag ja noch eine halbe Tüte Pommes unter dem Eis vergraben. Die wollte ich mir jetzt reinziehen.

Nur... das Öl für die Fritteuse reichte nicht.

Es bedeckte gerade einmal so den Boden. Also leerte ich es in einen Kochtopf, sodass die Pommes-Sticks unter dem Öl verschwanden, wenn ich sie sorgfältig nebeneinander auf dem Topfboden sortierte.

Ich tat dies etwa fünf Mal, bis die Portion auf meinem Teller ganz ordentlich aussah... und wie war das noch

gleich? Ketchup, war mir doch schon in Kühlschrank
zwei begegnet!

„Wenn du schläfst, spürst du keinen Hunger", hatte
ich mal irgendwo gehört.

Also verschwand ich ins Bett und freute mich auf
mein Haferflockenfrühstück! Nur das würde ich wohl
trocken essen müssen - es war, so glaubte ich, keine
Milch mehr da.

Ich hielt es für einen Skandal, wie mit meiner Tochter
und mir vor Gericht verfahren wurde. Also versuchte
ich an die Öffentlichkeit zu gehen. Im Internet las ich,
dass immer noch in ca. 90 % der Scheidungsfälle, die
Kinder der Mutter zugesprochen wurden. Niemand
kam wohl auf die Idee, dass es nicht nur schlechte
Väter gab, sondern auch schlechte Mütter - aber die
wurden immer noch geschützt.

Doch es war kein Fernsehsender bereit, über meinen
Fall zu berichten. Alle schrieben mir unter einem
Vorwand ab - und so blieb verborgen, was verbogen
bleiben sollte.

Keine Zeitung wollte über meinen Fall berichten.
Ganz im Gegenteil - eine Mitarbeiterin der größten
deutschen Boulevard-Zeitung rief mich zurück.

Sie warnte mich davor, an die Öffentlichkeit zu gehen.

„Was ist denn, wenn diese Richterin und Ihr Henker
Recht haben?" „Wie stehen sie dann in der Öffentlichkeit da? - Und einen Gerichtspsychologen wirft man
doch nicht raus - dem tut man doch schön..."

„Ja danke für dieses Gespräch", sagte ich nach knapp
einer halben Stunde, „und was ist mit all den Pfarrern,

die Kinder misshandeln oder Politikern, die Schmiergelder annehmen oder sich ihren Doktortitel erschleichen? - Lässt man die gewähren, weil man ihnen schöntun muss?"

Einige Tage später bekam ich mit, wie das mit der Pressefreiheit und der deutschen Justiz lief. Ich hatte eine Rechnung über 25,40 Euro für eine Anzeige in der heimischen Zeitung nicht bezahlt.

Aufgrund meiner finanziellen Situation erschien es mir nicht machbar. Außerdem hatte ich eine Wut auf die Zeitung, weil auch sie mich mit meinem Problem im Regen stehen ließ.

Nach mehreren Mahnungen wurde tatsächlich ein Verfahren gegen mich eingeleitet. Weil ein großes öffentliches Interesse bestand, so die Begründung des Amtsgerichtes, musste meine brutale Straftat verfolgen werden.

Ich war fast zwanzig Jahre selbständig gewesen und wurde dabei um etliche tausend Euro betrogen, ohne dass jemals ein öffentliches Interesse daran bestand, diese Managertypen mit ihren weißen Westen, die ohne mit der Wimper zu zucken, kleine Betriebe in den Ruin treiben, zu verfolgen.

Aber die ungeheuerliche Summe von 25,40 Euro brachte die Staatsgewalt in Wallung!

Dabei fiel mir ein, dass es ja ein gerichtspsychologisches Gutachten gab, indem der Verfasser angeregt hatte, mich weg zu sperren, weil bei mir etwas nicht stimmen konnte.

Also setzte ich mich hin und richtete an meine Richterin eine Anfrage.

Ich wollte von ihr wissen, ob meine, mir, von ihrem Henker attestierte Unzurechnungsfähigkeit flächendeckend sei. Wenn dem so wäre, würde diese mich ja vielleicht vor der anstehenden Strafverfolgung schützen können?

Zunächst erhielt ich keine Antwort auf meine Anfrage, nur den Hinweis, dass es nicht statthaft sei, eine Richterin direkt anzuschreiben.

Das wollte ich aber nicht einsehen. Für mich sind Richter auch nur Menschen und ich sah überhaupt keinen Grund bei ihr mal nachzufragen.

Also ignorierte ich das Verbot und schrieb ein weiteres Mal, mit der Bitte um Antwort, da die Frist für meine Stellungnahme im laufenden Verfahren bald ablaufen würde.

Und tatsächlich erhielt ich einige Tage später eine Antwort: „Ihre durch unseren Psychologen erkannte psychische Einschränkung, bezieht sich nur auf den Umgang mit ihrer Tochter und ist nicht flächenübergreifend. Das heißt, dass Sie für die begangene Straftat sehr wohl belangt werden können!"

Mein Gott, dachte ich, wie lächerlich will sich diese Person eigentlich noch machen?

Vierhundert Euro Strafe und einen Eintrag ins polizeiliche Führungszeugnis wegen Betrugs, brachte mir die Sache ein - und die Erkenntnis, dass der Staat sein Sprachrohr, nämlich die Presse schützte - und die, im Gegenzug, stillhielt. - Schöne Pressefreiheit!

Ich war geneigt, an das Justizministerium zu schreiben, um mich über die Gepflogenheiten am Amtsgericht zu beschweren. Zu sicher war ich mir, dass mein frecher Vorstoß bei der Richterin und das Signal, dass ich mich auch weiter hin nicht von diesem Gericht einschüchtern lassen wollte, mir dieses Urteil einbrachten. Aber ich schrieb nicht an das Justizministerium, ich hatte keine Kraft mehr.

„... ich bin nur noch die Hälfte des Menschen, der ich einmal war...", erinnerte mich Freddie Mercury, der zu dieser Zeit, 2010, schon neunzehn Jahre lang tot war.

Allerdings sah man am Amtsgericht ein, dass ich von den mir verbleibenden 790 Euro, die Strafe nicht zahlen konnte. Und so erhöhte man mir meine monatlichen Einkünfte auf den Selbstbehalt von 980 Euro, von denen ich fortan lebte.
Die vierhundert Euro Strafe stotterte ich in 25 Euro-Schritten über ein Jahr lang ab.

Man of the World - Fleetwood Mac

Soll ich euch über mein Leben erzählen?
Man sagt, ich bin ein Mann von Welt.
Ich bin durch Höhen und Tiefen gegangen
und ich habe viele hübsche Mädchen gesehen.
Ich glaube, ich habe alles was ich brauche,
ich würde niemals mehr verlangen.
Und es gibt niemanden anders, der ich sein wollte.
Aber ich wünschte nur, dass man mich nie gebrochen
hätte. Und ich brauche eine gute Frau,
um mich wie ein guter Mann fühlen zu können.
Ich sage nicht, ich bin ein guter Mensch.
Oh, aber ich würde gerne einer sein, wenn ich könnte.
Ich könnte euch über mein Leben erzählen und
das würde euch amüsieren, da bin ich mir sicher.
Über all die Male, die ich geweint habe und darüber,
dass ich nicht mehr traurig sein möchte.
Und davon, wie sehr ich mir wünsche, geliebt zu
werden.

So gingen die Monate dahin. Elisabeth war nun vierzehn Jahre alt. Ich wollte mich nicht in das Kind hineindenken. Was hatte sie doch für eine beschissene Jugend mitgemacht. Nun lebte sie gegen ihren Willen bei der Mutter.

Sie blieb sich selbst überlassen. Anfangs kam sie noch regelmäßig zu mir, aber dann blieb sie immer öfter weg. Ich erwischte sie einige Male, in der Nacht, wenn sie sich mit Jungen traf.

Ab und zu versuchte ich sie zu einer Radtour zu bewegen. Doch sie war faul und träge geworden. Bereits nach ein paar Kilometern machte sie schlapp und quälte sich nur noch zurück nach Hause. Noch vor einem Jahr waren wir beide über fünfzig Kilometer am Tage gefahren und nun?

Es war gekommen, wie ich es vorhergesehen hatte. Ihre Mutter forderte sie nicht.

Wenn wir zum Essen gingen, verschwand Elisabeth immer sofort danach auf die Toilette und klagte über Magenschmerzen.

Außerdem war sie verdammt dünn geworden, wie ich fand.

Nachdem es immer wieder vorkam, dass sie nur ganz wenig aß und es ihr immer danach schlecht ging, wandte ich mich an das Jugendamt. Ich gab keine Ruhe, bis Elisabeth vorgeladen wurde. Vom Inhalt des Gesprächs wurde ich nicht in Kenntnis gesetzt, aber man machte mir eine Mitteilung, in der es hieß, dass es dem Kind gut ging.

Irgendwann nach ein paar Wochen berichtete mir Eli-

sabeth, dass sie regelmäßig zum Doktor zur Kontrolle
musste, weil sie Magersucht gefährdet war.
„Verlogenes Dreckspack!", ging es mir durch den
Kopf.

Ein weiteres Mal berichtete ich dem Jugendamt davon, dass sie sich schon spät in der Nacht mit Jungen
rumtrieb, ohne dass ihre Mutter sich darum kümmerte
- sie ließ Elisabeth machen, was sie wollte.
Doch auch hier bekam ich keine Nachricht darüber,
ob das Jugendamt tätig geworden war.
In der Gerichtsverhandlung hatte die Jugendamt-Tussi
noch ganz groß getönt, dass Elisabeth psychologisch
betreut und ihrer Mutter eine Erziehungshilfe zur
Seite gestellt werde würde. Doch nichts von alle dem
geschah - das Jugendamt schaute einfach nur noch
weg!
Weder am Klavierunterricht, noch an ihren Reitstun-
den nahm Elisabeth von nun an teil. Sie ging mehr
oder weniger zur Schule und trieb sich ziellos herum.
Aber das interessiert niemanden mehr - während ich
vor Sorge um mein Kind schier wahnsinnig wurde.

Psychotherapeutische Praxis 8

„Herr Barowski, bitte beruhigen sie sich.
Sie haben alles in ihrer Machtstehende getan und
um ihre Tochter gekämpft. Doch weder dieser Ama-
teurpsychologe noch die Richterin haben gemerkt, wie
sie von ihrer Exfrau eingeseift worden sind.
Dieser Gerichtspsychologe hat ihnen sehr geschadet.
Und die Ohnmacht, der sie nun ausgesetzt sind, bringt
sie fast um den Verstand.
Hören sie auf damit, sich selbst Vorwürfe zu machen.
Unfähige Leute haben sie und ihre Tochter in diese
Situation gebracht.
Es macht keinen Sinn, wenn sie sich jetzt selbst zer-
mürben. Ihre Tochter wird sie immer wieder brauchen.
Und wenn es dazu kommt, dann müssen sie stark und
gesund sein. Wenn es ihnen gut geht, dann geht es
auch ihrer Tochter gut und sie können weiterhin für
sie da sein!
Das Leben hat noch so viele schöne Dinge für sie auf
Lager. Vielleicht sollten sie mal eine neue Frau ken-
nen lernen oder verreisen - oder am besten Beides.
Wir werden versuchen, sie auf eine Reise zu schicken,
auf der sie vielleicht wieder zu sich selbst zurückfin-
den können.“
Ich kann nicht!“, gab ich ihm zur Antwort.
„Was können sie nicht?“
„Ich kann keine neue Beziehung mehr eingehen!“
„Wieso können sie keine neue Beziehung eingehen?“
„Weil ich nicht mehr kann!“

„Sie meinen, sie können nicht mehr? - Sie kriegen keinen mehr hoch?“, schien er nun endlich zu verstehen.

„Ja, ich kriege keinen mehr hoch!“

„Ja waren sie deshalb schon bei einem Arzt?“, wollte er wissen.

„Natürlich war ich schon deswegen bei meinem Hausarzt!“

„Ja und was sagt der?“, wurde er nun ganz hellhörig und neugierig.

„Mein Arzt sagt, dass wir zunächst herausfinden müssen, ob diese Impotenz Folge einer körperlichen Ursache ist, oder ob es psychisch ist.“

„Ja und wie findet er so etwas heraus?“

„Nun“, sagte ich, “Er hat mir Viagra auf Rezept verschrieben. Und ich solle jetzt mal loslaufen und mich von einer Frau stimulieren lassen. Es ist nämlich nicht damit getan, die Tabletten einzuwerfen - nein, man sollte schon einen äußeren Anreiz bekommen.“

„Ja und - hat es funktioniert?“

„Nein, es hat nicht funktioniert! Ich bin gerade von meiner Frau geschieden worden - und da hab ich nicht mal eben eine andere parat! - Oder soll ich vielleicht mit meinem Rezept auf die Straße gehen und eine ansprechen: „Entschuldigung, ich habe hier ein Rezept wo Viagra draufsteht. Hätten sie vielleicht Lust, das mal mit mir auszuprobieren?“‘‘

„Nun ich glaube schon, dass ihnen noch einige
amouröse Erlebnisse zuteilwerden, bei ihrem Aussehen - aber auf solche eine Art bestimmt nicht. Oder
vielleicht doch..., man weiß es nicht.
Aber was haben sie denn gemacht, mit ihrem Viagra?"

„Ich habe nichts damit gemacht, ich habe das Rezept
weggeworfen!"

„Ja, das ist bei ihnen sicherlich psychosomatisch.
Die Geschichte mit dieser Borderline-Schlampe hat
sie ganz schön traumatisiert! So etwas kommt öfter
vor. Aber das wird sich bei ihnen im Laufe der Zeit
bestimmt wiedergeben, da bin ich mir ganz sicher!",
sprach's und wies daraufhin, dass die Sitzung beendet
sei.

Die Geschichte 46

Seinerzeit hatte ich das Rezept tatsächlich weggeworfen. Ich kam aus der Arztpraxis und ließ es in einen Papierkorb, der neben einer Bank stand, durch meine Finger gleiten.
Aus der gegenüberliegenden Eisdiele klangen ein paar Töne der Walker Brothers zu mir hinüber:

„The sun ain't gonna shine anymore ..."

„Du trägst deine Einsamkeit wie einen Umhang und über deinem Gemüt liegt ein düster-blauer Schatten.
Die Sonne scheint nicht mehr,
kein Mond geht auf,
Tränen legen sich wie Wolken vor die Augen -
wenn du ohne Liebe leben musst.
Wo immer du dich aufhältst, herrscht Leere.
Du hast nichts mehr zu verlieren, aber noch weniger zu gewinnen.
Ich fühle mich einsam ohne dich, Baby,
ich brauche dich, kann ohne dich nicht mehr weitermachen:
Die Sonne scheint nicht mehr für mich ..."

Ja, auch ich fühlte mich einsam ohne ihn, meinen kleinen Striezel.

Meine Tochter ahnte nichts von dem neuen schwerwiegenden Problem ihres Vaters.

Sie war der Meinung, dass ich mich nach einer neuen Frau umsehen sollte. „Papa, du schaust nur noch so traurig - es ist nicht gut, wenn du alleine bist! Du lachst ja gar nicht mehr."

Dabei unternahm sie ab und zu den Versuch mich zu verkuppeln. Einmal standen wir im Baumarkt an der Kasse, hinter einer echt scharfen Braut. Die war wirklich super gekleidet und klasse gestylt - ich glaube, die hätte mir gefallen können - auch ohne Viagra!

Vorsichtig zupfte Elisabeth der Blondine an der Jacke und fragte zugleich: „Hast du einen Freund? - Mein Papa hat nämlich gerade keine Frau."

„Du, ich weiß im Moment wirklich nicht, ob ich einen Freund habe oder nicht, aber dein Papa wird sich sicherlich selbst eine neue Freundin suchen können. - Ich hätte da einen Sohn, in deinem Alter - wäre der was für dich?"

Sie lächelte mich an, zahlte und verschwand...

Von da an unterließ es meine Tochter, sich nach neuen Frauen für mich umzusehen.

Kurze Zeit später, sollte ich jedoch etwas erleben, dass mir Gewissheit gab, dass es sich bei meiner Impotenz um eine psychosomatische Angelegenheit handelte, die tatsächlich reparabel war.

„Oh, meine Retterin ruft zurück!"

Auf meine Schwester konnte ich mich wirklich verlassen. Wir hatten ein echt prima Verhältnis und in unserer Jugend einige schräge Sachen erlebt, die uns ziemlich zusammengeschweißt hatten.

„Ja, ich war gerade unter der Dusche, deshalb konnte
ich nicht ans Telefon - was gibt‘s?" „Mir ist da letzte
Woche so eine dumme Sache passiert und ich habe
keinen Plan, was ich machen soll."

„Das hört sich schwer nach alten Zeiten an, Günni,
warte mal - habe mir gerade einen Kaffee gemacht.
Ich hole mir einen und setze mich in meinen gemütli-
chen Sessel, dann kannst du erzählen."

Also erzählte ich ihr von meinem Blackout, von meiner Vermutung, dass man mir vielleicht etwas ins Bier
gegeben haben könnte.

„Wer soll dir alten Sack denn etwas ins Bier tun - bei
unseren Töchtern könnte ich das ja verstehen - aber
bei dir? - Nimmst du Medikamente?"

„Nein, Medikamente nehme ich eigentlich keine."

„Garnichts? Meine Tochter Uli sagt nämlich immer
zu mir - he Mama, wenn du dich mal ziemlich billig
und total abschießen möchtest, dann nehme ein paar
Tropfen Fenistil und einen Wodka - und schon bist du
so weit weg, von dir, wie du weiter nicht weg sein
kannst."

Die Tochter meiner Schwester war Krankenschwes-
ter und hatte sich einmal - unwissentlich - dermaßen
abgeschossen, dass ihr jede Erinnerung an einen
Abend fehlte. Sie war dann aber, wohl mit Hilfe von
Arbeitskollegen, darauf gekommen, dass es mit diesen
Tropfen zu tun gehabt hatte.

„Fenistil? - Fenistil, habe ich nicht als Tropfen. Aber
ich habe mich mit Fenistil-Salbe eingeschmiert.

Ich habe doch gerade solche Rückenschmerzen."
„Dann ist das Zeug also doch so gut, wie Uli sagt, vielleicht sollte ich es einmal ausprobieren," meinte meine Schwester scherzhaft.
Für ihre Erklärung legte ich ihr gedanklich einen Papierorden um den Hals.
Diese schmerzlindernden Mittel, konnten durchaus Ursache für meinen Blackout gewesen sein - zumal ich sofort nach dem ersten Bier den Durchblick verloren hatte...
Aber diese Erklärung konnte mir nicht das Gefühl nehmen, dass ich auf irgendeiner Droge war. Niemals zuvor hatte ich Drogen genommen und niemals zuvor die Kontrolle über mich und meinen Körper verloren, ohne mich daran erinnern zu können, was ich getan hatte. Das war ein richtiges Scheißgefühl und das kam so:
„Nein, Manuela, jetzt noch nicht nach rechts, wir wollen doch zuerst in die Disco und dann zu Francesco.... Manu, immer noch nicht rechts, erst die nächste!"
„Aber ihr habt doch gesagt, dass wir zuerst zum Francesco wollen", gab Manuela zurück.
„Nein, wir haben uns umentschieden, wo hast du nur wieder deinen Kopf?"
An diese Szene konnte ich mich noch sehr gut erinnern. Nur ab da, fiel es mir schwer, nachzuvollziehen, wie der Abend gelaufen war?
Ich sah in ihre Augen und hörte mich sagen: „Ich würde dich gerne küssen." „Dann tu's doch!"
Ich tat's. „Hast du noch was zum Trinken Zuhause?"

„Ja aber ich wohne außerhalb, wir müssen gut zwei
Kilometer laufen.“ „Ich laufe nicht“, sagte sie: „Sabine bestelle uns bitte ein Taxi.“

Im nächsten Augenblick, war das Taxi da.
Ich wusste nicht, wie ich aus diesem Kellergewölbe in
der Musikkneipe nach oben auf die Straße gekommen
war. Ich konnte mich noch an die Taxifahrt erinnern -
aber nur ganz unreal.
Es gab diese Filme, in denen ein Zug so ganz gelang-
weilt durch die Landschaft fuhr. Eine Person lehnte
den Kopf gegen die Fensterscheibe
und ließ die Landschaft völlig unbeteiligt vorüberzie-
hen.
Ich bekam den Geldbeutel nicht aus meiner Hosen-
tasche - und hörte von hinten sagen: „Ich habe schon
bezahlt, du kannst aussteigen.“
In der nächsten Szene, an die ich mich erinnern konnte, lag ich auf dieser Frau und hatte Sex. Dann schlief
ich ein.
Durch ein leises Geräusch wachte ich auf - draußen
wart es hell, Vögel zwitscherten.
„Guten Morgen“, hörte ich jemanden sagen.
„Ja, eh - guten Morgen, wie kommst du denn hier ...?“

Irgendwie wollte sie mir nicht glauben, dass ich mich
nicht an den letzten Abend und an sie erinnern konnte.
Heimlich hege ich den Verdacht, dass sie es war, die
mich gestern Abend abgeschossen hatte - aber das
waren nur Vermutungen.

„Es hat mir sehr viel Spaß mit dir gemacht, kannst
mich anrufen, ich würde es jeder Zeit wieder mit dir
tun!", sprach's, verabschiedete sich und war verschwunden.

„Dub'n'dudu, dub'n'dudu here comes the sun ..."
drangen ganz leise die Töne der Beatles an mein Ohr:

„Hier kommt die Sonne (dub'n'dudu)
Hier kommt die Sonne
Und ich sage, es ist alles in Ordnung
Kleiner Liebling
Es ist ein langer, kalter, einsamer Winter gewesen
Kleiner Liebling
Es fühlt sich wie Jahre an, seit sie hier gewesen ist
Hier kommt die Sonne (dub'n'dudu)
Hier kommt die Sonne
Und ich sage, es ist alles in Ordnung
Kleiner Liebling
Das Lächeln kehrt in mein Gesicht zurück
Kleiner Liebling
Es scheint wie Jahre, seit sie hier gewesen ist
Hier kommt die Sonne
Hier kommt die Sonne
Und ich sage, es ist alles in Ordnung
Sonne, Sonne, Sonne, hier kommt sie
Sonne, Sonne, Sonne, hier kommt sie
Sonne, Sonne, Sonne, hier kommt sie
Sonne, Sonne, Sonne, hier kommt sie
Sonne, Sonne, Sonne, hier kommt sie

Kleiner Liebling
Ich fühle, dass das Eis langsam schmilzt
Kleiner Liebling
Es scheint wie Jahre, seit es klar gewesen ist
Hier kommt die Sonne ((dub'n'dudu)
Hier kommt die Sonne
Und ich sage, es ist alles in Ordnung
Hier kommt die Sonne (dub'n'dudu)
Hier kommt die Sonne
Es ist alles in Ordnung
Es ist alles in Ordnung"

„... was hatte sie doch gesagt? Es hat Spaß gemacht? -
Also war ich gut! (Dub'n'dudu, dub'n'dudu) "

Nur ich konnte mich echt an nichts mehr erinnern.
Aber das mit dem Viagra, das hatte sich ja dann wohl
erledigt. Da hatte mein Herr Psychoanalytiker wohl
recht behalten.
Doch dieses „sich nicht mehr an den Abend zuvor erinnern zu können", beschäftigte mich sehr viel mehr.

Ich hatte Dinge an diesem Abend gemacht, die ich
jetzt, da ich ein „ruhiger, alter, besonnener Mann"
geworden war, nicht mehr tat!?!?
Seit über einem Jahr, hatte ich mich von den Frau-
en ferngehalten - ja, war ihnen sogar das eine oder
andere Mal davongelaufen, nur um alleine zuhause
anzukommen.
Mir war es zu viel, einfach eine abzuschleppen, um

ihr am nächsten Morgen zu sagen: „Tut mir leid, war
nur ein Versehen!" Ich wollte mich sozusagen frei-
halten, für die eine, von der ich meinte, dass sie die
„eine" war.
Auch hatte ich Angst vor einer Ansteckung mit Aids.
Schließlich hatte ich drei Kinder, die zwar ihr eigenes
Leben führten, doch immer noch verspürte ich so ein
wenig die Verantwortung für sie und ihnen gegenüber.

Und Taxi - Taxi fuhr ich fast gar nicht - dafür hatte ich
einfach zu wenig Geld.

Und betrunken, betrunken war ich an diesem Abend
auch nicht - ich trank, wenn ich abends unterwegs
war, nie so viel, dass ich nicht mehr wusste, was ich
tat.
Und dann wachte ich neben einer Frau in meiner eigenen Wohnung auf, deren Bett schon lange keine Frau
mehr gesehen hatte. Die einzige Abwechslung, die
mein Bett in den zurückliegenden Monaten erfahren
durfte, war ein gelegentliches Wechseln der Bettwä-
sche, damit mal wieder eine andere Farbe ins Spiel
kam!
Also, was, zum Teufel, war da gestern Abend mit mir
passiert, dass ich mich nur noch schemenhaft an die
Dinge erinnern konnte?
Und mein Kreislauf schien sich komplett verabschie-
det zu haben - mein Gott war mir schlecht!

Psychotherapeutische Praxis 9

„Das Gute an der Sache ist, dass sich das mit ihrer
Impotenz wohl schon wieder erledigt hat.
Das Schlechte daran ist, dass sie sich nicht mehr daran
erinnern können, was sie die ganze Nacht getrieben
haben! - Und das Saublöde daran ist, dass sie den
erwähnten Spaß nicht teilen konnten - diesen Genuss
hätten sie wohl verdient gehabt, nach all dem Theater
der zurückliegenden Monate. Das hätte ihr Selbstwert-
gefühl steigern können.“
Im Übrigen war er sehr stolz auf seine Diagnosen,
die er in der letzten Sitzung gestellt hatte. Nämlich
die, dass das mit dem „nicht mehr hochkriegen“ eine
traumatische Geschichte war, und die, dass ich noch
einige amouröse Augenblicke in meinem Leben haben
werde - wenngleich er einräumte, es sich nicht auf
diese Weise vorgestellt gehabt zu haben.
Ermutig, durch so viel Therapieerfolg legte er mir
nahe, weiter daran zu arbeiten, die Dinge so zu belassen, wie sie waren und mich einer Reise zu zuwenden,
die mir den Horizont erweitern und mir ganz andere
Sachen erschließen könnte.
Er selbst reiste sehr gerne und trieb auch noch irgendwelche Extremsportarten, die ihn vor einem möglichen Burn-Out schützen sollten. So etwas, konnte mir
auch nur guttun.

Meine Reise, zu der er mir riet, war die Reise zurück
zu mir.

Es wäre schön, wenn ich wieder so selbstbewusst, lebensfroh und lustig sein könnte, wie ich es vor diesem zurückliegenden Ereignis gewesen war.

Und tatsächlich ergab es sich ein paar Monate später, dass ich eine Reise nach Sizilien antrat.

Die Geschichte 47

Sie hieß Eva, war sehr selbstbewusst, Beamtin im Arbeitsamt in München. Geschieden, ein Sohn, zwei Mercedes, eigenes Reihenhaus mit Einliegerwohnung. Nein, nicht Reihenhaus - es war schon ein Haus, so ein richtiges Haus, Sie wissen schon, so eins mit großem Garten und, und, und...
Und sie pflegte kostspielige Hobbys, denn sie brauchte nicht so sehr aufs Geld zu schauen wie ich. Das war dann letztlich auch der Grund, warum ich mich später wieder von ihr trennte. In dieser Liga, konnte ich einfach nicht mithalten - und ehrlich gesagt, ich wollte es auch nicht. Nun sei's drum.
Eva reiste sehr viel und gerne und so beschlossen wir eine Urlaubsreise nach Sizilien zu unternehmen.

„Was willst du denn in Sizilien?
Da wirst du doch bloß beklaut und abgezockt! Da treibt sich doch diese Camorra rum und bringt ständig Leute um. Freiwillig würde ich da niemals hinfahren! So weit zu fliegen, nur um sich eins auf den Schädel hauen zu lassen - du spinnst doch wohl!
Außerdem sind die Italiener sowieso alles Verbrecher - tutti banditi!"
Man hatte mir nichts Gutes versucht einzureden, von Sizilien, das ich noch nie vorher besucht hatte.
Und wenn ich nicht gerade zu dieser Zeit eine äußerst reiselustige Freundin gehabt hätte, wäre ich wohl nie dorthin gekommen.

Längst hatte ich diese Vorurteile gegenüber Italien abgelegt. Öfters schon war ich dort im Urlaub gewesen, allerdings nur auf der Adriaseite.

Ich empfand die Italiener als ein sehr höfliches Volk, mit großem Herz und riesiger Gastfreundschaft, wenn man sich nur ein wenig zu benehmen wusste und nicht in Unterhemd und Trainingshose ein Speiselokal betrat.

„Ehre wem Ehre gebührt - und so kommt sie dann auch zurück!", war mein Leitspruch.

Viele meiner Freunde und Bekannten waren Italiener - ich war auch schon mit Mario (mit wem denn sonst?) zu Besuch bei seinen Eltern in Guillianova - ein unvergessenes Erlebnis!

Also, was sollte mir da schon groß in Sizilien passieren? Mir passierte dort natürlich nichts (bis auf die üblichen Kleinigkeiten, die mir eben immer so im Vorbeigehen in meinem Leben passierten), soviel sei schon mal vorweggenommen.

Und die Sizilianer waren noch eine Nummer freundlicher und höflicher, wie ich es vom italienischen Festland her kannte. Die Insel war ein Traum und Italien war eben Italien und durch nichts zu überbieten - natürlich nur, wenn man, so wie ich, Italienfan war.

Außer diesem schönen Urlaub auf der Insel, hatte ich aber einiges in diesen Tagen erlebt...

Ob es jedoch meinen Horizont erweitern konnte, blieb dahingestellt?

„Oh - schau mal - da unten - ein Gletscher! Ich glaube ich muss meine Tropfen nehmen!", hörte ich eine Frau hinter mir sagen.

Von da an, war es komplett vorbei. Ich hatte schon gut vierzig Minuten im Flieger auf elftausend Metern Höhe verbracht. Die Hälfte der Flugzeit nach Sizilien war damit verstrichen.

Verkrampft und eingepfercht saß ich in einer Boeing 737 in Reihe 5 Mittelplatz.

Zu einer Seite meine Freundin, die Spaß am Fliegen hatte und zur anderen ein riesiger Kerl, dem es irgendwie auch nicht besonders gut zu gehen schien.

Bis hierhin hatte ich meine Flugangst noch einigermaßen im Griff - aber nun, da unten die Gletscher!

Ja - ich riskierte tatsächlich einen Blick aus dem kleinen Fenster - mächtig lag das Gebirge unter uns - mächtig und hoch - und ich saß noch mal achttausend Meter höher in dieser Ölsardinenbüchse!

Mir war ohnehin bewusst, dass ich tot sein würde, wenn das Flugzeug aus elftausend Metern abstürzte - aber da, da unten im ewigen Eis - nein danke „Yeti - the next generation" - „Eismensch, die nächste Generation" - ging es mir durch den Kopf.

Und, was würde meine vierzehnjährige Tochter ohne mich machen - verdammt noch mal, auf was hatte ich mich hier nur eingelassen.

„Sehr geehrte Fluggäste, unser Bordpersonal wird ihnen nun einige Drinks und einen kleinen Imbiss reichen, wir wünschen einen guten Appetit!"

Na klasse, jetzt verlangt man auch noch von mir zu essen.

Nein, ich konnte nichts zu mir nehmen, zu sehr war

ich damit beschäftigt dem gleichmäßigen Brummen der Triebwerke zu lauschen. Oh Gott, was ist, wenn sie verstummen würden?

Irgendwie fand meine Hand den Kontakt zur Seitenwand des Flugzeuges - knapp zwei Millimeter Blech trennten mich vom Abgrund. Ich begann das Blech zu streicheln und redete dem Flieger gut zu - sagte ihm, was für ein schönes Flugzeug es sei - und das die restlichen vierzig Minuten doch überhaupt kein Problem für ihn darstellen konnten.

Ich versuchte eins mit ihm zu werden und damit mich an einen anderen Ort zu denken.

„Käse oder Wurst?" „Äh - was?" „Käse- oder Wurstbrötchen - und was möchten sie dazu trinken?" „Ist mir egal - Eva, bitte mach du das für mich - ich kann mich nicht bewegen!"

„Wie? - Ja, wir nehmen ein Käse- und ein Wurstbrötchen, dazu Wasser und einen Kaffee und Apfelsaftschorle, du nimmst doch Apfelsaftschorle?" „Ja, ist mir egal, nimm einfach irgendetwas!"

„Ist dir nicht gut?" Nein, mir war verdammt noch mal überhaupt nicht gut - und wenn ich mich jetzt bewegte, dann stürzte diese Kiste sowieso gleich ab!

Ich versuchte mich wieder irgendwo anders hin zu denken. Wie versteinert saß ich in meinem Sitz, schloß die Augen und versuchte mich auf eine kleine Insel an den Strand zu beamen. Kaum dort angekommen - „Was willst du denn jetzt? Wurst oder Käse?" Nein, nichts, ich wollte nichts und ich wollte so schnell wie möglich auf meine Insel zurück!

„Ok, dann nicht. Ich nehme Käse!" Schön, soll sie doch ihren Käse essen - ich will auf meine Insel. Und tatsächlich - ich kam dort wieder an: „Ist dir nicht gut, trink doch mal was, bist irgendwie ganz blass!"

Nein, ich will nichts trinken, wenn ich nur meinen Arm bewege, bekommt dieses Flugzeug Seitenlage und wusch, sind wir weg! Oh Gott, das Triebwerk, jetzt hat es gerade ganz anders geklungen - noch mal kurz das Blech streicheln und lauschen - ja tatsächlich, jetzt klang es wieder wie vorher - also ab auf die Insel!

„Jetzt komm - iss doch was, ich schaffe nicht beide Brötchen - und ...!"

„Bitte, Eva spreche mich nicht an", brach es aus mir heraus, „lass mich einfach nur in Ruhe!"

Ungläubige Augen starrten mich an: „Was ist los, so hast du ja noch nie mit mir gesprochen! - Aber gut, hier hast du eine Zeitung - lese was, damit du abgelenkt bist!"

Zwanzig Minuten Restflugzeit, elftausend Meter Flughöhe, Außentemperatur minus 54 Grad, Fluggeschwindigkeit achthundert km/h oder Meilen - weiß ich nicht mehr.

Ich begann die Minuten herunterzuzählen: „Meine sehr verehrten Fluggäste bitte schnallen sie sich an, wir leiten den Landeanflug ein, außerdem haben wir mit einigen Turbulenzen zu rechnen, wir befinden uns in einer Schlechtwetterfront, bitte bewahren sie

Ruhe!"

Ja super! Das auch noch!

Und schon sackte das Flugzeug zum ersten Mal durch - „Scheiße, wenn es genau das beim Landen macht, knallen wir auf der Landebahn auf und du stirbt am Boden!" ... und gleich darauf der nächste Durchsacker!

Zehn Minuten Restflugzeit. Eva hatte begonnen mit meinem Sitznachbarn zu reden, ich hatte sie ja in äußerst freundlicher Weise darum gebeten, mich nicht mehr anzusprechen.

„Ich heiße Gottfried!" Na klasse, Gottes Friede, fliegt an meiner Seite.

Ich bemerkte, wie sich bei ihm die Spannung löste - nur noch zehn Minuten, schien auch er zu denken und wurde sichtlich lebendiger neben mir! Ich noch nicht - nein ich verharrte in meiner verkrampften Stellung und dachte, nein, erst wenn da oben auf der Anzeige „Flugzeit minus eine Minute" erscheint, bin ich in Sicherheit!

Und gerade in diesem Moment flogen irgendwelche Kleinteile von den Tragflächen weg.

Ich hatte keine Ahnung, waren es Eisstückchen oder übergroße Regentropfen oder Schrauben, welche die Tragflächen zusammenhielten und - schon wieder der nächste Durchsacker.

Der machte mir irgendwie dann nichts mehr aus. Ich hatte mich mit dem Flugzeug arrangiert und mir vorgestellt, dass ich mit dem Auto durch ein paar Schlaglöcher fahre und mir dabei ja auch nichts passierte!

Ich schloss noch einmal die Augen und entschwand
auf meine Insel, während das Flugzeug von rechts
nach links schaukelnd zum Landeanflug ansetzte.
Ich wollte mir nicht wirklich vorstellen, dass die
Tragflächen bei der Landung links oder rechts auf der
Landebahn aufschlugen, noch bevor die Räder Kontakt zu ihr bekamen.
Ein kleiner Ruck, Bremsung - Applaus von den Flug-
gästen, Stillstand!
Ich hatte es geschafft und mir war in diesem Moment
klar, warum der Papst den Boden küsst, wenn er aus
einem Flugzeug stieg - und das wollte ich auch und
zwar so schnell wie möglich!
Aber - es regnete in Strömen in Catania - also ver-
zichtete ich auf den Bodenkuss und rettete mich ins
Flughafengebäude.
Eins war mir jedoch klar - zurückfliegen würde ich
auf keinen Fall mehr - niemals!
Aber nun waren wir angekommen, mieteten einen
Leihwagen und begannen damit die Insel zu erkun-
den.
So toll dieser Urlaub und all seine Erlebnisse auf der
Insel auch waren - ich konnte ihn nicht so recht genießen. Die Angst vor dem Rückflug bremste all meine
Begeisterungen, so diese dann einmal aufzublühen
schienen.
In Cefalu erfuhr ich, dass die Möglichkeit bestand,
mit dem Zug bis München zurückzufahren. Also versuchte ich den Flug zu stornieren, um auf dem Land-
bzw. Seeweg wieder nach Hause zu kommen.

Eine sehr liebe Mitarbeiterin der Fluggesellschaft
konnte sich in meine Flugangst bestens hineinversetz-
ten, da sie ebenfalls davon befallen war. „Aha, tolle
Angestellte haben die hier, bei diesem Flugunterneh-
men.

Nur, durch das schlechte Wetter der letzten Tage
waren auf der Insel durch Murren Abgänge einige
schlimme Ereignisse vorgekommen. Unter anderem
wurde ein ganzes Wohnhaus ins Meer gespült, wodurch alle Bewohner starben. Die Nachrichten waren
voller Schreckensmeldungen.

Und an eine Zugfahrt war nicht zu denken, da durch
ein ähnliches Ereignis meine Zugschienen verschüttet
wurden. Der Zugverkehr war dadurch völlig lahmge-
legt und es gab keine Möglichkeit nach Messina zu
gelangen, von wo aus man die Fahrt hätte antreten
könnte, da auch einige Straßen überflutet oder verschüttet waren.

Selbst die Reise mit der Fähre von Palermo nach
Genua stand unter einem schlechten Vorzeichen, da
auf dem Meer mit Windstärken von 6 bis 7 zu rechnen
war.

Also blieb mir nichts anderes übrig, mich damit ab-
zufinden, wieder zurückzufliegen. Und somit war die
Urlaubsstimmung sofort wieder dahin.

Die mögliche Horizonterweiterung, wie sie von meinem Psychologen angedacht war, beschränkte sich
von da an auf das kleine Häufchen Flugangst, das sich
in meinem Kopf breit machte.

Und Sizilien erschien mir urplötzlich nur noch halb so

schön, wie es in Wirklichkeit war.
Und so setzte ich mich doch noch einmal in ein Flug-
zeug, um nach München zurückzufliegen.
„Du sag mal Günni, ist das bei Flugzeugen genauso,
wie bei alten Lastwagen, die ganz schwarz aus dem
Auspuff herausqualmen?“
„Warum fragst du mich das gerade jetzt, Eva, wo wir
uns in zehntausend Meter Höhe über dem Ligurischen
Meer bei Genua befinden?“

„Na guck mal aus dem Fenster...“

Es war natürlich nicht der Auspuff, so wie Eva gefragt hatte. Diese Auspuffe an Flugzeugen nannte
man Triebwerke und ja - es war genauso wie bei
alten Lastwagen, die hinten herausqualmten - nämlich
genauso Scheiße!
Etwas unterhalb von uns flog ein großer Jumbo-Jet.
Aus einem seiner vier Triebwerke quoll schwarzer
Rauch. Eine ganze Weile flog er parallel zu uns, um
dann unverhofft eine neunzig Grad Kurve in unsere
Richtung zu machen.
„So ein Mist“, dachte ich bei mir. Da sind sicherlich
Terroristen an Bord, die nun einen Zusammenstoß
provozieren wollten. - Aber wir konnten sehen, dass
er seine Höhe beibehielt und unter uns hindurch
Richtung Frankreich abdrehte, während wir geradeaus
Richtung Schweiz weiterflogen.
Kaum waren wir in München gelandet, verließ ich
als erster den Flieger. Noch bevor die Stewardess uns

aufgefordert hatte auszusteigen, rannte ich auch schon
mit den Worten „Jetzt brauche ich erst mal ein Bier!"
über die Gangway Richtung Tresen. Wie ein Echo
schallte es hinter mir her: „Ich auch!", „Ich auch!"
„Ich auch!"
Auf der Heimfahrt baute Evas Sohn, der uns vom
Flughafen abgeholt hatte beinahe einen Unfall. Um
Haaresbreite ging die Sache glimpflich ab und der
Sonnenuntergang über der Autobahn schien mir sagen
zu wollen: „Nein, mein Junge du bist noch nicht dran
- nicht hier auf der Autobahn und auch nicht dort oben
im Flugzeug!"
Das zu wissen gab mir ein gutes Gefühl - aber wann,
wann war ich dran...
Die Fluggäste des Jumbo-Jets waren an diesem Tage
auch noch nicht dran. Das ursprünglich in Paris Richtung Thailand gestartete Flugzeug wurde aufgrund
eines Triebwerkschadens nach Paris zurückbeordert,
wo es unversehrt landen konnte, recherchierte ich
noch am selben Abend im Internet.

Psychotherapeutische Praxis 10

„Das mit dem Reisen, das ist nicht mein Ding!“, berichtete ich meinen Psychotherapeuten. „Ich konnte meinen Horizont nicht sonderlich erweitern. Außerdem finde ich es nicht gut, dass sie aus mir einen anderen Menschen machen möchten, als der ich bin!“

Ich berichtete kurz, wie es mir auf meiner Reise zu mir selbst ergangen war.

Er sah es als Therapieerfolg an, dass ich ihm, dem Psycho-Guru, wie er sich selbst bezeichnete, Paroli bot: „Der Herr Barowski, der gute, liebe Mensch aus dem Bergmannsdorf in Gelsenkirchen beginnt sich zu wehren!
Vielleicht haben sie Recht und wir sollten uns darauf beschränken, hier und da eine kleine Korrektur an ihrem sonst so sympathischen Wesen vorzunehmen. Nicht jeder ist ein Extremsportler oder so reiselustig wie ich.“
Er fand es auf der einen Seite ebenfalls sehr sympathisch, dass ich mich von meiner Freundin des Geldes wegen getrennt hatte. Ich konnte bei ihr einfach nicht mithalten. Aber vielleicht hätte ich den Spieß ja einmal umdrehen können und mich von einer Frau aushalten lassen sollen, als Entschädigung sozusagen für die Ausbeutung durch diese Borderline-Schlampe. Aber das war nicht mein Ding!
Und schon wieder: Ende der Therapiestunde!

Deutschlandpolitik

Während ich in halb Europa herum jettete, wurde in Deutschland große Politik gemacht.
Stuttgart 21 war das politische Schlagwort in diesen Tagen. Der Ausbau des Stuttgarter Bahnhofs spaltete die Stadt. Mutige, engagierte Bürger demonstrierten friedlich gegen das Großprojekt.
Und kritisierten ihr deutsches System.

Bei einem Polizei-Einsatz am 30. September 2010 richtete die Wasserwerfer-Besatzung den harten Wasserstrahl immer wieder auf die Demonstranten. Mehrere von ihnen wurden erheblich verletzt.
Ein 66-jähriger Mann etwa wurde so schwer an den Augen verletzt, dass er den Großteil seiner Sehkraft verlor.

Knapp eine Woche später, am 08. Oktober 2010 gratulierte unser Außenminister Westerwelle dem chinesischen Nobelpreisträger Liu Xiaobo.
Der Systemkritiker bekam als erster Chinese den Friedensnobelpreis.
Dass Peking den Schriftsteller einsperrte und dessen Ehrung mit aller Macht zu boykottieren suchte, empörte viele Menschen.

Mir war damals nicht klar, warum ein chinesischer Systemkritiker den Friedensnobelpreis bekam, derweil in Stuttgart friedlichen deutschen Systemkritikern mit

Wasserwerfern das Augenlicht ausgeschossen wurde?

Ich konnte in diesem Fall keinen Unterschied zwischen China und Deutschland erkennen.

Die Geschichte 48

Elisabeth war mittlerweile 14 Jahre alt. Genau wie ich war sie der Meinung, dass sie nun selbst bestimmen konnte, bei welchem Elternteil sie wohnen durfte. Also gingen wir gemeinsam zum Jugendamt, um einen Antrag zu stellen.
Enttäuscht verließen wir das Landratsamt, da der Nachfolger der in der Zwischenzeit gefeuerten Jugendamt Tante, keinerlei Anstalt machte, sich für Elisabeths Wünsche einzusetzen.

„Der will mich doch bloß solange vertrösten, bis ich achtzehn bin", sagte Elisabeth zu mir.

Uns blieb nichts anderes übrig, als einen Rechtsanwalt einzuschalten, denn offenbar zählte der Wunsch des Kindes beim (Kinder- und) Jugendamt nichts!
In der Anwaltskanzlei erfuhren wir, dass es schwer sein würde, das Kind zurück zu mir zu bekommen, da man mir das Sorgerecht entzogen hatte. Also müsste Elisabeth schon schwere Vorwürfe gegen ihre Mutter vorbringen, damit wir überhaupt eine Chance hatten, die Sache vor Gericht zu bringen.
Obwohl das Leben bei ihrer Mutter Elisabeth nicht gefiel wollte sie keine schlechten Dinge über ihre Mutter erzählen.
Sowohl der Anwalt als auch ich, akzeptierten ihre Haltung und so blieb es wie es war Elisabeth wohnte weiterhin bei ihrer Mutter.

Zu meinem Trost und meiner Freude entschloss sie sich aber, die Schule bis zum Mittlere Reife Abschluss zu besuchen.

Panikattacke 3

Diese nächtlichen Atemnot-Attacken verunsicherten
mich.
Ich saß auf der Bettkante, war müde, matt.
Ich wagte es nicht mich hinzulegen ... würde es für
mich noch einen neuen Morgen geben?

Im CD-Spieler lief eine Scheibe von Ronald Keaton -
„If tomorrow never comes.“

...würde sie jemals daran zweifeln, was ich in meinem
Herzen für sie gefühlt habe, wenn es keinen Morgen
mehr für mich gibt. Würde sie wissen wie sehr ich sie
geliebt habe?
...wird die Liebe, die ich ihr in der Vergangenheit
gegeben habe, für immer ausreichen, wenn es keinen
Morgen mehr für mich gibt.

Tränen trüben meinen Blick, ich vermisse meine
Tochter...

Die Geschichte 49

Es war Samstagnachmittag.

Ich war mit meinem Sohn Thilo auf dem Weg nach
Stuttgart zum Flugplatz. Er hatte ein paar freie Tage
und flog nach Portugal, dieses Mal um ein wenig
Urlaub zu machen, und nicht wie sonst, um dort zu
arbeiten.
„Hast du schön gehört, dass dein ehemaliger Stiefs-
ohn wieder in den Schlagzeilen ist? Das hat mir mein
Freund erzählt, der seit ein paar Monaten bei euch in
der Stadt im Jugendzentrum arbeite.“
Nein, ich wusste nichts Neues.
„Nun, Peter ist mit einem Baseballschläger ins Ju-
gendzentrum einmarschiert und wollte dort ein paar
Jugendliche aufgemischt!
Nachdem ihn die Polizei zunächst verhaftet und dann
zuhause abgeliefert hatte, ist er nochmals dort hin,
dieses Mal mit einer Pistole! - Das war aber zum
Glück nur eine Schreckschusswaffe...“

„Wir verhandelt hier nicht ihren Stiefsohn, sondern
ihre Tochter“, hatte mich die Richterin damals ange-
schrien, als ich sie auf die kriminelle Energie dieses
Jungen aufmerksam gemacht hatte und ich nicht wollte, dass meine Tochter in dieser Umgebung aufwachsen sollte.
Ich kannte ihn, ich hatte ja schließlich 15 Jahre mit
ihm zusammengewohnt.

Meine Tochter wurde von ihr zu einem Leben zwischen lauter Kriminellen gezwungen!

Auch ich hatte mehrfach gedanklich einen Baseballschläger in der Hand - aber die Sorge um meine Tochter und das Wissen, dass sie mich eines Tages noch einmal wird brauchen wird, hielten mich davon ab, ihn einzusetzen. Und wieder stieg blanker Hass über diese unfähige Richterin in mir auf.

Genau an diesem Wochenende hatte mich meine Tochter angerufen und gesagt, dass sie wieder bei mir wohnen wollte. Einen genauen Grund gab sie dieses Mal nicht an - aber nun war mir klar, dass sie unbedingt aus diesem Milieu ausbrechen wollte.
Und nach Thilos Erzählungen wusste ich jetzt auch, was da wieder vorgefallen war.
Aber ich konnte wenig tun, hatte man mich doch bei Gericht nach Stasi-Methoden mundtot gemacht...

Denn auch dieser Vorfall beeindruckte die Mitarbeiter des Jugendamtes nicht. Es geschah - so wie es immer geschah - nämlich nichts!
Im kommenden Jahr schaffte Elisabeth tatsächlich ihren Realschulabschluss.
Das freute mich für sie. Ich erkannte, dass sie wohl doch ein paar Gene von mir abbekommen hatte und etwas aus ihrem Leben machen wollte. Sie war ja nicht dumm und sah, wie sehr ihre beiden Geschwister darunter litten, nie genügend Geld zu haben.

Sie konnten sich nichts leisten und reagierten frustriert. Peter schlug sich mehr schlecht als recht durch und Emma war nun total den Drogen und dem Alkohol verfallen und wurde zum Entzug in die Psychiatrie eingeliefert.
Ihre Mutter Natasha lebte wechselweise im Frauenhaus oder bei ihrem Zwerg, der immer wieder durch Alkoholmissbrauch und Gewalttätigkeiten auffiel.

Der Spruch der Richterin: „Wir verhandeln hier nicht das Umfeld ihrer Tochter!" schien wie ein Schleier am Horizont an mir vorbei zu schweben.

Immer wieder kam es zu Zwischenfällen und immer wieder interessiert es das Jugendamt nicht. Ich weigerte mich mittlerweile direkt mit dem Jugendamt zu sprechen und ließ meine Interessen von einer Anwältin vertreten. Aber solange Elisabeth nicht bereit war, aus ihrer Umgebung auszubrechen, konnte auch sie nicht viel erreichen.

Psychotherapeutische Praxis 11

„Dreifach fühle ich mich - doppelt sehe ich mich.

Ich schlafe tief, doch nicht so tief, als dass ich mir diesen Traum nicht merken könnte.

Ich sehe mich, ein kleines Haus, einen Garten und eine kleine Plastikfigur, die ich auch bin. Ich sehe mich, wie ich diese Figur auf einem Hügel aufstelle.

Ich forme mir ein Zuhause, eine Identität, einen Ort, an dem ich mich wohlfühle.
Es ist eigentlich nur meine Hand - die, die Spielzeuge hält. Da ist ein karger Hügel mit viel Schwarz dahinter und drum herum zu sehen.
Gerade stehen die Gegenstände so, dass sie sehr harmonisch und friedlich wirken. Plötzlich, wie aus dem Nichts, springt eine riesige Welle hinter dem Hügel hervor und spült alles weg.

Nur die kleine Figur, wird nicht hinab in die dunkle Tiefe gerissen, sondern sie fliegt, in weitem Bogen, auf einen bis dahin nicht sichtbaren Hügel, der dem ersten gegenüber liegt.
Dort landet sie sanft und unbeschadet in einem Sessel, welcher vor einem kleinen Häuschen steht, das sehr viel Ruhe und Behaglichkeit ausstrahlt.

Und - ich fühle mich zufrieden und - zuhause!“

Mein Psychotherapeut deutet diesen Traum so:

„Alles das, was ich mir einbilde zu suchen, ist bereits da. Es schlummert bereits in mir drinnen und ich muss nur bereit sein, es herauszulassen."

Meine Erlösung von diesem Trauma war längst da, dass musste ich nur lernen zu begreifen!

Die Geschichte 50

Ich vermochte es nicht herauszufinden, was er mir damit sagen wollte. Meine Reise zu mir selbst zumindest, war gründlich in die Hose gegangen.

Der Spaß am Leben entfernte sich immer mehr von mir. Ich ging zwar meiner Arbeit nach, doch ich spürte, wie ich mich immer mehr von dem Menschen distanzierte. Es kam kein lockerer Spruch mehr über meine Lippen und ich konnte an nichts mehr Spaß finden.

Neue Hoffnung versprach aber ein Besuch von Elisabeth bei mir im August 2012.

Sie klingelte an meiner Haustüre und berichtete davon, dass ihre Mutter mit dem Zwerg nach Regensburg umziehen wollte. Ihre Mutter hatte zu Elisabeth gesagt, dass sie, sie dort nicht brauchen konnte und sie wieder bei mir wohnen sollte.

Da war Elisabeth sechszehn Jahre alt.

Doch so schnell ging das auch nicht. Ich hatte keinen Platz in meiner kleinen Wohnung für sie. Außerdem war es höchste Zeit einen Ausbildungsplatz für sie zu finden. Also machte ich mich zusammen mit ihr auf, noch vor Ausbildungs- und Schulbeginn etwas für sie zu erreichen.

An der Schule für staatlich geprüfte Erzieherinnen würde man sie annehmen, wenn es uns gelang, innerhalb einer Woche einen Praktikumsplatz in einem

Kindergarten zu besorgen.

Also waren Elisabeth und ich ständig unterwegs, um für sie etwas zu finden. Und tatsächlich konnten wir in Weiler einen Kindergarten finden, der die Kriterien der Schule erfüllte.

Zunächst nahm ich an, dass die große Aufregung und die Tatsache, dass sie nun von ihrer Mutter verstoßen wurde, einen nervösen Magen nach sich zog. Ständig war ihr schlecht und häufig musste sie brechen. Später dachte ich dann, dass sie wieder dieselben Probleme hatte, wie damals, als es den Verdacht auf Magersucht bei ihr gab.

Also machten wir wieder einen Termin beim Jugendamt aus, damit sie dort erzählen konnte, dass ihre Mutter sie nicht mehr haben wollte und sie bereits einen Ausbildungsplatz gefunden hatte. Sie wollte nicht mit nach Regensburg - aber was sollte sie auch da, wenn die Mutter sie nicht mehr haben wollte.

Ihre Mutter war ohnehin schon in ihre neue Heimat verschwunden, um dort die neue Wohnung einzurichten. Peter und Elisabeth wohnten immer noch in der alten Wohnung der Mutter.

Meine Anwältin forderte das Jugendamt auf, nun endlich seine Pflicht zu tun und sich um Elisabeth zu kümmern, da zu befürchten war, dass die Mutter das Kind einfach hier zurückließ.

Mir empfahl sie, schon aus rechtlichen Gründen, Elisabeth nicht in meiner Wohnung aufzunehmen, da ich

kein Sorgerecht hatte und mir ein solches Verhalten
wieder als Kindesentführung ausgelegt werden konnte.
Sie erklärte uns beiden den Sachverhalt, so dass es
Elisabeth auch verstand.
Wenn die Mutter nun einfach wegblieb, sollte ich
Elisabeth zum Jugendamt bringen, da die, die Fürsorge für sie trugen. Wenn beim Jugendamt niemand
erreichbar wäre, zum Beispiel an Wochenenden, sollte
ich Elisabeth zu meinem eigenen Schutz bei der Polizei abgeben, damit sie sich um sie kümmerten.

Und so kam es dann tatsächlich auch.

Elisabeth hatte kein Geld mehr, um sich etwas zu
essen zu kaufen. Die Mutter war nun schon über eine
Woche weg und es war Wochenende.

Polizei 9

Also machten wir uns zum Polizeiposten auf, um den Rat der Anwältin zu befolgen. Doch am Wochenende war dieser nicht besetzt.

Deshalb riefen wir beim benachbarten Polizeiposten an. Sinngemäß erklärte mir der diensthabende Polizist, dass er keinen Bock auf so einen Mist hatte.

„Ihre Anwältin macht sich das da aber ziemlich einfach. Ich habe überhaupt keine Bedenken, dass sie ihre Tochter bei sich in der Wohnung aufnehmen können. Oder gibt es ein Urteil, das, das ihnen verbietet. Ober ist sie eventuell einer sittlichen Gefahr bei ihnen ausgesetzt."

„Ich denke nicht, dass sie das zu entscheiden haben, ob meine Tochter bei mir übernachten darf oder nicht", gab ich ihm zu verstehen.

Aber das interessierte ihn nicht - ich sollte nun endlich die Leitung für wichtigere Fälle freigeben. Und ich sollte mich ja nicht erdreisten, nochmals in dieser Angelegenheit bei ihm anzurufen!

Jugendamt 4

Gleich am Montag meldete ich den Vorfall dem Jugendamt. Ich fordere den neuen zuständigen Typen auf, sich mit dem Polizeiposten in Verbindung zu setzen, da man dort keine Lust verspürte, seine Arbeit zu machen.

Meine Anwältin wies nochmals daraufhin, dass zu befürchten war, dass die Mutter Elisabeth einfach zurücklassen würde. Sie forderte das Jugendamt auf, nun endlich tätig zu werden und eine Entscheidung zu treffen.

Erst jetzt lud der Sachbearbeiter Elisabeth zu sich ein, um mit ihr zu reden.

Ich wurde natürlich wieder nicht über den Fortgang dieses Gesprächs unterrichtet, denn schließlich hatte man mich ja mit Hilfe des Jugendamtes als Vater entsorgt und ich hatte keinerlei Rechte mehr!

Elisabeth erzählte mir nur, dass ihre Mutter ebenfalls einen Termin mit dem Jugendamt ausgemacht hat, um dort zu sagen, dass die Tochter nun beim Vater wohnen sollte.
Doch noch war sie in Regensburg und Elisabeth alleine mit ihrem Bruder in der mütterlichen Wohnung.

Polizei 10

Am Ende der Woche bekam ich einen Anruf von der
Polizei. Der lustlose Beamte von letzter Woche fragte
nach, ob das nun mit meiner Tochter in trockenen Tü-
chern war, da er keinerlei Lust auf eine Wiederholung
der Ereignisse hatte.
Ich sagte ihm, dass alles noch so wie vor einer Woche
war, weil das Jugendamt nichts unternahm. Daraufhin
forderte er mich auf, noch am selben Tag eine Regelung mit dem Jugendamt zu finden und riet mir abermals, ziemlich barsch, von einem erneuten Anruf bei
ihm abzusehen.
An dieser Stelle verkniff ich mir eine Beleidigung.

Jugendamt 5

Also schrieb ich eine E-mail an den Jugendamt-Dö-del. Ich machte ihn ein weiteres mal darauf aufmerksam, dass Elisabeth immer noch alleine zuhause war und es zu befürchten sei, dass sie bei mir Unterschlupf suchen würde, da ihre Mutter nun bereits über eine Woche verschwunden war und sich nicht um die Tochter kümmert. „Sie lässt das Kind einfach hier zurück!"
Außerdem forderte ich ihn auf, mir eine Notfall-nummer zu geben, bei der ich auch am Wochenende anrufen konnte.

Kurze Zeit erhielt ich per email eine Antwort vom Jugendamt:
„Herr Barowski hat mal wieder geschrieben. Ich weiß mit dem Vorgang nichts anzufangen. Meine erste Idee ist, mal wieder nichts zu tun... Ich komme gleich zu Ihnen hoch, um das mit Ihnen zu besprechen!" Ab-gerundet wurde das Schreiben mit einem lachenden Smiley!
Unschwer war zu erkennen, dass diese E-mail nicht an mich gerichtet war, sondern an seine Chefin, die es möglicherweise genauso schick fand wie ihr Un-tergebener, sich über einen besorgten Vater lustig zu machen.
Auf meine Antwortmail, dass der Sachbearbeiter sehr gut darin sei, nichts zu tun, erhielt ich einen Anruf seiner Vorgesetzten, indem sie mir rechtliche Schritte

androhte, wenn ich weiterhin so hart mit ihren, ach so zart besaitete Mitarbeiter umgehen sollte.
Durch meine Anwältin ließ ich ausrichten, dass ich gegen ihren nichts tuenden Mitarbeiter rechtliche Schritte einreichen werde.
Denn spätestens jetzt, musste der doch merken, dass es der Mutter nicht um das Wohl ihrer Tochter ging.
Man konnte doch ein Kind nicht so einfach nehmen und wieder wegwerfen, wie man wollte?
Aber in diese Richtung dachte keiner beim Jugendamt!
Immerhin kam aber nun der vereinbarte Termin mit der Mutter zustande. Diese berichtete, dass die Tochter jetzt doch beim Vater leben sollte. Schließlich hatte der ihr ja schon einen Ausbildungsplatz organisiert.

„Frau Barowski, sie sollten da noch eine Kleinigkeit wissen: Ihre Tochter ist im zweiten Monat schwanger - sie kann die Ausbildung im Kindergarten nicht antreten!
Und sie werden ihre Tochter mit nach Regensburg nehmen, schließlich haben sie das alleinige Sorgerecht!"
Meine Anwältin bekam sogleich einen Brief, in dem zu lesen war, dass sich die Sache „Elisabeth" damit für das hiesige Jugendamt erledigt hatte.
Sie wird mit ihrer Mutter nach Regensburg gehen, in einen anderen Zuständigkeitsbereich!

Zeitungsbericht

Zeitgleich ereignete sich in Backnang, in der Nähe von Stuttgart eine Brandkatastrophe bei der acht Menschen ums Leben kamen.
Empört über das Verhalten des Jugendamtes und der E-mail mit dem angehängten Smiley, verfasse ich einen Leserbrief:
„Acht verkohlte Menschenleichen geistern im Jugendamt in Backnang herum. Darunter sieben Kinder! Im Bericht darüber wird erwähnt, dass die Behörden und das Jugendamt über den maroden Zustand des Hauses, in dem sich die Tragödie ereignet hat, informiert gewesen seien.
Weiter heißt es, dass der Eigentümer des Hauses verhört werden soll. Darüber, dass die verantwortlichen Mitarbeiter der Behörden verhört werden sollen, ist nichts zu lesen.

Oft, sehr oft, sehen Behörden keinen Handlungsbedarf! Und man muss nicht nach Backnang gehen, um Ämter anzutreffen, die so agieren.
Und ich berichtete von den Erfahrungen, die ich mit unserem Jugendamt in den zurückliegenden fünf Jahren gemacht hatte. Natürlich wurde auch dieser Leserbrief nicht veröffentlicht.

Von da an überlegte ich mir, ob es nicht sinnvoll wäre, einen „Beamten-Streichel-Tag" einzuführen. Es wäre doch schön, wenn jeder Bürger, einmal im Monat,

einen Beamten mehr oder wenig zärtlich über die
Wange streicheln dürfte, damit deren Arroganz nun
endlich gewahr wird, wessen Auftrag sie eigentlich
auszuführen hatten.

Amtsgericht 3

Wieder kochte die Wut über diese unfähige Richterin und ihren Henker in mir hoch.
Also setze ich mich hin und scannte eine meiner Sieger- bzw. Ehrenurkunden aus frühster Schulzeit in meinen Computer ein.
Die Ehrenurkunde mit folgendem Text schicke ich an die Richterin:
„In der Sorgerechtsverhandlung um das Sorgerecht für unsere Tochter Elisabeth Barowski bestach die Richterin am Familiengericht durch uneingeschränkten Scharfsinn und unermesslichem Weitblick! Ich gratuliere ihr zur Schwangerschaft unserer 16-jährigen Tochter! Als Anerkennung übergebe ich diese Urkunde.“

Auf der Siegerurkunde, die an den Gerichtspsychologen ging, war zu lesen:
„In der Sorgerechtsverhandlung um das Sorgerecht für unsere Tochter Elisabeth Barowski bestach der Gerichts-Psychologe überzeugend in der Rolle als loyaler Henker seiner Richterin! Ich gratuliere ihm zur Schwangerschaft unserer 16-jährigen Tochter! Als Anerkennung übergebe ich diese Urkunde.“

Für einen kleinen Augenblick verdrängte Sarkasmus meine Wut und meine Depressionen.
Nun war genau das eingetreten, was ich unserer Tochter ersparen wollte.

Im Getto

Wenn der Schnee fällt. An einem kalten, grauen Morgen in Chicago wird ein armes kleines Baby geboren. Im Getto.
Und seine Mutter weint. Denn wenn es etwas gibt, das sie nicht braucht, ist es noch einen hungrigen Mund zu füttern. Im Getto,
Versteht ihr denn nicht? Das Kind braucht eine helfende Hand. Oder es wird eines Tages zu einem zornigen jungen Mann heranwachsen. Schauen wir uns doch um. Sind wir zu blind um zu sehen oder drehen wir uns einfach um und schauen weg.
Die Welt dreht sich und ein hungriges kleines Kind, mit laufender Nase spielt in den Straßen und der kalte Wind bläst. Im Getto.

Dann in einer Nacht der Verzweiflung bricht ein junger Mann das Gesetz. Er kauft ein Gewehr, stiehlt ein Auto, versucht zu fliehen. Aber er kommt nicht weit. Und seine Mutter weint, während sich eine Menschenmenge um einen zornigen jungen Mann versammelt. Er liegt mit dem Gesicht nach unten auf der Straße, mit dem Gewehr in der Hand. Im Getto.
Als der junge Mann stirbt, an einem kalten, grauen Morgen in Chicago, kommt ein anderer kleiner Junge zur Welt. Im Getto.

Elvis Presley

Krähe 4

Und wieder ließ sich die schwarze Krähe auf meinen
Schultern nieder - verdunkelte meinen Frohsinn mit
düsteren Schatten.
Die Sorge um die Tochter und nun, die weitere, um
deren ungeborenes Baby, drückten schwer auf meine Seele und die Lebenslust schien wie schwebende
Schleier aus seinem Körper zu entfliehen.
In solchen Momenten fand ich nicht die Kraft oder
den Willen, dagegen zu halten. Ich konnte mich nicht
der düsteren Gedanken erwehren und zerfiel in ein
Häufchen Elend ohne jegliche Antriebskraft.
Nichts, aber überhaupt nichts blieb dann von dem
einst so lebenslustigen Menschen übrig.
Die Ohnmacht, in die ich, durch das skandalöse Urteil
am Familiengericht, gezwungen wurde, lähmte meinen Körper und meine Sinne.
Immer und immer wieder kamen mir die Richterin
in den Sinn, ihr ergebener Gerichtspsychologe und
die doofe Tussi vom Jugendamt und all die anderen
Idioten dort.
Kein Wunder, dass Hass- und Rachegedanken in mir
zu kochen begannen und meine Gedanken auf terro-
ristische Ideen kamen.
Nur, allein, ich konnte diese Gedanken nicht in die Tat
umsetzen.
Es schien als ob eine größere Macht, ein stärkeres
Gefühl, das Gefieder der schwarzen Krähe durchdrang
und einen Strahl der Hoffnung, eine Aufforderung,

nicht aufzugeben, zu mir durchdrang.
Und ich dachte an meine anderen Kinder und deren
Kinder, die meine Hilfe und meine Unterstützung
auch noch brauchten.
Das hielt mich zurück, einen Feldzug zu beginnen, der
blutig enden könnte.
Ich war mir nicht im Klaren, ob ich traurig darüber
sein sollte, dass der Gedanke, nicht fähig zu sein, Ge-
nugtuung zu fordern, mein eigentliches Ohnmachtsge-
fühl noch verstärkte und mich tiefer in die Depression
stürzte oder ob ich stolz darauf sein sollte, umsichtig
und besonnen zu bleiben und den Baseballschläger
unangetastet in der Ecke stehen zu lassen.

Derweil begann die Krähe weiter an meinem Selbst-
bewusstsein zu picken und die Angst stieg in mir
empor, davor, dass sie mir auch noch das Augenlicht
ausstechen würde, um mir somit meinen Blick für das
Klare unmöglich zu machen.

Die Geschichte 51

Doch die Wunden waren tief - zu tief um darauf zu hoffen, jemals wieder der Mensch zu sein, der ich einmal war. Ich hatte gerade so wenig Geld, das es für die Wohnung reichte und dafür, dass ich mich einen Monat lang gerade so ernähren konnte.
Längst schon hatte ich kein eigenes Auto mehr und das Finanzamt pfändete gnadenlos, was es bekommen konnte.
Der fünfundzwanzigjährige Typ, der unsere Tochter geschwängert hatte, war ein Schwätzer und Tauge-nichts. Er lebte vom Geld seines Vaters und machte keine Anstalt selber Geld zu verdienen: „Ich habe jetzt bald Verantwortung für eine Frau und ein Baby. Ich würde es mir nie verzeihen, wenn den beiden etwas zustoßen würde, wenn ich nicht bei ihnen zuhause, sondern bei der Arbeit wäre!“
Das war der Satz, der mich noch höher auf die Palme brachte, als ich es schon war.
Meine Anwältin machte mir klar, dass ich als Vater der Kindsmutter, weiterhin Unterhalt für meine Toch-ter und deren Baby zahlen musste, wenn der Kindsva-ter nichts hatte. - Nur womit sollte ich meine Tochter noch unterstützen können?
Nächtliche Panikattacken raubten mir meinen Schlaf und ich stand morgens müder auf, als ich abends zu Bett gegangen war.
Ich sah, wie meine kleine Tochter den gleichen Weg ging, wie ihre ältere Schwester gegangen war. - Jung,

schwanger, ohne Ausbildung, einen Schmarotzer an
der Backe und ein schreiendes Kind dazu. - Niemals
Urlaub, ständig Geldsorgen, Alkohol, Drogen und
zuletzt die Klapsmühle.
Mein Blutdruck schoss einmal mehr in Schwindel er-
regende Höhen und das Herzrasen deutete nichts Gutes an. Atemnot und ständige Kopfschmerzen machten
mir das Leben schwer. Dazu gesellte sich die Scheu
vor anderen Menschen - so langsam vereinsamte ich
hier in meiner kleinen Bude.

Keine Lust zu reisen - Flugangst - und ohnehin kein
Geld dafür. Also, wie sollte ich da jemals zu mir zu-
rückfinden können - machtlos gegen die Willkür der
Behörden und voller Hass!

Das was diese Borderline-Schlampe nicht geschafft
hatte, übernahmen die klugen Köpfe einer Richterin
und deren Henker. Sie hatten es endgültig geschafft
mich zu entsorgen!
In dieser Stimmung fand ich auf dem Dachboden einen alten Kälberstrick und machte mich auf den Weg
in einen nahegelegenen Wald.
Ich versuchte Argumente, die dagegensprachen, das
zu tun, was ich nun vorhatte. Aber mir fiel dazu nur
ein, dass ich in einem Land lebte, wo gutverdienen-
de Familienväter ihre Familien nicht mehr ernähren
konnten, weil sie schlimmer ausgebeutet wurden, wie

die Menschen im Mittelalter, nur etwas moderner und geschickter.

Mir fielen Bücher ein, wie etwa George Orwells „Farm der Tiere" (Animal Farm) oder die Novelle von Heinrich Kleist „Michael Kohlhass".

Ich war mir sicher, dass ich mich nicht in diese Reihe einfädeln konnte, die an Schulen als Musterliteratur gelesen wurde.

Nein, ich rechnete eher damit, dass man mich, wie einst Gustl Mollath, unschuldig in die Psychiatrie einweisen würde, um mich dort verrecken zu lassen!

Oder aber, sie würden mir, dem deutschen Rechts- und Regimekritiker, dem Günni, der aus dem Pott kam, die Augen ausschießen, so wie einst diesem Stuttgarter Demonstranten.

Mir fiel ein, dass ich besser bei meiner ursprünglichen Idee hätte bleiben sollen, mich nicht mit Politik zu befassen.

Mir fielen die Sperlingsgasse, die Drosselgasse und der Krahwinkel in Gelsenkirchen Ückendorf ein.

Und mir fiel das erste Mal in meinem Leben auf, das Krahwinkel eigentlich nur eine Abkürzung von Krähenwinkel war.

Konnte es sein, dass es also von Anfang an vorbestimmt war, dass diese Krähen aus meiner Jugendzeit, die sich so behütet angefühlt hatte, sich einmal gegen mich wenden würden.

War es wirklich gewollt, dieser Tschechin zu begegnen, die mich brach und war es wirklich gewollt, dass ich denselben Tod noch einmal erleben musste, den

ich in Alpträumen so oft erlebt hatte?
War es wirklich gewollt, dass ich wie in einem früheren Leben, abermals als indianischer Pferdedieb am Galgen enden würde?
Würden sie wieder, wie damals in den weiten Prärien eine Hetzjagd auf mich machen?

Ich konnte keinen Gedanken finden, der mich von meinem Vorhaben abbrachte. Außerdem wollte ich meinen Peinigern kein zweites Mal die Gelegenheit geben, den entsorgten Vater noch weiter zu entsorgen. Also versuchte ich geschmeidig wie einst, auf einen Baum zu klettern. Doch es war mühsam.

Alle Glieder taten mir weh. Die Kondition war schlecht und schwindelig war es mir auch schon wieder. Die Kraft in den müden Armen schien nicht auszureichen, mich an den Ästen nach oben zu ziehen. Ich wusste nicht welchen Wert mein Blutdruck in dem Moment hatte, als ich mir den Strick um den Hals legte und es war mir auch ziemlich egal.

Ich hatte es geschafft hier herauf zu klettern.

Indianer 3

Manchmal kam es mir vor, als würden sich Traum und Realität vermischen.
Es gab nichts Eindeutiges mehr, an was ich mich hätte festhalten können.

Mit den Worten: „Winnetou muss sterben!", stieß ich mich vom Ast ab...

Alptraum 4

Es war still. Totenstille - im Gerichtssaal.
Die vorsitzende Richterin starrte wie gebannt auf die
junge Frau, die unter dem Türrahmen stand. Keiner
der Anwesenden wagte es, sich zu bewegen. In Klä-
ger und Angeklagtem breitete sich gleichermaßen die
Angst aus.
Noch hatte die, für die meisten der Menschen hier,
Unbekannte kein Wort gesagt. Nur im Kopf der Richterin schien sich sofort dieser Vorgang - diese Akte
- in Sekundenschnelle abzuspulen - und sie betätigte
unbemerkt von allen anderen, den Alarmknopf.
Sekunden wurden zu Minuten - schienen sich zu Stunden auszuweiten. Angst und Schrecken breiteten sich
in den Mauern dieses ehrwürdigen Gebäudes aus.
Dann der Schuss!
Groß traten die Augen der jungen hübschen Frau aus
ihren Höhlen hervor. Die Knie knickten weg und sie
fiel kopfüber in den Gerichtssaal.
Schreie, blankes Entsetzen und ein wildes Durcheinander bahnten sich den Weg durch die Stille, die
geradezu zerberstet.
Jeder versuchte hinter einem Tisch oder Stuhl Schutz
zu finden, als die Handgranate die Hand der Toten
verließ und in die Mitte des Zimmers rollte!

Wieder Stille.

Und dann - dieser Knall!

Nachtigall 3

Es war die Nachtigall, die aufgescheucht durch einen Schwarm von Krähen, orientierungslos in der großen Stadt gegen die Fensterscheibe des Gerichtssaals flog und sich dabei den Hals brach.
Leblos glitt sie, gleich einem Tropfen Raureif, am Glas hinunter und blieb unter dem Fenster liegen.

Alptraum 5

Drinnen erwies sich die Handgranate als Gummiat-
trappe.
Fassungslos kauerte Hansi, der Gerichtspfleger im
Eck des Verhandlungszimmers. Kraftlos wurden seine
Hände und die Pistole glitt ihm durch die Finger, fiel
zu Boden. Er schaute in das Gesicht der jungen, toten
Tochter seines Vetters. Soeben hatte er ein Mitglied
seiner Familie, in Erfüllung seiner Pflicht, erschossen....
In seinem Kopf schwirrten die Gedanken und etwas in
ihm schrie ihn an: „Mörder - Mörder!“

Sein Blick kreuzte den der Richterin und das Wort in
seiner Phantasie zerfloss und formte sich um - zu:

„Mördermacher!“

Die Geschichte 52

„Sag mal Günni, du siehst heute ja wieder richtig
Scheiße aus“, stellt Günnis Freund fest.
„Ja, ich träume so blödes Zeug in letzter Zeit.“, bekam
er zur Antwort.
„Dann schlafe ich auch nicht mehr gut - war die halbe
Nacht wieder wach und habe mich im Bett gewälzt.“
Und nach einer Pause.
„Letzte Woche habe ich mich erhängt, und heute
Nacht ist meine Tochter im Gerichtssaal gestorben...“

Günni ist den Tränen nahe.

„Diese Sache da, die mit der Entsorgung als Vater, die
hat dich so richtig umgehauen, nicht wahr? - Das ist
doch schon so lange her und trotzdem bist du seitdem
halbtot.“
„Ja, tut mir leid, ich komme da nicht mehr so richtig
raus, aus dem Hass auf diese Behördenidioten!“

„Und warum bist du nie, in all den Jahren, da mal
vorbeigefahren und hast denen den Schädel einge-
schlagen?“
„Weil es viel geiler ist, für seine Kinder in Freiheit da
zu sein, als in irgendeinem dreckigen Gefängnis zu
verrotten - deshalb ...“

Die Geschichte 53

Nun lebt meine Tochter also in Regensburg bei ihrer Mutter und deren Freund, den meine Tochter nicht ausstehen kann.

Ihre Halbschwester ist dermaßen abgestürzt, dass sie in einer geschlossenen Anstalt sitzt.

Von ihrem Halbbruder habe ich keine Nachricht, nur so viel, dass er im Internet einen Begleitservice anbietet. Er hat da wohl schon über tausend Besucher, aber noch keinen Auftrag bekommen. Dennoch findet er, dass sein Geschäft hervorragen läuft.

Ich habe dieses Buch geschrieben und mich dabei oft gefragt, ob ich nicht froh sein sollte, dass ich aus dieser Beziehung mit all seinen Nebenschauplätzen draußen bin. Aber letztendlich bleibt die Sorge um meine Tochter.

Ich spüre keinen Hass gegen meine Exfrau, von der einstigen großen Liebe meines Lebens ist nichts, aber überhaupt nichts mehr übriggeblieben. Es fällt mir leicht, sie zu ignorieren oder nicht mehr mit ihr zu reden. Der Hass richtet sich nur gegen die, die es nicht verstehen wollten, wie sich die Situation wirklich darstellte.

Mein Psychologe sieht ebenso wie ich, dass eine große Gefahr besteht, dass Elisabeth denselben Weg wie ihre Mutter oder ihre Halbschwester einschlägt.

Ihm bleibt der Versuch mir nahezulegen, dass ich alles getan habe, was ich konnte. Und er schimpft immer wieder über seinen Amtsgericht Kollegen, der nicht einmal einen Doktortitel hat.

Ich versuche meinen Alltag zu bewältigen, lustlos zwar, aber angetrieben von dem Wissen, dass alle meine drei Kinder und deren Kinder ihren Vater oder Opa irgendwann einmal gebrauchen werden.
Deshalb versuche ich den Baseballschläger ein für alle Mal zu vergraben.
Doch es gibt Tage, da ragt er aus seinem Grab und scheint mir in meinen Träumen zuzurufen: "Benutz mich doch!"

Die Eltern des Vaters meines Enkels haben die Hoffnung, dass ihr Sohn nun endlich begreift, dass er Verantwortung übernehmen wird. Ich sehe da keinen Ansatz. Wie ich hörte, wollen sie ihn auch nach Regensburg schicken, damit er dort eine Ausbildung macht. In Bayern gibt es anscheinend ein Programm für Spätberufenen.
Ich telefoniere oft mit meiner Tochter und frage wie es ihr geht. Sie zieht sich dann immer zurück und will mir auf manche Fragen keine Antwort geben. Ich hätte gerne gewusst, wie sie mit dieser Sache umgeht. Aber sie schweigt.
Einmal nur fragte sie nach, ob ich ihre Mutter als Schlampe ansehe. Nein, das tat ich nicht. Ich hielt mich an die Aussage des Kinderpsychologen, der wohl auch die Borderlinerin in ihr erkannt hatte. Er sagte mir damals, dass diese Frau einfach nur krank war. Ich hielt mich auch deshalb daran, weil sie mir

die einzige Erklärung für ihr Verhalten gab.

Ich hatte keinen wirklichen Groll auf sie, sie war einfach nur schwach und eben krank. Ich hatte schon einige Trennungen in meinem Leben hinter mir. Über alle, so weh sie auch taten, war ich irgendwann hinweggekommen.

Doch diese Sache hier hatte nichts mit der Trennung zu tun, sondern mit der Erkenntnis und dem Ärger darüber, wie viele unfähige Menschen in verantwortungsvollen Positionen sind und diese verdammt schlecht ausfüllten.

Elisabeth akzeptierte meine Aussage, dass ich in diesem Leben nichts mehr mit ihrer Mutter reden würde, denn Krankheit hin oder her, auf eine Weise war sie ja so schlau und durchtrieben, dass etliche Menschen auf sie hineinfielen. Damit mir dies nicht ein zweites Mal passieren würde, hielt ich mich strickt an meine Aussage. Elisabeth unterließ es deshalb auch, von ihr zu sprechen.

Dann bekam sie mit knapp siebzehn Jahren ihren Sohn. Der Kindsvater war inzwischen auch nach Regensburg gezogen, wo er sich von seinen Eltern eine große Wohnung unterhalten ließ. Die Hoffnung seines Vaters zerschlug sich, da er keine Anstalt machte, sich irgendwo zu bewerben. Es hätte ja passieren können, dass er genommen wurde.

Mir teilte er mit, dass er jetzt für meine Tochter und seinem Sohn das Sorgerecht habe und deshalb auch zuhause bleiben musste.

Ja, so war das nun, er hatte das Sorgerecht, dieser Nichtsnutz, ich hatte keines mehr!
Elisabeth und ihr Sohn zogen also in die große Wohnung mit ein, weil sie sich im Hause des Zwerges und ihrer Mutter nicht sonderlich wohlfühlte.

Manchmal berichtete sie davon, dass sie nun im Kinderzimmer zusammen mit ihrem Sohn lebte, da der Vater es nicht aushielt, dass das Baby nachts schrie und ihm so in seiner Nachtruhe störte. Schließlich brauchte er als Arbeitsloser und Sorgeberechtigter für meine Tochter und seinen Sohn seinen Schlaf.

Und wieder schrie aus der Ferne jemand: "Benutz mich doch!"

Und so verrann die Zeit.
Ab und zu fuhr ich nach Regensburg, um nach ihr zu sehen.
Die Taufe des Kleinen stand an und seine Oma war auf die glorreiche Idee gekommen, dass der Zwerg der Taufpate meines Enkels werden sollte.
Als hätte Elisabeth meinen Blick durchs Handy gesehen, rief sie zwei Tage später an, und berichtete, dass sie sich durchgesetzt hatte und der Zwerg nicht als Taufpate auftreten werde. Also sagte ich zu, zur Taufe zu kommen.
Aber man konnte sich sicherlich vorstellen, welche tolle Stimmung bei diesem Fest herrschte.

Gelegentliche Telefonate mit ihr bringen mich ständig
zum Weinen, da aus ihrer Richtung nur dumme Nachrichten kommen.
Derweil mein Sohn aus erster Ehe nur von guten Erfolgen bei seiner Ausbildung in der Schweiz berichtet.
Aus der anderen Richtung kommen jedoch ständig
nur die allzu bekannten Nachrichten: zu wenig Geld,
keine Unterstützung von der Mutter, Streitigkeiten,
faule Vater usw. usw.

Es ist inzwischen Mitte 2014.
Elisabeth wird 18 Jahre alt. Ich bekomme ihren Anruf,
da sie noch einige Sachen für ihre eigene Wohnung
braucht.
Ja Papa, du hast richtig gehört, ich brauche noch
Sachen für meine eigene Wohnung und ich brauche
deine Unterschrift auf meinem Mietvertrag, als Bürge,
sonst bekomme ich sie nicht.

Ich habe genug von diesen Verlierern, die mir ständig
sagen, was ich machen soll und selbst nichts auf die
Reihe bringen. Ich habe alle rausgeworfen aus meinem Leben und gehe ab jetzt meinen eigenen Weg
mit meinem Sohn. Jetzt bin ich volljährig und möchte
mein Abitur nachholen. Außerdem brauche ich keinen
Kindsvater, der nur auf dem Sofa rumliegt, Video-
spiele spielt und mir seine dreckigen Sachen zum
Waschen hinwirft. Der bringt mich sicherlich nicht
weiter!

„Aber hallo, was war denn mit der passiert??

Ich war sprachlos und überrascht zugleich.

Sie hatte ihre Zeit nur abgesessen, bis sie volljährig wurde, geduldig zwar, aber mit genauen Vorstellungen, wie sie es einmal machen wollte.
Und dann hatte sie alles sofort umgesetzt, wahrscheinlich auch, weil sie von der ewigen Bevormundung (Richterin, Jugendamt, Polizei, Mutter und zuletzt der Supermann an ihrer Seite) genug hatte.

Irgendwie war ich stolz auf sie.

Sofort fiel mir das Lied von Ronald Keaton wieder ein: „If tommorrow never comes.“

Hatte ich vor knapp vier Jahren noch daran gezweifelt, dass meine Liebe und mein Vorbild, die ich ihr in der Vergangenheit gegeben hatte, für immer ausreichen würde, so sah ich mich bestätigt.

Sie war doch meine Tochter und hatte in all dem Tumult nicht vergessen, was ich ihr und ihren Geschwistern beibringen wollte. Leider hatte es bei den beiden anderen nicht so funktioniert. Doch sie hatte verstanden...
Natürlich bin ich gleich nach Regensburg gefahren, um ihr zu helfen. Das mit dem Abitur konnte ich ihr fürs erste ausreden. Ich fand sie hatte genug mit ihrem

Sohn zu tun und sollte sich nicht noch mit einem ler-
nintensiven Fernstudium belasten. Ich schlug ihr vor
lieber ein Fernstudium zu machen, bei dem sie Spaß
hatte und das nicht so trocken war.
Sie entschied sich für den Lehrgang Grafik und De-
sign, der ihr wirklich Spaß machte. Heute träumt sie
davon ihre eigenen Kinderbücher zu schreiben und zu
gestalten.
Und sie hatte es tatsächlich durchgezogen. Nach
knapp zwei Jahren hatte sie die Prüfung abgelegt.
Und möchte nun ihr Abitur noch nachholen...
Das hätten weder mein Psychologe noch ich gedacht,
dass die durchaus berechtigten Befürchtungen, dass
sie in die Fußstapfen ihrer Mutter eingetreten würde,
nicht wahr wurden.

Mittlerweile schreiben wir das Jahr 2016.

Seit den ersten Anzeichen meiner Trennung und dem
danach erlebten sind fast zehn Jahre vergangen.
Zehn Jahre voller Sorge und Leid.
Ich möchte nicht wissen, wie viele Chancen ich auf
einen guten Neubeginn oder ein schöneres Leben
während dieser Jahre versäumt hatte. Wie viele gute
Dinge ich nicht erkannt hatte, weil ich zu sehr in dieser Sache gefangen war.
Um wie viel schöner hätten diese Jahre sein können,
wenn mich nicht diese Tragödie und all der Hass, der
mich nicht über das Geschehene hatte hinausblicken
lassen, so sehr in Atem hielten.

Nur das Wissen, dass meine eigenen drei Kinder und inzwischen drei Enkelkinder mich noch einmal brauchen könnten, lies mich durchhalten, weitermachen.

Und allzu langsam senkt sich der Nebel und lässt mich erkennen, dass ich wunderbare Kinder habe und es endlich Zeit daran wäre, mich bewusst mit ihnen zu beschäftigen.

Also habe ich mir in der Silvesternacht vorgenommen, daran zu arbeiten, wieder der wunderbare Mensch zu werden, der ich vor zehn Jahren einmal war...

Aber das fällt schwer. Zu sehr nagt das Geschehene immer noch in mir und ich bin von diesem langen Kampf müde geworden.

Und eben zehn schlechte Jahre älter!

Soll ich euch über mein Leben erzählen?
Man sagt, ich bin ein Mann von Welt.
Ich bin durch Höhen und Tiefen gegangen...

Man of the world - Fleetwood Mac

Inhaltsverzeichnis

Inhaltsverzeichnis

Inhaltsverzeichnis

Inhaltsverzeichnis

Entschuldigung

Ich möchte mich bei allen Rechtschreib- und Grammatikfreaks entschuldigen. Sicherlich sind euch die vielen Fehler aufgefallen, aber für die Bearbeitung durch ein Lektorat hat es leider nicht gereicht.

Doch, wie heißt es so schön auf Seite 27?

Nobody is perfect!